KB097023

괴담실록 2

어쩌면
당신이 원했던

괴담실록 2

괴담실록 지음

동아시아 편

Booksgo

두려움의 유산, 괴담

인간의 가장 오래된 감정은 무엇일까? 그건 아마도 두려움일 것이다. 미지에 대한 공포와 그것을 피하고자 하는 본능은 인간이 무자비한 자연으로부터 생존할 수 있게 해 준 중요한 요소였다. 하지만 동시에 필연적으로 넘어서야 하는 벽이기도 했다. 불을 두려워하던 인류는 그것을 다룰 수 있게 된 후에야 추위와 어둠에서 벗어날 수 있었고, 지옥불이 기다린다는 수평선으로 나아간 후에야 세상의 끝에 발을 디딜 수 있었다. 공포는 인류를 가장 오랫동안 괴롭혀 온 적이자 문명을 이룩하게 한 동반자였던 것이었다.

공포는 오랜 세월 함께해 온 만큼 인류문명에 짙은 흔적을 남겼는데, 바로 '이야기'이다. 시대와 문화에 상관없이 인간이 사는 곳이라면 초월적이고 기괴한 존재가 등장하는 무서운 이야기가 전해 내려온다.

인간에게 벌을 주고 갈등을 만들어 내는 신이나 인간을 해치고 질투하는 요물이 등장하기도 한다. 단순히 옛사람들의 허무맹랑한 이야기라고 치부하기엔 그 존재들은 인간을 끈질기게 괴롭혀 온 '그것'과 너무나도 닮아 있다. 그것은 자연과 질병, 죽음, 피할 수 없는 재앙이며, 신화와 전설 속 존재들은 옛사람들의 두려움이 투영된 상징이자 정서였다.

옛사람들의 두려움은 이야기라는 생명력을 얻어, 어떤 것은 글의 형태로, 어떤 것은 입에서 입으로 수천 년을 살아남았다. 현대에 이르러서는 수많은 콘텐츠의 원형이 되어 시대를 초월해 사랑받기도 한다. 이 이야기가 가진 힘의 원천은 공포가 갖는 매력과 동일하며, 본능에 내재된 공포를 끌어내 몰입을 자아낸다.

이 책에서 그 두려움의 유산들을 풀어내려고 하였다. 무섭고 기괴한 이야기에는 단순한 재미 그 이상을 내재한다고 생각한다. 우리는 이 이야기를 통해 은유와 암시에 가려진 옛사람들의 두려움을 엿볼 수 있고, 베일에 싸인 미스터리한 사건 뒤로 있었을 어떤 일을 상상할 수도 있다.

1권에서는 우리나라 조선시대의 이야기를 다뤘다면, 2권에는 한중일을 넘나드는 동아시아의 이야기를 담았다. 우리의 조상과 그리 멀지 않은 곳에 살았던 옛사람들의 괴이한 이야기들을 모아, 각국 괴담의 정서와 함께 두려움의 키워드를 담아 이야기를 엮었다. 다만 원전에서 과도하게 짧거나 개연성이 부족한 부분을 각색하고 살을 붙여 '괴담실록'만의 해석을 녹여 내었다.

옛사람들은 다양한 이유로 괴담들을 남겼을 것이다. 후대의 사람들에게 그 위험을 전하기 위해서일 수도, 두려움에 맞섰던 이들의 좌절과 성공의 지혜를 남기기 위해서일 수도 있다. 죽음과 두려움에 맞서끝내 패배한 사람들, 영원히 괴물과 피해자로 남은 사람들의 이야기를보며 그 어떤 것이든 나름의 감상을 느껴 보길 바란다.

《어쩌면 당신이 원했던 괴담실록 2》는 이 땅에서, 혹은 그리 멀지 않은 곳에서 우리보다 먼저 살다간 사람들의 두려움과의 고군분투, 허무와 절망, 좌절의 이야기이자 유산으로 여겨 주길 바란다.

괴담실록

❋ 목차

신과
인간의 경계

하나

둘

한국 괴담
: 원한과 인간

중국 괴담
: 욕심과 인간

하나

신과

인간의
경계

신선이 되기 위한
일곱 가지 조건

중국 남북조시대 북주(중국 남북조시대 때 선비족 우문씨가 건국한 국가)
에 두자춘이라는 사람이 있었다. 그는 젊어서부터 성정이 호방하기로
이름이 높았는데, 다른 일에는 일절 관심이 없고 오직 술 마시며 노닐
기만을 좋아하였다. 그는 권세 있는 호족 집안사람이었으므로 주변에
서는 그에게 감히 충고하거나 꾸짖지 못하였고, 오히려 기개가 높다며
추켜세워 주기만 하니 그의 방탕함은 나날이 더해 갔다.

가업을 물려받은 후에도 그는 매일같이 기생과 악사들을 불러 잔치
를 벌이며 물 쓰듯 가산을 허비하였고, 그렇게 몇 해가 지나니 결국 물
려받은 재산을 모두 탕진하여 길거리에 나앉는 신세가 되었다.

오갈 곳이 없어진 두자춘은 친척들을 찾아가 몸을 의탁하기를 청하였다. 하지만 모두 그의 방탕함을 알았기에 아무도 받아주려 하지 않았다. 하는 수 없이 장안 이곳저곳을 떠돌며 구걸하였지만, 한나절이 지나도록 잘 곳은커녕 먹을 것 하나 얻지 못하였다. 그는 하늘을 올려다보며 크게 탄식했다.

"내 한때 호방하기로 이름이 높았으나, 어려움에 부닥치니 돕고자 하는 이 하나 없구나."

그때 한 노인이 그의 탄식을 들었는지 다가와 물었다.

"이보게 젊은이, 무슨 일이길래 세상이 무너진 듯 탄식하는가?"

두자춘은 노인에게 그를 박대한 이들을 원망하며 한참을 하소연하였다. 노인은 그의 이야기를 가만히 듣더니 물었다.

"얼마면 자네가 다시 풍족하게 살 수 있겠나?"

두자춘은 노인이 자신을 도와주려나 싶어 화색을 띠며 답했다.

"3만 냥이면 족히 풍족하게 살 수 있을 듯합니다."

그러자 노인이 고개를 저으며 말했다.

"아니, 모자랄 걸세."

다시 두자춘이 말했다.

"그럼 10만 냥이면 될 듯합니다."

그러나 노인은 다시 고개를 저었다.

"모자랄 걸세."

"그럼 100만 냥입니다."

"그래도 모자랄 걸세."

두자춘은 노인이 자신을 놀리고 있다고 생각하여 퉁명스러운 말투로 대답했다.

"그럼 300만 냥입니다."

노인이 그제야 고개를 끄덕이며 말했다.

"그 정도면 괜찮겠구먼."

그러더니 품속에서 돈 한 꿰미를 꺼내어 건넸다.

"일단 지금은 이만큼만 주겠네. 내일 오시(11시~13시)에 파사(페르시아) 가게 앞에 있을 테니 그곳으로 오게. 다만 반드시 약속을 지켜야 하네."

그러고는 자리를 떠났다. 두자춘은 무언가 수상하다 느꼈으나, 찬밥 더운밥을 가릴 상황이 아니었으므로 노인이 준 돈으로 여관에 들어가 하룻밤을 보낸 뒤 다음 날 약속 장소에서 노인을 기다렸다.

노인은 오시가 되었음을 알리는 종이 울리자마자 가게에 나타나서는 그에게 말했다.

"약속을 지켰구먼."

그러고는 그에게 300만 냥을 내어 주더니 아무 말도 하지 않고 자리를 떠나려 하였다. 이에 두자춘이 노인을 붙잡으며 말했다.

"어르신의 은혜에 몸 둘 바를 모르겠습니다. 제가 이 은혜를 반드시 갚겠으니, 부디 어르신의 함자라도 알려 주십시오."

하지만 노인은 손을 내저을 뿐 아무런 말도 남기지 않고 그대로 자리를 떠났다.

'지난날의 과오를 두 번 다시 반복하지 않으리라…'

노인의 도움을 받은 뒤 두자춘은 속으로 다짐하였으나, 막상 수중에 큰돈이 생기니 자기도 모르게 또다시 방탕한 마음이 일기 시작했다. 결국 그는 하루도 버티지 못하고 예전 버릇대로 좋은 말과 좋은 옷을 산 뒤 술친구를 모아 기생집을 드나들기 시작했다. 시간이 지날수록 그 씀씀이가 점점 커져 곧 예전으로 다시 돌아가니, 얼마 지나지 않아 처음에 샀던 말을 팔아 값싼 나귀로 바꿔야 했고, 조금 후에는 그 나귀마저 팔고 걸어 다니게 되었다. 하지만 그럼에도 끝내 정신을 차리지 못하고 결국 또다시 길거리에 나앉게 되었다.

다시 거지가 된 두자춘이 길거리를 배회하는데, 몇 년 전 보았던 노인이 어디선가 나타나 그의 손을 잡으며 말했다.

"자네 같은 사람이 또다시 이렇게 되다니 참으로 기이한 일일세. 내다시 자네를 돕고자 하는데, 얼마가 필요하겠는가?"

자춘은 부끄러움에 고개를 들지 못하며 말했다.

"어르신께서 주신 돈은 어리석게 모두 탕진하였습니다. 입이 여러 개라도 드릴 말씀이 없습니다."

그러자 노인이 미소를 띠며 말했다.

"괜찮네. 영웅이 호방하게 노닐다 보면 그럴 때도 있는 것 아니겠나? 내일 오시에 이전에 만났던 곳으로 오게."

노인은 그렇게만 말하고는 자리를 떠났다. 자춘은 몹시 부끄러웠으나 달리 방도가 없었기에 다음 날 약속 장소로 향했다. 노인은 저번처럼 나타나 말없이 돈을 건네준 뒤 어떠한 말도 남기지 않고 곧바로 자리를 떠났다. 노인이 떠난 뒤 자춘이 확인해 보니 이번에는 그 돈이 무려 천만 냥이나 되었다. 자춘은 속으로 다짐하였다.

'이번에 받은 돈은 결코 헛되이 쓰지 않으리라. 착실하게 가업을 꾸려 나가 어떤 부호도 부럽지 않게 될 것이다.'

그러나 이번에도 막상 수중에 큰돈이 생기니 그의 마음속에는 온갖 욕심이 일어났고, 눈앞의 이익만을 좇아 여기저기 돈을 뿌리기 시작했다. 그렇게 나가는 것만 있을 뿐 다시 들어오는 것은 없으니, 이번에도 서너 해를 넘기지 못하고 금세 모든 돈을 탕진하게 되었다.

그러던 어느 날 두자춘은 길에서 노인과 또다시 마주치게 되었다. 두자춘은 이번엔 도저히 노인을 볼 낯이 없어 소매로 얼굴을 가리고는 급히 자리를 떠나려 했다. 그러자 노인이 그를 따라와 붙잡았다. 그러고는 3천만 냥을 건네주며 말했다.

"이번에도 버릇을 고치지 못한다면, 자네는 죽는 날까지 가난에 허덕이게 될 걸세."

그러자 자춘이 감격하여 결연히 말했다.

"피가 섞인 친척들도 저의 어려움을 못 본 체하였는데 아무런 연고도 없는 노인장께서 저를 세 번이나 구해 주시니, 그 큰 은혜를 갚을 길이 없습니다. 하늘에 맹세하건대, 이 돈은 결코 사사로이 쓰지 않고 천하를 위한 일에만 쓰겠습니다. 또한 그 뜻을 모두 이룬 후에는 어르신께서 시키시는 대로 하겠습니다."

노인은 미소를 지으며 말했다.

"장한 생각이네. 그 뜻을 모두 이루거든 중원절(중국의 명절로 7월 15일을 말한다)에 노자의 전나무 아래로 오게."

그러고는 홀연히 자리를 떠났다.

두자춘은 이번에는 정말로 돈을 함부로 쓰지 않고 곧바로 길을 떠나 도움이 필요한 사람들을 찾아 이곳저곳을 떠돌아다녔다. 그러다 회남 땅에 이르게 되었는데, 그곳은 오랫동안 지속된 남북조의 공방전으로 죽는 이가 끊이질 않는 곳이었다. 그 참상을 목격한 두자춘은 곧바로 그곳의 땅을 사들여 성곽을 쌓고 100여 칸의 집을 지었다. 그러고는 그곳에 전쟁고아와 과부들을 거두어 안전하게 살 수 있게 해 주는 한편, 전사자의 시체를 모아 합장시켜 주는 등 전쟁으로 인해 고통받는 자들을 돕는데 온 힘을 기울이기 시작했다.

그렇게 노인에게 받은 돈을 한푼도 헛되이 쓰는 일 없이 어려운 자들을 돕는 데만 사용하니, 아비규환의 회남 땅도 점차 사람이 살 만한 곳으로 바뀌어 갔다.

그렇게 1년 정도를 일하니 그는 노인과 약속한 일을 어느 정도 이루게 되었고, 노인이 말했던 중원절이 다가오자 그는 모든 것을 두고 노자의 전나무로 향했다.

약속한 곳에 이르니 노인은 마치 두자춘이 올 것을 알기라도 한 듯 전나무 그늘에서 휘파람을 불며 그를 기다리고 있었다.

"하고자 한 일은 잘 되었나?"

두자춘은 그간의 일을 모두 아뢰고는 감사의 절을 올리며 말했다.

"어르신 덕에 비로소 못된 버릇을 고치고 높은 뜻을 이루었습니다. 지난날 약조한 대로 이제 어르신이 시키시는 대로 하겠습니다."

노인은 미소를 지으며 그를 일으키고는 말했다.

"자네, 나와 갈 곳이 있네."

노인이 그를 데려간 곳은 화산의 운대봉이라는 곳이었는데, 산세가 몹시 험했다. 하지만 노인은 나이에 맞지 않게 험한 산길을 가볍게만 올랐고, 자춘은 기이하게 여기며 가만히 그의 뒤를 따랐다.

그렇게 산길 40여 리를 걸어 들어가니 산 중에 집 하나가 나왔다. 집의 모습은 작지만 엄숙하여 그 모습이 예사롭지 않았는데, 뜰에 들어가 보니 지붕 위로는 오색구름이 떠 있고 봉황이 높이 날고 있었다. 신비로운 광경에 두자춘이 넋을 놓고 있는데, 집안에서 노인이 그를 부르는 소리가 들려왔다.

"들어오게."

두자춘이 대청 안으로 들어가 보니 그 안에는 자줏빛 불꽃이 이는 높은 화로가 놓여 있었는데, 그 곁에 선 노인은 더 이상 속세의 복장을 하고 있지 않았다. 황색 관에 진홍빛 장삼을 걸친 그의 모습은 마치 신선과도 같았다. 그는 손짓으로 두자춘을 부르며 말했다.

"자네는 방탕하였으나 자신의 과오를 깊이 부끄러워할 줄 알았고, 단 세 번 만에 못된 천성을 버리고 천하를 위해 힘썼으니 그 덕이 자못 깊다고 볼 수 있네. 또한 한 번 한 약속은 저버리지 않으니, 그 신의 또한 깊다 볼 수 있지. 이렇듯 자네가 믿을 만하니, 내 중요한 일을 맡기려 하네."

그러고는 하얀 조약돌 세 개와 술잔 하나를 건넸다.

"이것이 무엇입니까?"

두자춘이 의아하여 물었으나 도사는 고개를 가만히 저으며 대답해 주지 않았다.

"내가 지금 말해 줄 수 있는 것은 많지 않네. 일단 이것들을 모두 먹 게나."

자춘은 더 이상 묻지 않고 도사가 준 것들을 한입에 삼켰다. 그의 시 야가 점차 흐려지기 시작했다. 도사는 자리에 앉더니 두자춘에게 가만 히 말했다.

"어떤 귀신이나 악귀가 나타나더라도, 그대의 친족이 화를 당하더 라도, 이는 모두 사실이 아니니, 움직이지도, 말을 하지도 말게. 마음을 편히 먹고 두려워만 않는다면, 아무런 고통도 없을 걸세. 명심하게. 절 대 말을 해서는 안되네…"

도사가 말을 마치자 자춘의 눈앞에 있는 모든 것들이 허공 속으로 점차 사라졌다.

조금 후 두자춘이 눈을 떠 보니 도사는 온데간데없이 사라지고 그는 아무것도 없는 뜰에 홀로 남겨져 있었다. 이에 두자춘은 도사가 해 준 마지막 말들을 되뇌고 있는데, 능선 너머로 한 무리의 군마가 다가오 는 것이 보였다. 그들은 하나같이 황금으로 된 갑옷을 두르고 있었는 데, 그 모습이 몹시 신비하여 속세의 사람들이 아닌 듯 보였다. 그들은 점점 다가오더니 두자춘을 발견하고는 외쳤다.

"웬 놈이냐! 이곳에 어떻게 들어온 것이냐?"

하지만 두자춘은 노인이 이른 대로 아무런 대꾸도 하지 않았다. 그가 아무 말도 하지 않자 병사들은 일제히 검을 빼 들더니 당장이라도 그를 베어 버릴 듯 거칠게 다그쳤다.

"어서 대답하지 못할까? 끝내 고하지 않는다면 그 목이 무사히 어깨 위에 남아 있지 못할 것이다."

"멈춰라."

그때 장군으로 보이는 자 하나가 자춘에게 다가왔다. 그는 키가 족히 한 장(길이의 단위로 한 장은 10척이다)은 되어 보였는데, 마찬가지로 화려한 황금 갑옷을 두르고 있었다. 그는 두자춘 앞에 멈춰 서더니 물었다.

"누구의 명으로 이곳에 이르렀느냐?"

역시나 두자춘은 아무 말도 하지 않았다. 병사들은 우레와 같은 목소리로 성을 내며 당장 그를 베어 버려야 한다며 장군을 보챘다. 하지만 그런데도 두자춘이 끝내 입을 열지 않자 장군이 그를 가만히 보며 말했다.

"네놈이 어떻게 들어온 지는 모르겠으나 넌 어차피 이곳의 힘을 이기지 못하고 죽게 될 것이다. 목숨이 아깝다면 말하라. 이곳에 오게 된 연유가 무엇이냐?"

"…"

그런데도 두자춘이 대답하지 않자 장군은 더 이상 아무 말도 하지 않고 뒤돌아 군마를 이끌고 자리를 떠났다.

　군사들이 떠난 뒤 두자춘이 도사의 말대로 움직이지 않고 자리를 지키고 있는데, 돌연 골짜기 아래 맹수들의 울음소리가 들려오기 시작했다. 소리는 점점 늘어나더니 마침내는 온 산을 울릴 지경에 이르렀다. 그뿐만 아니라 짐승들이 다가오는 소리도 점차 가까워졌다. 잠시 후 놈들이 숲 밖으로 그 모습을 드러내니, 호랑이와 사자 등 온갖 맹수들이 섞여 있었다. 그 수가 족히 수만은 되는 듯 보였다. 맹수들은 섬뜩한 눈을 번뜩이며 자춘을 보고 침을 흘리더니 일제히 그에게 달려들었다. 맹수들은 금세라도 그의 목덜미를 물어뜯으려는 듯 날카로운 이빨을 보이며 눈앞에서 으르렁거렸고, 사납게 주위를 맴돌며 그의 머리를 뛰어넘기도 하였다. 하지만 두자춘은 전혀 동요하지 않으며 놀란 소리 한 마디 뱉지 않았다. 한참을 위협하여도 그가 반응하지 않자 짐승들은 발톱을 거두고 하나둘 숲속으로 사라졌다.

　맹수들이 사라지니 이번에는 하늘에서 한 차례 큰 벼락이 치고 비가 내리기 시작했다. 비는 폭포처럼 쏟아져 온 산을 잠그고 바다를 이루었고, 곧이어 세찬 폭풍과 함께 집채만 한 파도가 두자춘에게로 매섭게 밀려왔다. 금방이라도 몸을 산산이 부술 듯한 파도가 코앞까지 밀려왔지만, 이번에도 두자춘은 놀라거나 피하려는 기색 하나 없이 동요하지 않았다. 그러자 파도는 그의 털끝 하나 건드리지 못하고 흩어져 버렸다.

비가 그치고 파도가 사라진 뒤 아까 보았던 장군이 그의 눈앞에 다
시 나타났다. 그런데 이번에는 아까 거느리던 황금 갑주를 입은 병사
들이 아닌 지옥의 우두옥졸들과 함께였다. 옥졸들은 끓는 기름이 가득
한 커다란 가마솥과 죄인을 옮기는 수레 하나를 끌고 왔는데, 그 안에
누가 있는지는 보이지 않았다. 옥졸들은 뜰에 멈춰서 솥을 내려놓더니
창을 꼬나쥐고 일제히 두자춘을 둘러쌌다. 그러고는 장군이 두자춘에
게로 다가와 말했다.

"지금이라도 이곳에 온 연유와 너의 이름을 순순히 댄다면 바로 풀
어 주어 속세로 돌려 보내 주겠다. 하지만 계속해서 버틴다면 너를 한
창에 꿰어 저 가마솥에 던져 버리겠다!"

장군은 다시 한번 그에게 경고하였으나 두자춘은 아무런 말도 하지
않았다. 그러자 장군이 좌우를 불러 명했다.

"끌고 와라!"

그러자 옥졸들이 수레에서 사람을 거칠게 꺼내어 바닥에 내동댕이
쳤다. 그 사람은 다름 아닌 두자춘의 아내였다.

"네 아내의 목숨이 아깝다면 순순히 고하는 것이 좋을 것이다."

장군의 말이 끝나기가 무섭게 옥졸들은 채찍을 들어 자춘의 처를 사
정없이 후려치기 시작했다. 채찍을 휘두를 때마다 그녀의 피와 살점이
떨어져 나가 사방에 튀었고, 그녀의 고통스러운 비명이 온 산을 뒤덮었
다. 그러나 두자춘은 이런 끔찍한 광경에도 꿈쩍하지 않았다. 옥졸들은
그녀를 베고 찌르며 점점 더 잔인한 방법으로 고문하기 시작했다. 한참
을 고문해도 두자춘은 여전히 눈 하나 깜짝하지 않았다. 성난 옥졸들이

끝내 두자춘의 아내를 뜨거운 가마솥에 던져 버렸다. 그러자 부인은 더는 고통을 참지 못하겠는지 남편을 애처롭게 부르며 울부짖었다.

"내가 당신과 함께한 지 10년이 넘습니다. 저들에게 빌어야 하는 것도 아니고, 그저 한 마디면 나를 살릴 수 있는 것을 어찌 이리도 모질 수 있다는 말입니까?"

그녀는 비 오듯 눈물을 흘리며 그에게 빌다가 욕과 저주를 퍼붓기도 하였으나, 모두 소용이 없었다. 그러자 장군이 낯빛에 노기를 가득 띠며 말했다.

"내가 네 처를 죽이지 못할 것 같으냐?"

그러고는 손짓으로 명하니 옥졸들이 일제히 무쇠로 된 절굿공이를 꺼내어 두자춘 처의 몸을 마디마디 찧기 시작했다. 그녀는 고통에 못 이겨 자지러지며 애타게 남편을 불렀지만, 그는 여전히 흔들리지 않는 눈빛으로 아무런 말도 하지 않았다. 끝내 그의 처는 곤죽이 되어 죽어 버렸다. 장군은 이를 보더니 그에게 성난 목소리로 말했다.

"네놈이 그 요망한 놈에게 약을 받아 삼킨 모양이로구나. 그런 간사한 계교를 부린다 한들 하늘이 네놈들 손에 놀아날 성싶으냐?"

그러고는 좌우 옥졸들을 불러 명했다.

"너 같은 놈을 더 이상 이승에 둘 수 없다. 여봐라, 당장 이놈의 목을 쳐라!"

그러자 옥졸들은 칼을 뽑아 들더니 번개같이 두자춘에게 달려들었고, 이내 그의 목이 떨어져 나갔다.

잠시 후 두차춘은 사정없이 쏟아지는 매질에 정신이 들었다. 눈을 떠 보니 그의 앞에는 염라대왕이 앉아 있었다. 대왕이 그를 보고는 말했다.

"운대봉의 요망한 자가 네놈이로구나. 네 죄가 무엇인지 아느냐?"

하지만 두자춘은 역시나 입을 굳게 닫고 아무 말도 하지 않았다. 그러자 대왕이 혀를 차며 말했다.

"간악한 꾀에 속아 죽음에 이르렀으면서도 끝내 그 여우를 감싸려 드는구나."

그러고는 두자춘의 죄목을 하나하나 짚으며 그를 지옥에 떨어트릴 것을 명했고 두자춘은 도산지옥과 검수지옥 등 온갖 지옥을 빼놓지 않고 거치며 온몸이 찢기고 불타는 형벌을 받게 되었다. 그런데도 그는 끊임없이 도사가 한 말을 되뇌며 아무런 의심도, 원망도 하지 않고 한마디 짧은 비명조차 내지 않았다.

얼마나 지났을까, 찰나가 1년과 같은 참혹한 고통 속에서 한참을 견디어 내니 옥졸이 그를 끄집어내어 염라대왕 앞으로 다시 끌고 갔다. 그러자 염라대왕이 말했다.

"죗값을 모두 치렀으니 다시 태어나게 하라."

두자춘은 환생하여 송주 땅 왕권이라는 관료의 딸로 태어났다. 그는 태어날 때부터 몸이 약하여 자라는 내내 크고 작은 병을 달고 살았는데, 그 밖에도 뼈가 부러지거나 화상을 입는 등 갖은 고통에 시달려야했다. 하지만 지옥도 견뎌낸 그가 이런 작은 고통에 내색할 리 없었고, 우는소리 한 번을 내지 않으니 집안사람들은 모두 딸이 벙어리라 생각하였다. 마을 사람 중에는 그런 그를 업신여기고 조롱하는 이가 적지 않았으나, 자춘은 억울한 표정 한 번, 변명 한 마디도 하지 않고 오직 속으로 도사가 한 말을 되뇌었다.

시간이 흘러 그는 빼어난 미인으로 자라게 되었다. 그 미모가 어찌나 뛰어난지 혼기가 다가오자 마을의 장정 중에는 그에게 청혼하지 않는 이가 없을 정도였다. 하지만 그의 아버지 왕권은 딸이 벙어리라는 이유로 모두 거절하였고, 얼마 지나지 않아 모든 청혼이 끊기게 되었다. 그러던 어느 날 같은 마을의 노규라는 진사가 그의 집으로 찾아왔는데 그 또한 자춘에게 청혼하고자 하였다. 왕권은 이전과 같은 이유로 거절하였으나 노규는 포기하지 않고 그를 설득했다.

"옛말에 언변이 뛰어난 사람은 미움을 부를 줄만 알고, 말주변이 없는 사람은 그 사람됨이 어질다고 하였습니다. 대부분 사람이 말은 할 줄 알아도 그로부터 일어나는 화는 피할 줄 모르니, 어찌 말이 없는 것이 흠이라 할 수 있겠습니까?"

노규는 그 후로도 몇 번이고 왕권의 집에 찾아와 혼인을 승낙해 줄 것을 간청하였다. 그러자 왕권 또한 그에게 점차 믿음이 생겨 끝내 승낙하게 되었다.

그렇게 두자춘과 노규 두 사람은 혼인하게 되었는데 아내가 미소 한 번 지어 주지 않음에도 노규는 변함없이 그를 아끼고 두터운 정으로 대해 주었다. 몇 년 후에는 두자춘과의 사이에서 아들 하나를 얻게 되었는데 아이는 몹시 총명하여 두 살이 되기 전에 말을 뗄 정도였다. 아들의 총명함이 어떤 아이와도 비교가 되지 않으니 노규는 이를 몹시 자랑스러워하였다.

하지만 두자춘은 아이가 태어났을 때도, 총명함을 보일 때도 아무런 감정을 표현하지 않았고, 아내가 아이를 보고도 전혀 기뻐하는 기색이 없자 그를 한없이 아껴주기만 하던 노규도 점차 마음이 상하기 시작했다. 노규는 그 후로 자주 아이를 안고 아내에게 말을 걸며 갖은 방법을 동원해 자춘이 자신과 아이를 보고 웃게끔 하려 하였다. 하지만 여러 날이 지나도록 아내가 웃기는커녕 눈길조차 주지 않으니 노규도 더는 참지 못하겠는지 어느 날 두자춘에게로 와 크게 성을 내며 외쳤다.

"나는 당신이 내게 미소 한 번 짓지 않아도 항상 그대를 아껴왔소. 그런데 당신은 나와의 아이를 낳고도 털끝만큼도 기뻐하지 않으니, 어찌 이리도 나를 업신여길 수 있단 말이오?"

노규는 한참 성을 냈으나 두자춘은 여전히 아무런 대꾸도 하지 않았다. 그러자 노규가 이성을 잃고 아이의 발을 거꾸로 잡아 들었다.

"이리도 나를 없는 사람 취급하니, 당신과의 자식이 있다고 한들 무슨 소용이 있겠소?"

그러고는 그대로 아이의 머리를 돌 위에 내리쳤다.

"앗!"

아이의 머리가 부서져 죽는 것을 본 두자춘은 순간 자기도 모르게 소리를 내고 말았다. 그리고 그 짧은 탄식이 끝나기도 전에 그의 눈앞에 있던 모든 것이 어디론가 빨려들 듯 사라지기 시작했다. 그리고 정신을 차릴 때쯤 그는 도사 앞에 앉아 눈물을 흘리고 있었다.

두자춘이 깨어나자 높은 화로에 있던 자줏빛 불꽃이 크게 일어나 순식간에 도사의 집 전체에 옮겨붙었다. 사방이 불바다로 변하자 도사가 크게 탄식했다.

"이 못난 놈 때문에 모든 것을 망쳐 버렸구나…!"

그는 두자춘의 머리를 잡고 앞에 있던 물이 담긴 항아리 속에 집어넣었다. 이윽고 도사가 그의 머리를 놓자 자춘이 물에서 고개를 빼 들어 살펴보니 사방에 일던 불은 모두 꺼져 있었다. 하지만 도사의 집은 이미 잿더미가 된 뒤였다. 도사가 얼굴에 노기를 가득 띤 채 말했다.

"너는 사람의 일곱 가지 감정 중, 기쁨(희, 喜)과 분노(노, 怒), 슬픔(애, 哀), 두려움(구, 懼), 미움(도, 惡) 그리고 욕망(욕, 慾)은 모두 잊었으나 끝내 사랑(애, 愛)을 버리지 못했다. 방금 그 소리만 내지 않았더라면, 내 약은 완성되고 너 또한 나와 함께 하늘로 올라가 신선이 되었을 것이다."

그러고는 깊이 탄식하며 말을 이었다.

"신선의 재목을 얻기란 참으로 어려운 일이구나…"

도사는 옷을 훌훌 벗더니 칼을 빼 들고 두자춘이 환상을 보는 사이 하늘로 솟아오른 듯한 높은 쇠기둥을 잘라 무너트렸다.

"그대는 이제 신선의 그릇으로 쓰일 수 없게 되었네. 속세로 돌아가 열심히 살도록 하게나."

그러고는 곧바로 그를 산 밑으로 내려보냈다.

두자춘이 산을 내려가며 하늘을 보니 때는 깊은 새벽이었다. 그가 환상 속에서 그 긴 시간을 보냈음에도 속세에서는 불과 한나절밖에 지나지 않았다. 자춘은 힘없이 산에서 내려가다 도저히 이대로는 끝낼 수 없다고 생각하여 발길을 돌려 다시 도사의 집으로 향했다. 하지만 이미 도사는 자리에 없었고, 그의 집도 흔적 없이 사라진 뒤였다.

만약 두자춘이 도사의 말을 끝까지 지켰더라면 그는 신선이 될 수 있었을까?

말과 개와 뱀의
시간

· 세 번의 전생을 겪은 남자 ·

청나라 시대 어느 시골에 품행이 좋지 못한 토호가 있었다. 그는 부유한 집안에서 태어나 그 재산을 물려받고 큰 권세를 누리게 된 자였는데, 부유함과 권세로는 고을에서 비할 자가 없었으나 그 인품은 가진 것의 발끝만치도 따라가지 못했다. 재미 삼아 약한 자를 괴롭히길 좋아하여, 허구한 날 사소한 트집으로 사람을 잡아다 매질하며 즐거워하였다. 또한 욕심도 많아 원하는 것은 빼앗아서라도 얻어야 직성이 풀리니 내키는 대로 양민들을 수탈하고 그들의 부녀자를 데려다 욕을 보이기도 하였다. 그 패악질의 정도가 이루 말할 수 없을 정도이니 고을 사람들은 하나같이 그를 몹시 원망하며 저주를 퍼붓곤 하였다.

"하늘이 끝내 저놈을 가만두지 않을 것이다."

하지만 토호는 그런 사람들의 바람을 비웃기라도 하듯 작은 변고 한 번 없이 환갑이 넘도록 장수하였다. 기고만장한 토호는 한번은 자신을 욕하다 발각된 자를 데려다 모욕을 주며 비웃었다.

"날 때부터 주인과 종은 정해져 있는 것임을 어찌 깨닫지 못하느냐? 그것이 다 하늘의 뜻이거늘, 죽어서는 다를 것 같더냐? 한번 보아라. 나는 죽어서도 권세를 누리고, 너희들은 죽어서도 하찮은 신세를 면치 못할 것이다."

그리고 몇 년 뒤 그는 천수를 누리다 자는 도중에 편히 눈을 감았다.

얼마나 지났을까, 토호는 차가운 바닥 위에서 정신이 들었다. 어리둥절하며 몸을 일으켜 보니, 그의 앞에는 염라대왕이 근엄히 앉아 그를 내려다보고 있었다. 살아서 그토록 큰소리를 치던 그였지만, 막상 염라대왕을 마주하니 두려움에 등골이 서늘해졌다. 질겁하여 어쩔 줄을 몰라 하는데, 염라대왕이 은근한 목소리로 말했다.

"정신이 든 모양이구려. 먼 길을 오느라 고생했을 테니 차나 한 잔 드시오."

그러고는 옥졸들에게 명해 자신과 토호에게 따뜻한 차 한 잔을 대령하도록 했다. 자신을 대하는 태도가 부드럽다 못해 정중하기까지 하니, 토호는 마음이 놓였다.

'그렇지, 내가 고초를 겪을 리 없지.'

감사의 예를 올리고 차를 마시려 하는데, 찻잔을 입에 대려는 순간 무언가 이상함을 느꼈다. 염라대왕의 잔에 담긴 잔은 맑고 깨끗해 보이는 데 비해 자신의 잔에 든 것은 그 색이 어둡고 혼탁하여 잔 바닥이 보이지 않을 정도였기 때문이었다. 의심이 든 토호는 잔을 들이키는 척하며 염라대왕이 다른 곳을 보는 사이에 차를 몰래 버렸다. 그리고 잠시 후 토호의 잔이 빈 것을 보자 염라대왕이 물었다.

"다 마셨소?"

토호가 거짓으로 그렇다고 답하자 염라대왕은 문득 태도를 바꾸어 엄한 목소리로 소리쳤다.

"죄인을 포박하라."

옥졸들은 명에 따라 토호를 자리에서 거칠게 끌어내고는 가시가 박힌 밧줄로 그의 온몸을 묶어 바닥에 꿇렸다. 그러자 염라대왕은 책 한 권을 꺼내어 그것에 적힌 것을 읽기 시작했는데, 그 내용은 토호가 생전에 저지른 잘못들에 대한 것이었다. 땅을 빌린 소작인의 아내를 데려다 겁탈한 일, 벼슬을 얻기 위해 부정을 저지른 일, 남을 시샘하여 그를 모함하고 집안을 풍비박산 낸 일 등 토호가 살면서 저지른 크고 작은 잘못들이 빠짐없이 적혀 있었다.

토호는 일이 잘못되었음을 알고 대왕 앞에 엎드려 두려워하며 어찌할 바를 몰라 하였다. 염라대왕은 그의 죄목을 하나하나 읊더니 이내 엄히 꾸짖었다.

"네놈의 죄가 어찌나 많은지 이루 셀 수 없을 지경이구나."

그러고는 옥졸들에게 명해 토호를 지옥의 깊은 불구덩이 속에 빠뜨리게 하였다.

지옥에 던져진 토호는 뼈가 부서지고 살이 찢기며 몸이 사라졌다가 다시 살아나 고통받기를 수천, 수만 번을 거듭하며 도망칠 곳 없는 고통 속에서 마흔 아흐레를 보내게 되었다. 그리고 기한이 다 되자 지옥에서 건져져 다시 염라대왕 앞에 끌려왔다. 하루가 100년 같은 형벌 속에서 육십 평생 가졌던 오만함이 모두 걷힌 토호는 대왕 앞에 엎드려 통곡하며 간절히 선처를 빌었다.

"다시는 죄를 저지르지 않겠습니다. 부디 지옥에만 다시 보내지 말아 주십시오."

하지만 염라대왕은 엄한 표정으로 가만히 고개를 저었다.

"네놈의 말을 들어보니 아직 죄를 깨닫지 못한 모양이로구나. 고통이 두려워서 하는 말을 어찌 믿을 수 있겠느냐?"

그러고는 옥졸들에게 손짓하여 토호를 어딘가로 데려가게 했다.

"너는 이제 모든 기억을 잃고 천성으로 새 삶을 이뤄낼 때까지 계속해서 벌을 받을 것이다."

그렇게 토호가 울며불며 끌려간 곳은 야차의 아가리 모양을 한 커다란 문이었는데, 그 안이 칠흑같이 어두워 보이는 것이라곤 전혀 없고, 자색 연기가 흘러나오는 것이 두렵기 그지없었다. 토호가 고개를 들어 현판을 올려다보니 푸른색 글씨로 세 글자가 쓰여 있었다.

축생도 畜生道

옥졸들은 토호가 더는 생각할 틈도 주지 않고 그를 문안으로 밀어 버렸다.

얼마나 지났을까, 토호는 온몸이 흠뻑 젖은 채 짚 더미 위에서 정신이 들었다.

"검은 말이 새끼를 낳았네. 수컷인 모양이야."

말소리가 들려와 그곳을 보니 마부로 보이는 사람들 몇몇이 자신을 내려다보며 이야기를 나누고 있었다. 토호는 말로 환생한 것이었다.

'기억을 잃을 것이라 하였는데, 어찌…!'

'먼 길을 오느라 고생했을 테니 차나 한 잔 드시오.'

'일전에 내가 몰래 버린 찻물이 기억을 지워주는 약이었던가…'

토호는 후회했지만 이미 늦었다. 그때 마부들이 돌아가려 하니 토호는 지푸라기라도 잡는 심정으로 힘껏 소리쳤다.

'이보시오. 나는 사람이오! 사람이란 말이오!'

하지만 아무리 애타게 외쳐 보아도 그의 입에서는 말의 울음소리만 날 뿐이었다.

"이놈이 왜 이리 시끄럽게 구는 게야?"

마부들은 끝내 그의 말을 알아듣지 못하고 성을 내며 자리를 떠나버렸다.

'내 꾀에 내가 넘어가 버렸구나…'

토호는 한참을 하염없이 눈물만 흘렸다. 그러다 이내 굶주림이 밀려와 자기도 모르게 어미에게로 가 젖을 물었다.

시간은 흘러 토호는 튼튼한 말로 자랐고, 그의 몸집이 커지자 주인은 흡족스러워하며 그를 마구간에서 꺼냈다.

"이제 쓸만하겠구나."

그러고는 그에게 재갈을 물리고 안장을 얹더니 등에 올라타 고삐를 잡아당겼다. 토호는 놀라 몸을 이리저리 흔들며 주인을 떨어뜨리려 하였다.

'어딜 감히! 썩 내려가라!'

그러자 그의 주인은 채찍을 꺼내 들더니 마구잡이로 그를 후려치기 시작했다.

"이놈이 맞아야 정신을 차릴 모양이구나!"

사정없는 채찍질에 토호의 살갗은 엉망으로 찢겨 나갔고, 끝내 고통을 이기지 못하고 몸부림치기를 멈추었다. 그리고 주인이 고삐를 잡아당기는 대로 그의 명에 얌전히 따랐다.

그날부터 토호는 날마다 주인을 태우고 종일 달리곤 하였다. 하루가 멀다고 혹사당하니 몸이 부서질 듯 괴로웠으나 매질이 두려워 명에 따를 수밖에 없었다. 더욱 고통스러운 것은 주인이 아닌 하인이나 마부들이 그를 몰 때였는데, 그들은 안장 없이 두 다리로 그의 몸통을 조였기 때문이었다. 숨이 막혀 걷기조차 힘든 마당에 그리 몸통을 조이고 이따금 배를 걷어차기까지 하니, 실로 고통스럽기 그지없었다.

힘든 나날을 보내던 어느 날 토호는 종일 달린 지친 몸으로 정신없이 여물을 씹다 문득 좋은 생각 하나가 떠올랐다.

'스스로 죽어 버리면 아무리 염라대왕이라도 벌을 더 줄 수는 없지

않겠는가? 말의 몸으로 저지른 잘못이 없으니 다시 좋은 곳에 갈 수 있을 것이다.'

토호는 그날부터 먹이를 끊고 매질을 당해도 이를 악물고 참으며 주인과 마부의 말을 듣지 않았다. 그리고 사흘째가 되는 날 마침내 굶어 죽어 버렸다.

토호가 정신을 차려 보니 그는 또다시 염라대왕 앞에 쓰러져 있었다. 대왕은 그에게 불호령을 내렸다.

"잔꾀를 부려 벌을 피하려 하다니, 그러고도 무사할 줄 알았더냐?"

그러고는 좌우에 손짓하니 옥졸들이 달려와 토호를 가시 달린 몽둥이로 사정없이 두들겨 패기 시작했다. 토호는 온몸의 살이 찢겨 가죽이 모두 벗겨져 버렸고, 고통에 못 이겨 바닥에 쓰러졌다. 그러자 옥졸들은 껄껄 웃으며 그를 어딘가로 끌고 가기 시작했다. 토호가 끌려가며 방향을 보니, 그곳은 또다시 축생도의 문이었다.

"잠깐! 저는 이미 벌을 받지 않았습니까? 어찌 다시 저리로 돌아가라 하십니까!"

애처롭게 소리쳤으나 옥졸들은 그의 말을 들은 척도 하지 않고, 그가 더는 발버둥칠 틈도 없이 문 속으로 밀어 넣어 버렸다.

정신이 들어보니 따뜻한 털이 그의 몸을 감싸고 있었다. 그곳은 작고 어둑한 개집 안이었다. 이번에는 개로 환생한 것이었다. 그는 또다시 죽고 싶은 마음이 굴뚝같았으나, 염라대왕이 꾸짖고 다시 벌을 줄 것이 두려워 마음을 다잡고 벌을 끝까지 받기로 결심했다.

'말보다는 낫지 않은가… 그리 혹사당할 일은 없으니…'

예상대로 말일 때와는 다르게 혹사당할 일은 없었고, 토호는 이전보다 훨씬 나은 나날을 보내게 되었다. 다만 젖을 뗄 무렵부터 그를 괴롭게 하는 일이 하나 있었는데, 자꾸만 자신의 변이 눈에 들어오는 것이었다. 이유 모르게 그 냄새에 끌리고 그것을 먹고 싶은 마음이 굴뚝같이 솟아올랐다.

'몸은 개일지라도 나는 분명 사람인데, 어찌 저런 것을 먹겠는가…'

토호는 여러 날이나 그 마음을 이겨내려 안간힘을 써 보았으나 해가 지나며 끝내 그 유혹을 이기지 못하고 변을 먹기 시작했다.

그는 점차 다른 개들과 다를 것 없이 살아가게 되었고, 나중에는 다른 개와 짝을 이뤄 새끼까지 낳게 되었다. 그렇게 얻은 새끼들이 어찌나 사랑스러운지 사람일 때 얻었던 야차 같은 자식들과는 전혀 달랐다. 그는 새로운 생에 익숙해져 나름 행복한 나날을 보내게 되었고 그의 형벌은 별일 없이 끝날 듯 보였다. 그러던 어느 날 한밤중에 누군가 그가 있는 개집으로 다가오는 소리가 들려왔다.

"어느 놈이 좋으려나…"

다가오는 사람은 그의 주인이었는데, 토호의 새끼들을 두고 무언가 고민하는 듯 보였다. 그가 자신의 새끼를 데려가려 한다는 것을 직감한 토호는 깜짝 놀라 사납게 짖으며 주인에 맞서 새끼들을 감쌌다. 하지만 주인은 그의 몸을 발로 밀쳐내고는 새끼를 향해 손을 뻗었다. 이에 토호는 화가 치밀어 올라 주인의 팔을 물어 버렸다.

"이놈이 미쳤나? 감히 먹여 주고 재워 준 주인을 물다니!"

주인은 비명을 지르며 잠시 물러나는 듯하더니, 이내 몽둥이 하나를 가져와 토호를 마구잡이로 때리기 시작했다. 그렇게 한참이나 매질하니 토호는 초주검이 되어 쓰러져 버렸다. 주인은 씩씩대며 죽어 가는 토호를 발로 밀쳐내고는 그의 새끼를 가져갔다. 토호는 온몸의 뼈가 끊어져 숨이 멎어가면서도 멀어져 가는 새끼에게 눈을 떼지 못하며 서럽게 눈물을 흘렸다.

'흑…흑…'

토호가 통곡하며 정신이 들어보니 그곳은 또다시 저승이었다. 염라대왕은 어김없이 그에게 역정을 냈다.

"또다시 스스로 죽음을 자초했구나."

토호는 눈물을 그치지 못하며 대왕에게 억울함을 토로했다.

"억울합니다… 제 새끼들을 데려가려 하기에 어쩔 수가 없었습니다…"

염라대왕은 그를 뚫어져라 쳐다보더니 옥졸들을 불러 그를 끌고 가게 하였다. 토호는 대왕에게 간청했다.

"대왕을 속이고 차를 몰래 버린 것은 큰 잘못이었습니다. 부디 제 기억을 지워 주십시오."

그가 간절히 빌었으나 염라대왕은 노기 가득한 표정으로 엄히 말할 뿐이었다.

"그것조차 네가 지은 죄로 죗값을 치르는 중이거늘, 어찌 벌을 거두어 달라는 것이냐?"

옥졸들은 쇠 채찍을 들어 토호의 몸을 내려치기 시작했다. 그렇게 수백 대를 맞고 또다시 온몸에 가죽이 벗겨져 버리자, 그들은 토호의 몸을 들어다 다시 축생도 문안으로 던져 버렸다.

토호는 어두컴컴한 땅속에서 정신이 들었다. 벽을 타고 굴 밖으로 나가 보니 자신의 기다란 몸을 볼 수 있었다. 뱀으로 환생한 것이었다.

"이번엔 기필코 아무것도 해하지 않고 살리라."

반드시 형벌의 고리를 끊으리라 결심한 그는, 작은 벌레 하나 죽이지 않고 나무에 열린 열매만을 먹으며 살아가기 시작했다. 도마뱀이나 지렁이를 잡아먹고 싶은 마음이 굴뚝같았으나 그 또한 죄가 될까 하는 걱정에 차마 그럴 수 없었다.

그러던 어느 날 하루는 어느 나무 위의 열매를 발견하고 그것을 먹으려 나무를 기어오르는데, 어디선가 사람의 목소리가 들려왔다.

"과일을 먹는 뱀이라니… 이런 괴이한 놈을 봤나!"

고개를 돌려 보니 그는 지나가는 나무꾼인 듯했는데, 징그럽다는 듯 토호를 쳐다보고 있었다. 그러다 토호를 향해 성큼성큼 다가오며 손에 쥔 지팡이를 휘두르려 하였다. 토호는 깜짝 놀라 재빨리 나무에서 내려와 수풀 속에 몸을 숨겼다. 하지만 나무꾼은 포기하지 않고 수풀 앞에 엎드려 계속해서 토호를 찾았다.

'나를 내버려 두시오! 제발 부탁이오!'

그는 이내 풀숲에 숨은 토호를 발견하고는 재미있다는 듯 껄껄 웃어댔다.

"네놈이 도망쳐 봤자지!"

그는 토호 쪽으로 마구 지팡이를 내리쳐 댔고, 토호는 필사적으로 피하며 수풀 밖으로 도주했다. 그런데 일순간에 그를 감싸고 있던 풀이 사라져 버렸다. 정신없이 도주하다 그만 사람이 다니는 길로 나와 버린 것이었다. 그때 땅이 크게 울리는 듯하더니 커다란 그림자가 그를 덮쳤다. 고개를 들어보니 커다란 마차가 그에게로 빠르게 다가오고 있었다. 마차는 순식간에 그의 몸을 밟고 지나가 버렸고, 토호의 몸은 흙바닥에 짓이겨져 두 동강이 나 버렸다. 뒤늦게 도착한 나무꾼은 그런 토호의 모습을 보더니 잔뜩 얼굴을 찌푸리며 말했다.

"징그러운 놈…"

그러고는 왔던 길을 되돌아 사라져 버렸고 멀어지는 그의 모습과 함께 토호의 시야도 점점 흐려져 갔다.

"네 이놈! 끝까지 내 말을 거역하겠다는 것이냐?"

또다시 염라대왕 앞에 이른 토호는 황급히 엎드려 억울함을 토로했다.

"이번엔 맹세코 끝까지 벌을 받으려 했습니다. 그런데 누군가가 저를 이유 없이 죽이려 하여 뜻하지 않게 이리된 것입니다."

염라대왕은 마치 그의 속을 들여다보는 듯 잠시 뚫어져라 쳐다보더니 가만히 물었다.

"그 자는 무슨 까닭으로 너를 죽이려 했더냐?"

"뱀이 열매를 먹는 것이 괴이하다는 이유로 재미 삼아 그러는 듯 보였습니다."

그러자 대왕은 고개를 끄덕이며 이어 물었다.

"네가 말일 적엔 무엇이 고통스러웠느냐?"

"빨리 달리지 못한다고 채찍으로 때리는 것과 안장을 올리지 않고 다리로 배를 조이며 걷어차는 것이 고통스러웠습니다."

"개일 적에는 무엇이 고통스러웠느냐?"

"그때는 매를 맞지는 않았으나 비위 상하는 것에 끌리고 익숙해지는 것과 주인이 마음대로 새끼를 빼앗아 간 것이 몹시 고통스러웠습니다."

그렇게 말하는 동안 토호의 눈에는 눈물이 가득 고여 있었다. 염라 대왕은 문득 노기를 거두더니 은근한 목소리로 말했다.

"네가 죄를 확실히 뉘우쳤는지 봐야겠구나."

그러고는 옥졸들을 불러 토호를 어딘가로 데려가게 하였다. 토호가 체념한 채 그들 손에 이끌려 가는데, 가까워지는 문을 보니 일전에 간 곳과는 다른 곳이었다. 그곳 현판에는 축생도가 아닌 다른 글자가 쓰여 있었다.

인간도 人間道

사람으로 다시 태어난 그는 태어나면서부터 말을 할 줄 알았고, 한 번 본 것은 잊는 법이 없었다. 그런 뛰어난 재주로 그는 어린 나이에 과거에 급제하여 벼슬길에 올랐고, 훗날 전생 못지않은 부귀를 누리게 되었다.

하지만 전생을 또렷이 기억했던지라 같은 실수를 반복하지 않았다. 사람들을 대하는 데 있어 가난하다 업신여기지 않고, 어리석다 꾸짖지 않으며, 사람뿐 아니라 미물까지도 그 생명을 중하게 여기니 많은 이들의 우러름을 받았다. 또한 그는 주변 사람들에게 입버릇처럼 이런 말을 하곤 하였다.

"말을 탈 땐 반드시 안장을 올리고, 혹시라도 배를 걷어차지 말아야 한다. 채찍보다 더 고통스러운 것이 그것이니라."

이 이야기는 중국 청대의 괴담집 《요재지이》를 쓴 포송령이 자신의 과거 급제 동기인 유거인이라는 인물의 이야기를 전한 것이다. 포송령은 이 이야기에 관해 다음과 같이 평한다.

사람 중 전생에 짐승이었던 자가 있을 수 있듯 짐승 중에서도 전생에 왕후장상이었던 자가 있을 것이다. 꽃을 피우기 위해서는 그 나무를 심어야 하듯 가난한 자는 선행을 베풀어야 하고, 꽃이 핀 뒤에도 그 뿌리가 튼튼해야 오래 키울 수 있듯 고귀한 집안 또한 선행을 게을리하지 않아야 하는 것이다.

염라대왕을
매수하는 방법

옛 중국 동안현에 석렴이라는 장사꾼이 살고 있었다. 상인이라면 모름지기 이윤을 남기고 손해는 줄이는 것을 최우선으로 삼는 것이 당연한 일이겠지만, 그에게는 다른 이들과 달리 반드시 지키는 한 가지 원칙이 더 있었다. 아무리 이득이 되는 일이라도 협잡과 속임수가 섞인 일은 거들떠보지도 않는다는 것이었다. 그래서 그는 항상 하는 일은 많고 얻는 것은 적어 살림이 풍족하진 못했지만, 십수 년간 우직하게 장사를 일궈나간 덕에 중년에 이르러서는 사람들 사이에서 인망이 두터웠다.

하지만 인유삼원(남으로부터 원망을 사는 세 가지, 시기를 이른다)이라고

했던가, 누군가는 그를 우러러봤지만 누군가는 그를 몹시 질투했다. 얼마 전 있었던 양씨와의 일이 그랬다. 석렴과 이웃하여 사는 부자 양씨는 어려서부터 자신보다 아래였던 석렴이 자기보다 높은 명성을 얻자 분한 마음을 감추지 못했다.

'저런 거렁뱅이놈이 어찌 나보다…'

양씨는 기회를 보다 관리에게 뇌물을 주어 석렴에게 누명을 씌우고 옥에 가두어 버렸다. 하지만 평소 인망이 높던 석렴이었기에 곧 풀려나게 되었고, 도리어 그를 무고한 죄로 양씨가 큰 벌을 받게 되었다. 한참 후 풀려난 양씨는 화병에, 감옥에서 얻은 병까지 더해 죽어 가면서도 석렴을 마음 깊이 증오했다.

"저 별 볼 일 없는 놈이… 감히!"

그런 일이 있고 난 뒤에도 석렴은 양씨 집안에 미움을 비치는 일 없이 자신들의 일을 굳건히 해 나갔다. 양씨의 최후를 본 사람들은 속으론 석렴을 질투하더라도 감히 다시 그와 같은 짓을 벌일 엄두를 내지 못했으니, 석렴 앞에 더 이상의 어려움은 없을 듯 보였다. 하지만 몇 년 뒤 그는 예상치 못한 또 다른 불행을 맞게 되었다. 이름 모를 지독한 병에 걸려 하루아침에 몸져눕게 된 것이었다.

그에게는 석방평이라는 효성 깊은 아들이 있었다. 부친의 정직하고 올곧은 품성을 그대로 이어받은 그는 고을에서 이름난 효자로 통했다. 그는 부친의 침상을 지키는 한편 병을 낫게 할 만한 귀한 약재를 구하고자 백방으로 뛰어다녔다. 하지만 별의별 수를 써 보아도 병은 심해져만 갔고, 석렴은 끝내 의식을 잃고 아침저녁을 다투는 지경에 이르게 되었다.

그런데 어느 날 석방평은 부친의 병석을 지키던 중 아버지의 몸에서 기이한 것을 발견하였다. 옷깃 안으로 보이는 아버지의 가슴에 몽둥이 자국이 나 있는 것이었다.

'이게 무슨…!'

놀라 옷을 벗겨 보니 누군가 그를 매질한 듯한 자국이었는데, 가슴뿐만이 아닌 온몸에 가득 남아 있었다. 더욱 놀라운 것은 그 몽둥이 자국들이 눈앞에서 하나둘 늘어가고 있는 것이었다.

"으…으악! 제발…그만…"

몽둥이 자국이 늘어갈 때마다 석렴은 고통에 겨운 신음소리를 내었다. 그 같은 괴이한 광경에 석방평은 두려움에 등골이 오싹하면서도 아무것도 할 수 없는 무력감에 하늘이 무너지는 듯하였다. 그는 급히 부친을 흔들어 깨웠다.

"아버지… 아버지! 정신을 차려 보시지요! 이게 무슨 일입니까?"

석렴은 여전히 의식을 잃은 채 숨만 가빠질 뿐이었다. 석방평은 사람을 불러오고자 방 밖으로 나가려 하였다. 그런데 그때, 문득 석렴의 얼굴이 공포의 휩싸인 채 퍼렇게 질려 버리더니 이내 눈이 튀어나올 듯 크게 눈을 뜨고서는 소리쳤다.

"양가 놈이…! 저승의 포졸을 거느리고 날 죽이러 왔다!"

그의 온몸은 어느새 몽둥이 자국으로 가득 차 빨갛게 변해 버리다 못해 죽은 사람처럼 검은빛을 띠고 있었다. 석방평은 오열하며 아버지의 몸을 자기 몸으로 막았으나 달라지는 것은 없었다. 석렴은 이윽고 목이 찢어질 듯한 절규와 함께 그만 숨이 끊어지고 말았다.

눈앞에서 그 같은 기이한 광경을 본데다 아무리 병이 위독하다 한들 아버지 석렴이 망령된 소리를 할 사람은 아니었으므로 석방평은 무언가 사람이 이해할 수 없는 괴이한 일이 벌어지고 있음을 깨달았다. 그는 피눈물을 흘리며 울분을 이기지 못하고 하늘을 향해 소리쳤다.

"내 부친은 남을 미워한 적도, 피해를 준 적도 없는 분이거늘… 어찌 이리 저승으로 끌고 간단 말이오! 내 죽어서 저승에 가 아버지의 억울함을 풀어야겠소!"

피가 거꾸로 솟는 듯한 분노와 억울함에 그는 하늘을 향해 마구 고함을 쳐대기 시작했다. 그러자 그의 얼굴은 빨갛게 달아오르다 못해 이내 핏줄이 다 터져 버렸고, 이윽고 얼굴의 일곱 구멍에서 비처럼 피를 쏟아냈다. 그러다 시꺼먼 선지피를 한 말이나 토하고는 그만 쓰러져 버렸다.

얼마나 시간이 흘렀을까, 석방평은 차가운 바닥에서 정신이 들었다. 눈을 떠 보니 그의 주변엔 온통 칠흑 같은 어둠뿐이었다.

'장님이 되어버린 것인가…'

아무리 눈을 크게 떠보아도 보이는 것이라곤 없고 주변을 더듬어보아도 모래 한 톨 잡히는 것이 없으니, 그는 주변에 사람이 있는지 귀를 기울였다. 마침내 멀리서 길게 늘어선 사람 무리가 다가오는 것이 보였다. 이곳이 어디인지를 묻기 위해 그들을 향해 달려가는데 몇 걸음

가지 않아 석방평은 자기도 모르게 발걸음을 멈추고 말았다. 그들은 하나같이 살갗이 벗겨져 나가고 피를 뒤집어 쓴 끔찍한 몰골의 죄수들이었다.

하나같이 발목에 쇠로 된 족쇄를 찬 그들은 흉측한 괴수의 손에 이끌려 가고 있었다. 그는 말로만 듣던 사람의 몸에 소의 머리를 한 지옥의 우두옥졸이었다. 석방평은 지옥에 오게 된 것이었다.

"웬 놈이냐? 넌 아직 죽을 때가 되지 않았는데… 어떻게 이곳에 오게 된 거지?"

석방평을 본 옥졸은 놋그릇이 깨지는 듯한 목소리로 그에게 물었다. 석방평은 순간 두려웠으나 애초에 그가 바라던 바였으므로 떨리는 가슴을 가다듬고 그에게 사정을 말했다. 그러자 옥졸은 머리를 갸웃하며 말했다.

"이상한 놈이로구나. 좋다, 나를 따라오너라."

잠시 후 넓은 벌판 끝에 덩그러니 놓인 성 하나가 나왔다. 성문이 열리자 옥졸은 채찍질해 대며 죄수들을 그 안으로 거칠게 밀어 넣었다. 석방평이 그 뒤를 따라가 보니 대문 안쪽엔 가시 달린 쇠창살이 쳐진 좁다란 감옥들이 끝없이 늘어서 있었다.

"억울한 것이 있다면 이곳의 관청으로 가 고소장을 올리도록 하라."

옥졸은 짧게 말하고는 죄수들을 데리고 떠났다. 그가 일러준 방향을 보니 과연 멀리 관청으로 보이는 거대한 저택이 보였다. 석방평은 곧장 그곳을 향해 발걸음을 옮겼다.

길의 양옆에 늘어져 있는 옥 안의 죄수들은 아까 보았던 죄수들과 마찬가지로 온몸이 피범벅이 된 채 고통스러운 절규를 내지르고 있었다. 석방평이 참담하게 보며 천천히 길을 따라 걸어가는데, 죄수 중 낯익은 이가 눈에 들어왔다. 다름 아닌 그의 부친 석렴이었다.

"아, 아버지!"

그곳에서 모진 고문을 받았는지 석렴은 죽을 때보다 더욱 끔찍한 몰골을 하고 있었다. 석방평은 혼절할 듯한 정신을 부여잡고 아버지에게 달려가 울부짖었다.

"아버지! 제가 왔습니다! 방평이가 왔습니다!"

바닥에 힘없이 쓰러져 있던 석렴은 익숙한 목소리에 화들짝 놀라 그의 얼굴을 살펴보더니 곧 제 아들임을 알아보고 눈물을 뚝뚝 흘리며 물었다.

"어찌하여 너까지… 양가놈이 또 수작을 부린 게냐…?"

그가 죽기 전 했던 말과 같은 말을 하는 것이었다. 이에 석방평이 자초지종을 물으니 석렴이 울며 말했다.

"내가 죽은 것은 양씨 그놈이 더러운 수를 쓴 까닭이다. 그놈이 죽어 저승에 온 뒤 이곳의 간수들을 매수해, 매일 밤 나를 찾아와 매질하여 죽게 한 것이지. 내가 죽기 전 괴이한 병에 걸린 것은 그 때문이다… 이곳에서 수차례나 그 같은 사정을 말해 보았지만, 도무지 들어주질 않는구나."

이야기를 들은 석방평은 피가 거꾸로 솟는 듯하였다. 자신이 이곳에 이른 사정을 전하고는 부친을 안심시켰다.

"아버지께선 이제 걱정하지 마십시오. 이 아들이 억울함을 풀어 드릴 것입니다."

석방평은 그길로 관청을 향해 달려갔다. 그리고 멀리 높은 의자에 앉은 성황신이 보이자 그를 향해 크게 소리쳤다.

"지옥은 법도 없는 게냐! 어찌 뇌물을 받고 사람을 이리 대할 수 있느냐!"

그러자 그 밑의 옥졸들 몇몇이 당황한 기색을 보였다. 석방평은 옥리에게 붓을 받아 단숨에 고소장을 쓰고는 성황신에게 전했다. 하지만 성황신은 그의 글을 받아 절반도 읽지 않고 퉁명스레 말했다.

"너는 아직 죽을 때가 되지 않았구나. 어서 이승에 돌아가거라."

"돌아갈 때 가더라도 아버지의 억울함을 풀어야겠습니다!"

당돌한 석방평의 태도에 성황신은 잠시 당황한 듯하더니 이내 괘씸한 듯 그의 고소장을 구기며 말했다.

"양씨는 몇 년 전 이곳을 지나간 사람이라 내가 잘 알고 있다. 그는 이런 짓을 벌일 사람이 아니다."

석방평은 기가 막히는 듯했다. 양씨는 이미 성황신에게도 손을 쓴 것이었다. 석방평은 언성을 높이며 따졌다.

"관리라는 작자가 어찌 그따위 사사로운 잣대로 판단한단 말이냐! 네놈도 뇌물을 받은 것이냐!"

그러자 성황신은 붉으락푸르락 낯빛이 변하더니 좌우의 옥졸들을 꾸짖어 명했다.

"뭣들 하느냐! 저놈을 어서 끌어내라!"

관청 밖으로 쫓겨난 석방평은 미친 사람처럼 성을 돌며 억울함을 호소할 다른 관리를 찾아다녔다. 그러던 중 마침내 군사(부를 담당하는 장관 직책)의 관청을 발견하여 그곳에 들어가 부친의 억울함과 양씨와 성황신의 비리를 고발했다. 그러자 군사는 그를 굽어보며 차분히 말했다.

"정말로 그런 일이 있다면 마땅히 처벌해야 옳다. 피고를 부를 터이니 잠시 기다리도록 하라."

그 같은 말에 한 줄기 희망을 본 석방평은 감사를 표하고 관청의 뜰에 서서 재판이 열리기만을 기다렸다. 하지만 재판 소식은 몇 날 며칠이 지나도록 도무지 들려오질 않았다. 하염없이 시간이 흐르는 동안 지옥 한편에서 모진 고문을 받고 있을 아버지를 생각하니 석방평은 피가 마르는 듯했지만, 군사의 공명정대한 말에 기대를 걸고선 꾹 참고 기다렸다.

그리고 마침내 보름이 되던 날 비로소 재판이 열린다는 소식이 들려왔다. 재판정에 들어가 보니 그토록 기다렸던 양씨와 성황신이 함께 서 있었는데, 이상하게도 양씨는 다른 죄수들과 달리 상처 하나 없이 말끔해 보였다. 심지어 그는 관리들과 같은 좋은 옷까지 걸치고 있었다.

'저놈이 또 수를 쓴 모양이로구나!'

석방평은 양씨와 성황신의 비리 그리고 부친의 결백을 목에 핏대를 세워가며 토로했다. 군사는 고개를 끄덕이더니 양씨와 성황신을 보며 물었다.

"저것이 모두 사실인가?"

"아닙니다. 저 자의 말에는 털끝만큼의 사실도 없습니다."

그러자 군사는 석방평에게 다시 고개를 돌리더니 눈을 치켜뜨며 엄히 말했다.

"감히 네놈이 나를 속이려 들었다?"

"…!"

석방평은 하늘이 무너지는 듯했다. 군사 또한 이미 그들과 한패였던 것이었다. 양씨는 절망하는 석방평을 보며 비열한 미소를 띠고 있었다. 성황신은 석방평을 포박하게 하고는 판결했다.

"지옥 법에 따라 저놈에게 백일간의 형벌을 내리노라. 또한 놈은 아직 죽을 때가 되지 않았으니 이승에 돌려 보내라!"

석방평은 불구덩이에 던져져 밤낮으로 살이 찢기고 불태워지는 형벌을 받게 되었다. 뼈가 부서지면 금세 다시 자라나고 살점이 떨어져 나가면 다시 차오르니, 그야말로 단 한 순간도 벗어날 수 없는 지옥의 고통이었다. 하지만 석방평에게 있어 그보다 더 고통스러운 것은 억울하고 결백한 마음이었다.

하루가 1년과도 같은 형벌이 끝나고 그가 형기를 마치자, 옥졸들은 그의 혼백을 창으로 꽂아 건져 내어 곧장 이승으로 압송하였다. 마침내 석방평의 집에 도착하자 옥졸들은 방 안에 쓰러진 그의 육신을 가리키며 말했다.

"저 위에 올라서거라."

하지만 석방평은 이를 악물고 버티며 그 명을 듣지 않았다. 옥졸들은 어처구니가 없다는 듯 웃음을 터트렸다.

"그래. 마음대로 해 보거라! 오늘이 아니면 네 육신은 썩어 다시는 돌아갈 수 없는 몸이 될 테니. 이번이야 네가 죽을 때가 되지 않아 고소장을 쓸 수 있었다지만, 다시 지옥에 돌아왔을 때는 넌 다른 죄수들처럼 벌을 받게 될 것이다!"

그 말을 끝으로 옥졸들은 자리를 떠났다. 석방평은 눈물을 삼키며 다짐했다.

'이렇게 돌아가 산다 한들 무슨 의미가 있겠는가? 이 서러움을 풀기 전엔 살아도 사는 것이 아닐 것이다!'

그러고선 옥졸들이 간 길을 따라 저승으로 돌아갔다.

그렇게 아버지의 억울함을 풀기 위해 생을 포기하고 저승으로 돌아온 석방평은 서둘러 염라대왕의 궁궐을 찾았다. 일을 겪어 보니 다른 하위 관리들은 모두 양씨에게 뇌물로 주물러지고 있을 것이 뻔했기에 곧바로 지옥의 왕 중의 왕으로 알려진 염라대왕을 만나 억울함을 풀 생각이었다.

하지만 또다시 돌아온 칠흑 같은 어둠 속에서 그의 궁궐을 찾기란 건초더미에서 바늘을 찾는 것과 같은 일이었다. 보이지도 않는 지평선만을 바라보며 하염없이 들판을 헤매는데 멀리 죄수들의 행렬이 눈에 들어왔다. 그 맨 앞에선 옥졸을 보니 맨 처음 지옥에 왔을 때 보았던 우두옥졸이었다.

"억울함을 풀었느냐?"

석방평을 알아본 그가 무미건조하게 묻자 석방평은 답은 않고 눈을 부릅뜨며 되물었다.

"지옥의 왕은 염라대왕이 아니오? 내 그분을 만나야겠소. 그분의 궁이 어디요?"

그러자 우두옥졸은 말없이 그를 보더니 손을 들어 한쪽을 가리키고는 가던 길을 마저 떠났다. 석방평은 이를 갈며 그곳으로 향했다.

백여리를 쉬지 않고 걸은 끝에 석방평은 마침내 지붕이 하늘에 닿을 듯한 거대한 전각에 당도했다. 염라대왕의 재판장이었다. 그는 곧장 편전 안으로 달려들어가 멀리 보이는 대왕에게 소리쳤다.

"대왕! 소인 아버지의 억울함을 풀어 주십시오!"

옥졸들이 뒤늦게 달려와 그를 붙잡았으나 염라대왕은 그의 목소리를 들은 듯했다.

"놈을 데려오너라."

드디어 염라대왕 앞에 이른 석방평은 그간의 일을 낱낱이 고했다. 그러자 염라대왕은 노한 기색을 띠며 좌우에 명했다.

"즉시 성황신과 군사를 불러 오너라. 이 자와 대질하겠노라."

대왕의 말이 떨어지자 지난번과 달리 일각이 채 되기도 전에 양씨와 관리들은 전각에 모습을 드러냈다. 염라대왕은 양측의 이야기를 모두 들어보더니 문득 그들을 물리며 말했다.

"내일까지 사실 여부를 조사하여 판결할 것이니 그때까지 재판장 앞에 머물도록 하라."

명에 따라 일단 재판장 밖으로 나온 석방평이었으나 불길한 느낌을 지울 수 없었다. 듣기로 염라대왕은 죄인의 마음속을 훤히 꿰뚫어 보는 판관 중의 판관이라 하였는데, 판결을 하루나 미루는 것을 보니 이상한 일이 아닐 수 없었기 때문이었다. 그때 누군가가 그의 곁으로 다가왔다. 고개를 돌려 보니 그들은 다름 아닌 조금 전 자신이 고발한 양씨와 부패관리들이었다. 석방평은 분을 이기지 못하고 양씨의 멱살을 잡고선 크게 꾸짖었다.

"이 더러운 놈아! 내 아버지가 무슨 죄가 있다고 그런 고초를 겪게 하였느냐!"

하지만 양씨는 미소를 띠며 능글맞게 말했다.

"이보시게, 조카님. 우리는 원래 가까운 사이가 아니었던가? 저승까지 와서 이렇게 싸워야 하겠나?"

그런 후안무치한 태도에 석방평은 분노가 치밀어 오르다 못해 어처구니가 없어 헛웃음이 나왔다.

"그래, 그렇게 웃으면서 말이야… 터놓고 이야기해 보자고."

그러자 옆에 있던 성황신과 군사가 거들었다.

"맞네, 좋은 게 좋은 것이 아니겠나? 아무리 저승이라지만 없는 고초를 만들어 겪을 필요는 없지 않은가?"

그러고는 잠시 주변의 눈치를 살피다 양씨는 본론을 꺼냈다.

"이유야 어찌 됐건 자네와 자네 부친은 이미 세상을 떠났고, 이승에 남은 건 자네 식솔들이네. 같은 고을 사람들끼리 이럴 것이 아니라 이승에 있는 식구들을 생각해야 되지 않겠나? 우리가 화해하면 이 재판은 없던 일이 될 수 있네. 내가 옥졸들을 통해서 자네 집안에 은 천 냥을 보내도록 하겠네. 어떤가?"

이를 들은 석방평은 기가 막혀 말을 잇지 못하다 이내 그의 낯에 침을 뱉고는 꾸짖었다.

"이놈이 이젠 나에게까지 뇌물을 먹이려 드느냐! 썩 꺼지지 못할까!"

그러자 세 사람은 돌연 낯빛을 싹 바꾸고 험악한 눈으로 그를 노려보더니 이내 그들의 자리로 돌아갔다. 그러자 옆에서 이를 보고 있던 옥졸이 석방평을 비웃었다.

"하하… 집요하구나, 집요해. 이 멍청한 놈 같으니라고. 생각해 보거라, 이제 저 돈이 어디로 가겠느냐?"

순간 석방평은 불길함에 등골이 서늘해지는 듯했다.

"설마…"

다음 날 옥졸의 말은 실제로 일어났다.

"판결하노라. 죄인 석방평을 철상지옥에 가두어라!"

"…!"

석방평은 가슴이 턱 막히고 어처구니가 없어 목이 메었다. 철상지옥이란 부정부패로 금전을 취한 이들이 가는 지옥이었기 때문이다.

"제가 도대체 무슨 죄를 지었단 말입니까!"

"몰라서 묻느냐! 네놈은 뻔뻔하게 저들을 무고하고 거짓된 말로 나를 능멸하였다. 남을 무고한 죄인은 똑같은 벌을 받는 법이다!"

이어 염라대왕이 손짓하자 옥졸들은 석방평을 매질하며 그를 지옥으로 끌고 갔다.

'염라대왕까지 저들에게 매수되었다면… 이제 어찌해야 한단 말인가?'

옥졸들은 석방평을 발가벗기고 새빨갛게 달궈진 쇠 침대 위에 그를 올려 놓았다. 온몸이 녹아버릴 듯한 고통이 살을 파고들었지만, 그의 머릿속엔 오로지 억울한 마음뿐이었다.

"내 죄가 있다면, 다만 돈이 없는 것이 죄로구나!"

그렇게 한참을 고문받은 끝에 옥졸들이 갑자기 그를 침대에서 풀어주더니 다시 재판장으로 데려갔다. 염라대왕은 석방평의 말을 들은 모양인지 그에게 엄하게 으름장을 놓았다.

"어디서 그런 망령된 소리를 지껄이는 게냐? 지옥의 맛을 보니 어떻더냐? 생각이 좀 바뀌었느냐? 아니면 또 고소를 남발하여 얄팍한 거짓말로 나를 속일 생각이냐?"

하지만 석방평은 더 이상 염라대왕이 두렵지 않았다. 그는 조금도 굴하지 않고 당당하게 소리쳤다.

"제 몸을 부술 순 있어도 제 마음은 부술 수 없습니다. 억울함을 아직 씻지 못했는데 어찌 그만둘 수 있겠습니까? 여기서 멈춘다면 그것이야말로 대왕님을 속이는 것과 같지 않겠습니까?"

석방평이 조금의 물러섬도 없자 염라대왕은 잠시 말이 없더니 문득 낯빛을 바꾸고는 말했다.

"훌륭하다. 참으로 효자로구나!"

뜻밖의 반응에 석방평은 어안이 벙벙하였다. 염라대왕은 말을 이었다.

"네가 벌을 받는 사이 네 아버지의 억울함은 내가 씻어 주었느니라. 그는 부귀한 집에서 환생하였으니, 너는 더 이상 억울함을 호소할 필요가 없다. 너도 내가 좋은 곳에 환생시켜 주겠다."

"…!"

석방평이 깜짝 놀라 소리쳤다.

"옥졸에게 들어보니 저는 아직 죽을 때가 되지 않았고, 저희 아버지는 죄가 없으니 함께 이승으로 돌려 보내 주셔야 함이 옳습니다. 어찌 환생시키셨다 하십니까? 또 제 부친을 모함한 그 도적들은 어찌 된 것입니까?"

하지만 대왕은 더는 듣기 싫다는 듯 손을 내젓더니 자리를 뜨며 명했다.

"어서 저 자에게 기억을 지우는 약을 먹이고 인간도로 보내 주거라."

그의 명을 받든 옥졸은 다가와 석방평을 끌고서는 어느 나무로 된 문 앞으로 데려갔다. 그리고 혼탁한 찻물이 든 잔을 들어 당장이라도 들이부을 듯 그의 입에 갖다 대었다. 석방평은 체념한 듯 눈을 꼭 감았다. 그런데 그때 옥졸이 나지막이 속삭이는 소리가 들려왔다.

"당신은 강한 사람이구려. 아직 그 억울함을 풀 생각이 있다면, 다시 돌아와 북쪽으로 향해 이랑신(옥황상제의 조카)을 찾으시오. 시간이 얼마 없으니 서둘러야 하오. 희미하게 지평선이 보이는 곳이 북쪽이오."

그러더니 몰래 찻물을 버리고는 석방평을 문안으로 밀어 넣었다.

얼마 후 정신이 들어 자기 몸을 살펴보니 그는 갓난아기로 환생해 있었다. 주변을 둘러보니 그가 태어난 곳은 염라대왕이 말한 대로 과연 부유한 집안이었다. 그곳에서 새 삶을 시작한다면 이전과 같은 핍박을 받을 일은 없어 보였다.

'북쪽으로 향해 이랑신을 찾으시오. 시간이 얼마 없으니 서둘러야 하오.'

하지만 그는 전생과 지옥에서의 일을 방금 전의 일처럼 기억하고 있었다. 옥졸이 찻잔을 버려준 덕분인 듯했다. 이내 어찌 되었을지 모를 부친에 대한 걱정과 옥졸이 남긴 말이 떠오른 그는 다른 생각을 멈추고, 울기를 멈추며 아무것도 입에 대지 않았다. 그렇게 사흘이 지나자 또다시 죽어 저승으로 돌아가게 되었다.

혼백이 되어 다시 지옥에서 눈을 뜬 그는 정신이 들자마자 칠흑 속을 살폈다. 과연 옥졸의 말대로 희미하게 지평선이 보이는 곳이 있었다. 그는 자리에서 일어나 쉬지 않고 그곳을 향해 내달렸다.

그렇게 몇십 리를 달려가자 어둠 속에 새하얀 점 하나가 가까워져 오는 것이 보였다. 지옥에서는 본 적이 없는 밝은 빛이었기에 그는 발걸음을 멈추고 자세히 들여다보았다. 그것은 눈처럼 새하얀 깃털로 장식된 화려한 수레였는데, 주변에 황금빛 검극을 든 군사들이 빽빽하게 늘어서 있었다. 수레 안에는 풍채가 수려하고 얼굴에 생기가 가득한 청년이 앉아 있었다. 청년은 석방평이 다가오기도 전에 멀리서 그가 홀로 서 있는 것을 보고는 물었다.

"하계(천상계 사람이 인간 세계를 이르는 말) 사람이 어찌하여 이곳에 있는가?"

그가 보통 인물이 아님을 알아본 석방평은 엎드려 그가 겪은 고생을 차근차근 모두 고하였다. 그러자 청년은 마치 그의 마음속을 들여다보는 듯 가만히 그를 보더니 주변에 명했다.

"밧줄을 풀어 주거라."

그러고는 석방평을 데리고 어딘가로 향했다.

잠시 후 한 곳에 이르러 청년은 수레를 멈추게 하였다. 그곳은 다름 아닌 염라대왕의 전각이었다. 그가 도착하자 염라대왕과 휘하의 관리들이 허둥지둥 뛰어나왔다.

"이랑신을 뵈옵니다."

"…!"

하얀 수레의 청년은 과연 옥졸이 일렀던 이랑신이었던 것이었다. 이랑신은 벼슬아치들의 인사를 거들떠보지도 않고 곧장 전각 안으로 들어갔다. 그러고는 염라대왕의 옥좌에 앉아 큰 소리로 그들을 꾸짖었다.

"염왕은 듣거라! 내 본래 다른 용무로 저승에 왔으나 긴히 할 만한 일이 생겨 이곳에 오게 되었다."

온 저승을 쩌렁쩌렁 울리는 듯한 목소리에 염왕과 관리들은 두려움에 온몸이 굳어 어찌할 바를 몰라 하였다. 이랑신은 석방평을 가리키며 말을 이었다.

"저 자는 어찌나 억울함에 사무쳤던지 아직 죽을 때가 되지 않았음에도 홀로 구천을 떠돌고 있었노라. 저런 이가 있는데 어찌 지옥의 관리들이 그 역할을 다하고 있다고 말할 수 있겠는가? 여봐라! 저 자가 고발한 저승의 성황신과 군사, 양 아무개 그리고 염왕을 데려와 진실을 밝히도록 하라!"

천군들은 일제히 그들을 포박하였고 이랑신은 석방평의 고소장을 가져오게 하여 그들을 대질하였다. 염라대왕을 비롯한 탐관오리들은 두려움에 온몸이 얼음처럼 굳고 눈앞이 아찔하여 더 이상 사실을 숨기지 못했다.

"한 번만 용서해 주십시오! 양 아무개가 준 뇌물에 눈이 멀어 거짓 판결하고 저 자와 그 아비에게 해를 끼쳤나이다."

겁먹은 그들의 모습은 마치 쥐구멍에 숨은 쥐와 같았고, 곧 모든 사실이 밝혀지자 이랑신은 즉시 판결을 내렸다.

"너희들은 하늘의 성은으로 작위를 얻었음에도 상하로 결탁하여 죄인의 뇌물을 탐하고 억울한 자를 돌보지 않았다. 그 간교함이 이루 말할 데가 없으니 작위를 박탈하고 가죽을 벗겨 짐승으로 환생시키겠노라! 또한 양 아무개는 그 교활함과 잔인함으로 지하세계까지 동전의 악취를 끌고 들어왔으므로 이승에서의 재산을 몰수하고 지옥의 법도에 따라 다스리겠다!"

그 같은 무거운 형벌에 죄인들은 울며불며 뒤늦은 용서를 빌었으나 이랑신은 더는 그들을 거들떠보지 않고 형장으로 끌고 가게 하였다. 이랑신은 그에 그치지 않고 높은 관리서부터 말단 옥졸에 이르기까지 뇌물을 받은 이들을 낱낱이 밝혀 각각에 맞는 벌을 내렸다.

이윽고 죄인들이 모두 끌려가 사라지자 그는 석렴을 데려오도록 하였다. 염라대왕의 말과 달리 그는 아직도 환생하지 못한 채 지옥에서 고문받고 있었다.

"아버지!"

마침내 억울함을 풀고 상봉한 부자는 서로 끌어안고 뜨거운 눈물을 흘렸다. 이를 본 이랑신은 석렴을 굽어보며 말했다.

"네 아들의 효심은 그 깊이가 바다와 같다. 또한 네 자신도 이승에서 쌓은 덕업이 높기 이를 데 없구나. 너희들은 억울한 일로 이곳에 와 고초를 겪고 끝까지 굴복하지 않고 탐관오리를 잡아냈으니 상으로 너희를 돌려 보내 주는 것은 물론 36년의 수명을 더 내려 주겠노라."

그리고 두 사람을 집에 데려다주도록 하니 부자는 연거푸 절을 올리며 감사를 표했다.

그리고 잠시 후 옥졸을 따라 집으로 돌아가 보니, 지옥에서 그토록 오랜 시간을 보냈건만 이승의 시간으로는 한 식경도 지나지 않은 상태였다. 각각 자신의 시신 위에 올라가려 하니 그들을 데려온 옥졸이 물었다.

"억울함을 모두 풀었느냐?"

그제야 보니 그는 석방평이 처음에 만났던 그 옥졸이었다. 방평은 눈물을 흘리며 고개 숙여 그에게 사례하였다.

"그렇소."

그러곤 각각의 육신 위에 올라서니 잠시 후 그들은 이승에서 정신이 들었다.

이후 부귀를 누리던 양씨의 자손들은 이랑신이 내린 판결처럼, 그간의 비리와 부정하게 재산을 착복한 사실이 모두 밝혀져 재산을 몰수당하였고, 그들이 가지고 있던 땅은 모두 석씨 부자에게로 돌아갔다. 석렴과 석방평은 저승에서 받은 수명을 모두 채울 때까지 풍족하고 영화로운 생을 살았다고 한다.

저승사자가 준
세 가지 선물

당나라 시대 북방의 어느 눈 내리는 산길, 한 나그네가 눈보라를 뚫고 길을 나아가고 있었다.

'이거 낭패로구나. 어서 들어갈 곳을 찾아야 할 텐데…'

뜻밖의 폭설을 만난 데다 날까지 저물어 가니 그는 눈바람을 피할 곳을 찾아 발걸음을 재촉했다. 그러다 멀리 불빛 하나가 반짝이는 것이 보였다. 다행히도 나그네들이 머물러 가는 객점인 듯했다. 그는 안도하며 더 생각할 것도 없이 곧장 그곳으로 향했다.

"탕면 한 그릇 주시겠소."

객점에 들어온 그는 언 몸을 녹이고 허기도 달랠 겸 탕면 한 그릇을 시켰다. 그런데 값을 치르려고 보니 남아 있는 노자가 얼마 되지 않았다.

'이번에도 낙방하면 더 이상 어쩔 도리가 없겠구나…'

　그는 우생이라는 선비로, 과거를 보러 장안으로 향하던 중이었다. 그는 일찍이 부모를 여의고 숙부의 손에 거두어졌는데, 그의 숙부는 진양의 장관까지 지낸 높은 관리였기에 우생은 부족함 없이 자랄 수 있었다. 그런데 그가 성인이 되어 혼례를 올릴 때쯤 청천벽력과 같은 일이 일어났다. 숙부가 당파싸움에 휘말려 목숨을 잃게 된 것이었다.

　이후 대부분의 가산을 몰수당하고 길거리에 나앉게 된 우생은 당장 먹고살 길을 찾아야 했다. 하지만 할 줄 아는 것이라곤 글을 읽고 쓰는 일뿐이었기에 그는 그날로 과거 공부에 매진했다.

　아내의 품삯으로 근근이 입에 풀칠해 가며 공부에 매달렸지만 숙청당한 이의 조카여서인지 그는 그럭저럭 쓸만한 재주에도 매번 낙방을 면치 못했다. 어렵사리 공부한 지도 10년, 그나마 가졌던 재산까지 모두 바닥나고 아내까지 오랜 고생으로 시름시름 앓기 시작했으니 이번에도 낙방한다면 다른 방도가 없어 보였던 것이었다.

　우생이 시켜 놓은 국수를 든 채 가만히 생각에 잠겨 있는데 문득 문이 열리더니 누군가가 객점 안으로 들어왔다. 그는 차림새가 남루하기 짝이 없는 걸인이었는데, 우생처럼 한참 눈보라를 맞았는지 얼굴이 백지장처럼 새하얗게 질려 있었다.

　"주인장… 탕면 한 그릇만 얻어먹을 수 있겠습니까?"

　그가 걸인인 것을 눈치챈 객점 주인은 야멸차게 소리쳤다.

"재수 없게 거지가 찾아왔구나. 썩 꺼지거라!"

그러고는 그를 거칠게 밀치며 내쫓으려는 것이었다. 가만히 보고 있던 우생은 문득 측은한 마음이 들었다. 걸인의 처지를 보니 마치 자신을 보는 듯했기 때문이었다.

"이 날씨에 어디로 간단 말이오. 내가 저 사람 몫까지 값을 치르겠으니 이곳에 머물게 해 주시오."

우생은 그렇게 객점 주인을 말리고는 걸인을 불러 자신의 탕면을 내어 주었다.

"추운 데 고생이 많았겠소. 나랑 함께 듭시다."

그러자 걸인은 잠시 머뭇거리다 이내 그릇을 받아 단숨에 먹어 치웠다. 그러고는 감사 인사 한마디 없이 그대로 침상에 드러눕더니 잠이 들어 버렸다. 하지만 우생은 괘씸한 마음이 들기는커녕 한층 더 마음이 울적해졌다.

'나도 곧 이 사람처럼 되겠구나…'

"선생. 일어나 보시지요."

깊은 밤 우생은 누군가가 부르는 소리에 잠에서 깨었다. 눈을 떠 보니 그의 침상 곁에는 아까 음식을 나눠주었던 걸인이 있었다. 그는 여전히 어둠 속에서도 분명히 보일만큼 새하얀 얼굴을 하고 있었는데, 그 분위기가 아까와는 사뭇 다른 데가 있었다.

"무슨 일이오?"

우생이 놀라 묻자 걸인은 가만히 손짓하며 방 저편을 향했다.

"긴히 할 얘기가 있으니 잠깐 일어나 보시지요."

우생은 꺼림칙한 마음이 들었으나 자기도 모르게 홀린 듯 그를 조심스레 따라가 보았다. 걸인은 붓과 종이를 가져와 탁상에 펼쳐 놓고는 그 앞에 앉아 우생에게 말했다.

"아까는 신세가 많았습니다. 아침부터 백여 리를 걸어 고단하기 짝이 없는데 선생 덕에 허기도 달래고 쉬어갈 수 있었습니다. 그래서 저승에 돌아가기 전 작게나마 보답하려 합니다."

우생은 자기 귀를 의심하였다.

"뭐라? 방금 어디로 돌아간다고 하였소?"

그러자 걸인이 옅은 미소를 띠며 답했다.

"저승 말입니다. 저는 저승사자입니다."

그러더니 우생이 대꾸하기도 전에 품에서 책 한 권을 꺼내며 말했다.

"잠시만 떨어져 계시겠습니까?"

우생이 시킨 대로 하니 그는 품에서 꺼낸 책을 넘겨보며 훑어보다 중간에 멈추고 종이에 쓰기를 세 번 반복하더니 각각 봉투에 넣고 그 위에 '제 일 봉', '제 이 봉', '제 삼 봉'이라 적었다.

"살아가다 이겨내지 못할 어려운 일을 만나게 되면 이 봉투를 차례로 열어 보십시오. 필시 선생께 도움이 될 것입니다."

그러고는 자리에서 일어나 그대로 객점 밖으로 나가려는 것이었다. 그런데 문 앞에 이르러 문득 잊은 것이 생각났는지 우생을 돌아보며 덧붙였다.

"단, 이겨낼 수 있는 일에 열어 보아서는 안됩니다. 피할 수 없는 재앙인지, 잡을 수 있는 복인지는 선생께 달려 있으니…"

그 말을 끝으로 문 밖으로 모습을 감추었다. 순식간에 벌어진 기이한 일에 우생은 당황하여 걸인이 나간 문 쪽을 멍하니 바라보다 급히 문을 열어 보았다. 하지만 그의 모습은 이미 사라지고 없었다.

우생은 이 일을 괴이하게 여겼으나 곧 잊어버리게 되었다. 큰 근심이 그를 덮쳐왔기 때문이었다. 바로 다음 날 있을 과거 시험이었다. 날이 밝자 우생은 서둘러 장안으로 향했고 한껏 긴장한 채 시험을 치렀다. 하지만 결과는 또다시 낙방이었다. 우생은 눈앞이 캄캄해지는 듯했다.

'아내를 볼 낯이 없구나…'

그는 앞으로 무엇을 해야 할지를 고민하며 집을 향해 허탈한 발걸음을 옮겼다. 산을 넘을 때쯤 설상가상으로 다시 거센 눈보라가 불어오기 시작했다. 눈은 쉴 새 없이 내려 금세 무릎까지 쌓이기에 이르렀고 몇 리를 걸어가 보아도 머물만한 곳은 보이지 않았다. 우생은 점점 몸의 감각이 사라지고 시야는 뿌옇게 흐려져 갔다. 그렇게 꼼짝없이 얼어 죽겠다고 생각하던 그때, 그의 머릿속에 얼마 전 걸인이 준 봉투가 생각났다.

'살아가다 이겨내지 못할 어려운 일을 만나게 되면 이 봉투를 차례로 열어 보십시오. 필시 선생께 도움이 될 것입니다.'

우생은 품속에서 '제 일 봉'이라 적힌 봉투를 꺼내 뜯어보았다.

'보리사 문 앞에 앉아 있으라.'

'보리사라니…?'

도무지 알 수 없는 내용이었다. 아무리 둘러보아도 주변에 보이는 것은 눈과 숲뿐이었다. 하지만 우생은 달리 방도가 없었기에 필시 허튼 말이 아닐 거라 굳게 믿으며 언 발을 바쁘게 움직여 주변을 둘러보았다. 그러자 잠시 후 골짜기 아래 눈 속에 파묻힌 암자 하나가 눈에 들어왔다. 숨 가쁘게 달려 그곳 대문에 이르러 보니 그곳 현판에는 편지에서 이른 절의 이름이 쓰여 있었다.

보리사 菩提寺

우생은 몹시 놀랐다. 그는 편지의 뒷 내용에 따라 문 앞에 가만히 앉았다. 그러자 잠시 후 절의 대문이 열렸다.

"뉘시오?"

암자에 머무는 듯한 승려는 우생을 보며 몹시 놀란 듯 말했다.

"이리 눈비가 내리는데 이곳에서 뭐 하는 것이오? 얼어 죽기라도 하면 어쩌려고… 어서 들어오시오!"

승려는 화로 옆에 그를 앉히고 음식을 나누어 주었다. 우생은 그에게 감사를 표하며 그곳에 이른 연유를 설명하였다.

"저는 화주 땅 아무 고을에 사는 우 아무개라 합니다. 장안에 갔다 돌아오는 길에 폭설을 만나 얼어 죽을 뻔하였는데 스님 덕에 살 수 있었습니다."

그런데 이야기를 들은 승려의 표정이 이상했다. 그는 잠시 무언가를 생각하더니 우생에게 물었다.

"그곳에 사는 우씨 집안 사람이라면 혹시 진양장관 우공과 인연이 있으시오?"

승려가 자기 숙부를 알고 있는 듯하자 우생은 반가워 물었다.

"제가 그분의 조카 되는 사람입니다. 어찌 제 숙부님을 알고 계십니까?"

그러자 승려는 말없이 짐 속에서 편지 하나를 꺼내 우생에게 보여주었다. 그것을 받아 살펴보니 과연 숙부의 글씨였다. 우생이 우공의 글씨를 알아보자 승려 또한 이를 놀라워하며 문득 자리에서 일어났다.

"보여 드릴 것이 있습니다. 따라와 보시지요."

우생이 그를 따라가 보니 승려가 데려간 방에는 커다란 궤짝들이 가득 쌓여 있었다.

"선생의 숙부께서는 일찍이 이 절에 자주 들르셨지요. 그러다 한번은 이곳에 와 돈 3천 관을 맡기셨는데, 얼마 뒤 홍적들의 모함에 숨을 거두셨다는 소식을 들었습니다. 이제 이 몸이 늙어 죽을 날이 얼마 남지 않아 맡아 둔 돈을 어찌해야 하나 고민하고 있었는데, 마침 장관의 조카님을 이리 만나게 되었으니 이것을 선생께 돌려 드리겠습니다."

우생이 놀라며 궤짝 뚜껑을 열어 보니 과연 그 안에는 돈꿰미가 가득 들어 있었다.

'피할 수 없는 재앙인지, 잡을 수 있는 복인지는 선생께 달려 있으니…'

숙부가 남긴 재산을 받아 큰 부자가 된 우생은 고향에 돌아와 커다란 저택을 사들이는 한편 마차와 하인까지 차례로 들이며 비할 데 없이 윤

택한 삶을 누리게 되었다. 그간 고생만 해 오던 그의 아내는 더 이상 일하지 않아도 되었다. 어떠한 고난도 이겨낼 수 있는 신묘한 편지가 두 장이나 남았으니 그는 어느 때보다 행복한 나날을 보냈다.

바다는 메울 수 있어도 사람 욕심은 채우지 못한다고 했던가. 기쁨도 잠시, 우생은 슬슬 딴생각이 들기 시작했다.

'이 재산은 원래 내가 받았어야 하는 것이 아닌가?'

그는 금세 부유함에 익숙해져 모든 것을 자신이 마땅히 누렸어야 하는 것이라 여기게 되었다. 급기야 나중에는 마땅히 누렸어야 하는 다른 것들까지 되찾으려 하기 시작했으니, 그가 첫 번째로 여긴 것은 공명이었다. 우생은 그간 자신이 끝내 급제하지 못한 이유를 죽은 숙부의 정적들 때문이라 굳게 믿어 의심치 않았다. 그래서 이전처럼 과거를 준비하는 대신 다른 방법으로 벼슬에 오를 궁리를 하기 시작했다. 그러나 나쁜 일이라고 꼭 쉬운 것만은 아닌 듯, 벼슬을 사려 해도 갑자기 얻은 돈 말고는 아무것도 없는 그가 하루아침에 그런 연줄을 만들 방도가 있을 리 만무했다. 이에 그는 매일 하릴없이 전전긍긍하며 저 승사자가 준 두 번째 봉투만을 만지작대곤 했다. 하지만 그의 마지막 말이 떠올라 끝내 뜯어보지는 못했다.

'이겨낼 수 있는 일에 열어 보아서는 안됩니다.'

그러던 중 마른 하늘에 날벼락과 같은 일이 일어났다. 그간의 고생으로 시름시름 앓던 아내가 끝내 몸져누워 오늘내일을 다투게 된 것이다.

고치지 못할 병은 아니었으나 하필 그 병의 약재가 갑자기 귀해진 탓에 백방으로 다녀보아도 구하기 어려웠다. 우생의 고민은 깊어져 갔다. 그는 이번엔 다른 고민으로 봉투를 만지작대며 밤을 지새우곤 했다. 저승사자가 말한 위급한 상황이란 필시 이런 때를 말하는 것이었겠지만, 우생은 선뜻 봉투 뜯을 결심이 서질 않았다.

'평소 같으면 별것 아니었을 병인데… 이 귀한 봉투 하나를 이리 써버려야 한다니…'

고민이 길어질수록 아내의 병세는 깊어만 갔고 우생의 갈등하는 마음은 점점 아내에 대한 원망으로 바뀌었다. 하지만 아내를 죽게 내버려 둘 수는 없는 노릇이었으므로 우생은 병든 아내에게 원망 섞인 핀잔을 준 뒤 마지못해 저승사자가 준 '제 이 봉'을 열어 보았다.

'서쪽 시장에 있는 장가루에 있으라.'

편지의 내용대로 그곳에 이르러 보니 장가루는 으슥한 골목에 자리 잡은 작은 식당이었다. 사람들은 각각 자리에 발을 내리고 은밀한 대화를 나누고 있었다. 우생은 그곳 한구석에 자리를 잡고 주변 사람들의 이야기에 귀를 기울였다. 그러던 중 한쪽에서 솔깃할 만한 이야기가 들려왔다.

"…지금 구하지 못해 난리들이 아닌가? 그래서 조금 챙겨두었다네."

이야기를 들어보니 그들은 마침 우생이 찾던 약재를 은밀히 거래하던 차였다. 우생은 안도감과 아쉬움이 뒤섞인 한숨을 내쉬고는 그들 쪽으로 가만히 몸을 일으켰다. 그런데 그때 다른 쪽에서 선비들의 말소리가 들려왔다.

"사정을 좀 봐 주시오. 다른 이에게 부탁해 700관까지는 마련할 수 있으나 그 이상은 어렵소."

그곳엔 한 선비가 흰 적삼을 입은 청년에게 무언가를 간곡히 사정하고 있었는데, 사정을 듣던 청년은 그를 비웃으며 퉁명스레 답했다.

"진사 급제에 어찌 천 관이 아깝단 말이오?"

이야기를 들어보니 청년은 과거 시험관의 아들인 듯했다. 선비는 그에게 관직을 사려는 것이었다. 청년은 선비와 잠시 실랑이를 벌이다 끝내 자리를 뜨려 하였다. 우생은 급히 약재상들의 자리를 돌아보았다. 이야기가 한창인 것으로 보아 금세 자리를 비울 것 같지는 않아 보였다.

'잠깐이면 되겠지…'

잠시 망설이다 이내 몸을 일으켜 일어나는 청년의 자리로 다가갔다.

"제가 천 관을 나리께 드리고 다른 분께는 200관을 음식값으로 드리겠습니다. 어떠십니까?"

조금 뒤 우생은 선비에게 돈 천 관을 줄 것을 약속하여 마침내 벼슬자리를 약속받을 수 있었고 흡족한 마음으로 자리로 돌아왔다. 그런데 약재상이 있던 자리로 가 보니 그는 어딘가로 사라지고 자리에 없었다.

'잡을 수 있는 복인지, 피할 수 없는 재앙인지는 모두 선생에 달려 있습니다.'

우생은 등골이 서늘해지는 듯하였다. 그는 급히 식당을 뛰쳐나와 약재상을 찾았으나 어느새 떠났는지 그 모습이 보이지 않았다. 우생은 가슴이 철렁하여 있는 힘껏 저자를 달리며 그를 찾았다. 그러다 다행히도 한 귀퉁이에 이르러 그가 지나가는 모습이 보였다.

"이보시오! 기다리시오!"

그에게 약재에 관해 물으니 다행히도 마지막 하나가 남아 있었다. 우생은 그가 팔지 않으려는 것을 설득하여 아까 들은 값의 몇 배를 치르고서야 얻어낼 수 있었다. 우여곡절이 있긴 했으나 우생은 봉투 한 장에 두 마리 토끼를 잡은 듯한 기분이 들어 가벼운 발걸음으로 집을 향했다.

"부인! 부인!"

그런데 집에 도착해 아내를 불러 보아도 돌아오는 답이 없었다. 방에 들어와 그녀를 보니 이미 숨을 거둔 뒤였다.

우생은 얼마 뒤 급제하여 대성의 요직에 올랐고 몇 달 뒤에는 약속한 자리인 하중절도부사까지 올랐다. 그토록 원하던 공명을 얻었으나 우생은 꺼림칙한 마음을 지울 수 없었다. 아내를 살리려 봉투를 뜯어 보았으나 결국 자신의 출세를 위해 뜯어본 격이 되었기 때문이었다. 그는 아내가 어차피 죽을 운명이었다고 생각하며 자신을 위안하였지만, 그 죄책감은 도무지 덜어지지 않았다.

어렵사리 얻은 공명 또한 오래가지 못했으니 벼슬에 오른 지 열 달 만에 갑작스레 아프기 시작한 것이었다. 온갖 약을 써 보아도 병은 나아질 기미가 보이지 않았다. 결국 벼슬을 내려놓고 집에서 요양해야 할 지경에 이르렀다. 그토록 가혹한 대가를 치렀건만 모든 것이 일순간에 사라지게 생기자 우생은 몹시 괴로워하며 주저 없이 세 번째 봉투를 들었다.

'이번에는 틀림없이 이겨내기 어려운 상황이다…'

그러고는 덜덜 떨리는 손으로 봉투를 뜯었다. 그리고 그 첫 줄을 읽자 우생은 숨이 멎는 듯하였다.

'안타깝지만 당신의 명은 여기까지라오. 곧 나를 만나게 될 것이니…'

우생은 하늘이 무너지는 듯하였다. 하지만 더욱 놀라운 것은 그 뒷 내용이었다.

'당신의 아내와 아들에게 작별을 고할 시간을 주겠소.'

'아들이라니…?'

우생은 그 자리에 털썩 주저앉고 말았다. 아내는 그의 아이를 가진 몸이었던 것이었다. 게다가 그녀는 그날 죽을 운명이 아니었다. 우생은 괴로움을 이기지 못하고 편지를 구기며 목놓아 오열하였다. 하지만 이내 자신에게도 시간이 얼마 남지 않았다는 것을 깨달았다.

'이대로 죽을 수는 없다…'

그는 가진 재산을 모두 털어 급히 용하다는 도사와 무당들을 불러 모았다.

"오늘 저승사자가 나를 데려간다고 하오. 얼마가 들어도 좋으니 놈이 나를 데려가지 못하게 해 주시오!"

우생의 집에는 한바탕 큰 굿판이 열렸다. 무당과 도사들은 저승사자 쫓는 의식을 치르는 한편, 우생을 방 안에 두고 문을 굳게 잠근 뒤 그 위에 부적을 붙여 누구도 방에 들어갈 수 없게 하였다.

"선생."

그 안에서 잠이 들었던 우생은 익숙한 목소리에 정신이 들었다. 조심스레 고개를 돌려 보니 굳게 잠긴 문 앞에는 과거 객점에서 만났던 저승사자가 서 있었다.

"이런 것들이 소용 있을 것으로 생각하였소?"

그는 그렇게 차갑게 내뱉더니 발을 떼어 서서히 다가오기 시작했다. 우생은 자리에서 일어나 온몸을 덜덜 떨며 뒷걸음질 쳤다.

"네, 네 이놈! 어찌 나를 농락하였느냐? 세 번째 편지에는 어려움을 타개할 방도가 나와 있지 않지 않으냐?"

그러자 저승사자는 또다시 차갑게 대꾸했다.

"그거야 선생이 시간을 보낼 사람들을 모두 없애버린 탓이 아니겠소? 난 선의에 대한 보답으로 당신이 원래는 가지지 못했을 세 번의 기회를 주었소. 보리사를 찾을 때도, 장가루에서도 그리고 오늘도, 그 선택은 모두 당신이 한 것이 아니오?"

'평소 같으면 별것 아닌 병인데⋯ 이 귀한 봉투 하나를 이리 써 버려야 한다니⋯'

'잠깐이면 되겠지⋯'

'이대로 죽을 수는 없다⋯'

우생은 말문이 막혀 자리에 털썩 주저앉았다. 그러고는 체념한 듯 말했다.

"좋소, 당신 말을 들으니 내가 기회를 망친 것을 깨달았소. 다만 내가 가기 전에 죽은 아내와 아들의 무덤에 작별을 고하고 싶으니 잠시만 기다려 주시오."

그러고는 몸을 일으켜 문 쪽으로 향했다. 그런데 그때 저승사자가 문득 그의 팔을 움켜잡았다. 우생이 놀라 그를 돌아보니 저승사자가 비웃듯 물었다.

"그게 무슨 소리요?"

우생은 그제야 무언가 이상함을 느꼈다. 침상 쪽을 돌아보니 그곳에는 또 다른 그가 누워 있었다. 우생은 기절초풍하며 거칠게 사자의 손을 뿌리치며 회한에 가득한 비명을 토해 냈다. 하지만 뻥긋거리는 그의 입에서는 더 이상 어떠한 소리도 나지 않았다. 저승사자가 그런 그를 붙잡으며 차갑게 말했다.

"당신의 시간은 이미 끝났소. 우공, 이제 갑시다."

그러자 방 안에는 일순간 섬광이 번쩍이더니 두 사람은 허공 속으로 사라져 버렸다.

잠시 후 이상한 소리에 사람들이 문을 뜯고 방 안에 들어와 보니 그 안에는 고통에 가득 찬 표정으로 굳어버린 우생의 몸만이 외롭게 남아 있을 뿐이었다.

그날, 우생의 집에는 눈이 무척이나 내렸다.

미래의 아내를
죽여라

· 운명의 붉은 실 ·

당나라 장안성 남쪽에 위고라는 선비가 있었다. 그는 본래 이름난 집안의 자제였으나 어려서 부모를 여의고 홀로 어렵사리 살아가고 있었다. 가난한 와중에도 그는 학문에 뜻을 두어 일찍이 높은 성취를 이룬 바 있었는데, 언어에 능통하여 춘추시대의 고어부터 서역의 범어까지 읽지 못하는 언어가 없었다.

하지만 그 같은 재주에도 불구하고 그는 제 한 몸 설 만한 작은 자리를 얻지 못했다. 과거를 볼 때마다 번번이 쓰디쓴 고배를 마셨고, 그의 형편은 도무지 나아질 기미가 보이지 않았다.

또한 그에겐 고민거리가 하나 있었으니, 바로 혼인을 하지 못했다는 것이었다. 그럭저럭한 혼처가 없는 것은 아니었으나, 스스로 명문가 출신이라는 자부심이 있던 그는 아무 집안과 연을 맺으려 들지 않았다. 가진 것은 없으면서 으스대길 좋아하는 그를 달가워하는 집안은 아무도 없었고, 그는 이립(서른 살)이 넘도록 홀로 살아가고 있었다.

그러던 어느 날 그는 드디어 자기 눈에 찰 만한 집안과 연이 닿게 되었다. 멀리 하북 땅 어느 벼슬아치의 딸이었다. 비록 그 이름이 과거 위고 집안에는 미치지 못했으나, 이제껏 들어온 혼담 중에서는 가장 마음에 드는 제안이었다.

'아무 날 아침, 아무 시, 용흥사 동쪽 객점 앞에서 봅시다.'

신붓집에서 보낸 편지를 읽은 위고는 크게 기뻐하며 예로부터 집안을 모시던 노복 한 사람과 함께 청하군으로 길을 떠났다.

겉으로는 시건방을 떨었으나 속으로는 아내를 얻고 싶은 마음이 절박하기 이를 데 없었던 위고는 서두르다 못해 약속 시간보다 훨씬 이른 시간에 객점에 도착하게 되었다. 어쩌나 일찍 갔던지 하늘에는 아직 달이 훤히 떠 있었다. 하염없이 처가가 될 사람들을 기다리기에는 시간이 많이 남았기에 그는 긴장되는 마음도 달랠 겸 근처에 있는 용흥사로 산책을 나섰다.

잠시 후 사찰 문 앞에 이른 그는 문득 지전을 태워 기도나 올릴까 하여 그곳의 계단을 올랐다. 그런데 계단을 오르다 보니 맨 위에 사람이 홀로 앉아 있는 것이 보였다.

'이 이른 시간에 웬 사람인가?'

그는 머리가 희끗희끗한 노인이었는데 머리 위로 책 한 권을 치켜들고선 달빛에 글을 비춰 읽고 있었다. 이를 기이하게 여긴 위고는 계단을 마저 올라 노인에게 물었다.

"노인장, 무얼 하고 계십니까?"

노인은 어찌나 집중해서 글을 읽고 있던지 위고의 말이 들리지 않는 듯했다. 위고가 지척에 이르렀음에도 그를 쳐다 보지 않고 글을 살피는 데 열중할 뿐이었다. 위고는 문득 궁금한 마음이 들어 그가 읽는 글을 살짝 훔쳐보았다. 하지만 한참을 들여다보아도 알아볼 수 없었다. 난생처음 보는 글자였다. 스스로 글깨나 안다고 자부하던 위고는 궁금한 마음을 참지 못하고 노인에게 물었다.

"처음 보는 글자인데… 대체 어느 나라의 글자입니까?"

그러자 글을 읽으며 바쁘게 움직이던 노인의 눈동자가 갑자기 멈추더니 천천히 위를 향하다 위고에게서 멈추었다. 위고는 무언가 섬뜩한 기분이 들었으나 그를 보며 되물었다.

"저는 어려서부터 글자란 글자는 모두 익혀 감히 모르는 글자가 없다 자신하곤 했습니다. 그런데 그 글은… 처음 보는 것인지라."

노인은 건조한 투로 입을 뗐다.

"자네가 아무리 잘나 봐야 알 수 있을 리가 있나? 이건 이 세상 글이 아니니까."

위고는 순간 자기 귀를 의심했다.

"예? 무어라 하셨습니까? 이 세상 글이 아니라니요?"

"이건… 저승의 글이라네."

"…?"

노인의 대답은 터무니없는 것이었으나 위고는 여전히 글자에서 눈을 떼지 못했다. 그 글은 얼핏 휘갈겨 쓴 것처럼 보였지만 나름 체계가 갖춰진 것이 실제로 쓰이는 글인 듯 보였기 때문이었다. 위고가 문득 시선을 느껴 노인 쪽으로 얼굴을 돌려 보니 그는 별처럼 깊고 빛나는 눈으로 위고를 뚫어져라 쳐다보고 있었다. 위고는 다시 한번 섬뜩함을 느끼며 홀린 듯 그의 말을 되물었다.

"그렇다면… 노인장께서는 저승에서 오셨습니까? 어찌 저승 분이 인간 세상에 오신 겁니까?"

노인은 우습다는 듯 대꾸했다.

"못 올 것 있나? 이곳은 해가 뜨면 인간의 땅이요, 달이 뜨면 저승의 땅이니… 지금 다른 세상에 발을 담근 것은 오히려 자네라네."

"하하… 그렇다면 제가 죽은 것입니까? 저승 땅에선 어찌 벗어날 수 있습니까?"

"죽기는 무슨, 그저 해가 뜰 때까지 기다리기만 하시면 된다네. 그리고 걱정하지 마시게나. 당신은 죽을 날이 한참이나 남았으니…"

그 같은 괴이한 말에 위고는 순간 말문이 막혀 버렸다. 한동안 아무런 말도 하지 못하다 초조히 물었다.

"제가 죽을 날을 알고 계십니까?"

"죽을 날은 모르네. 다만 자네가 혼인할 시기가 언제인지 알고 있으니 아직 죽을 때가 되지 않았다는 건 알 수 있는 것이지."

노인은 그 말을 끝으로 다시 읽던 글로 시선을 돌렸다. 위고는 머리로는 노망난 노인의 헛소리라 생각하였으나, 마음속으로 드는 섬뜩한 느낌을 지울 수 없었다. 더군다나 자신이 가장 걱정하는 혼인 여부를 알고 있다고 하니 그는 참지 못하고 노인에게 물었다.

"어떻게 제 혼인 날짜를 알고 계십니까?"

"내가 이 세상의 혼인 문서를 관리하기 때문일세."

"그렇다면 오늘 제가 어찌 될지 좀 봐 주시겠습니까? 오늘 제가 청하 땅 사마 반방의 딸과 혼담을 나누기로 하여… 제가 그 집 여식과 혼사를 치를 수 있겠습니까?"

"안되지. 그녀는 자네의 짝이 아닐세. 당신의 부인은 이제 막 세 살이라네."

그 같은 어처구니없는 답변에 위고는 그동안 노인의 말을 들은 스스로가 한심스러운 듯 코웃음 쳤다.

"지금 내 나이에 세 살배기와 결혼을 한다니, 말이 됩니까?"

"우리는 부부의 운명을 가진 자들이 태어나면 그들의 발목에 운명줄을 묶어 준다네. 한번 묶이기만 하면 귀천의 차이가 나거나 원수의 집안이라 한들 평생 벗어날 수가 없지. 그대의 다리는 그 세 살배기 아기와 묶여 있으니 끊으려야 끊을 수 없을 것이네."

그러더니 노인은 위고의 발을 가리켰다. 과연 그의 발목엔 이전에는 보이지 않던 붉은 새끼줄이 묶여 있었다. 그 줄은 객점 방향 어딘가로 길게 이어져 있었다. 깜짝 놀란 위고는 그제야 노인이 예사 인물이 아님을 깨닫고 그의 앞에 엎드려 청했다.

"눈을 뜨고도 판관 어른을 못 알아본 소인을 용서하십시오! 저는 한평생을 제게 걸맞은 짝을 기다려왔습니다. 부디 미래의 제 처가 누구인지 알려 주시지요."

그러자 노인은 별 어려운 것이 아니라는 듯 위고의 말이 끝나기가 무섭게 말했다.

"저기 객점 북쪽에 있는 채소가게 진씨 할멈의 딸이오."

'채소가게라니…?'

그간 자신에게 걸맞는 베필을 찾고자 수많은 혼처를 마다해 왔건만 별볼일 없는 채소가게의 여식이라니, 위고는 몹시 실망하여 따지듯 노인에게 물었다.

"아무리 지금은 남루하게 살아가고 있다지만 명색이 명문가 자제인 제가 어찌 채소가게 천한 딸년 따위와 혼인한다는 말입니까?"

그러자 노인은 어처구니가 없다는 듯 답했다.

"천하다니? 당신은 그 아이와의 사이에서 낳은 아들의 봉록으로 식읍을 받게 될 것인데도?"

이에 위고가 한숨을 쉬며 말했다.

"제가 그 여인을 찾아 보아도 되겠습니까?"

"할멈이 날마다 아이를 데리고 나와 채소를 파니 그곳으로 가면 볼 수 있을 테지."

"이 넓은 땅에 채소 파는 할멈이 많을 것인데 제가 어떻게 제 부인을 알아볼 수 있단 말입니까?"

그때 노인의 모습이 안개처럼 점차 흐려지기 시작했다. 하늘을 보니 해가 떠오르고 있었다.

"운명의 상대이니 어떻게든 알아볼 수 있을 걸세."

노인은 그 말을 끝으로 허공에 그 모습을 감추었다. 위고가 급히 발목을 보니 붉은 끈이 더는 보이지 않았다.

노인의 말을 믿게 된 위고는 그날 아침 반씨 집안과의 일이 잘 풀리지 않을 것을 알고 그길로 객점을 떠나 노인이 이른 북쪽으로 향했다. 골목을 따라 조금 들어가니 저잣거리가 나왔는데, 그중 노인이 말한 듯한 채소가게 하나가 눈에 들어왔다.

'이럴 수는 없다…!'

위고는 하늘이 무너지는 듯했다. 가게에서 장사하는 이는 애꾸눈의 노파였고, 그의 등에는 세 살 남짓한 꾀죄죄한 아이가 업혀 있었기 때문이다. 원한 것과 달리 그들의 모습이 너무나도 초라하자 위고는 화가 치밀어 오름을 느꼈다.

'애꾸눈 할멈이 키우는 저 거지꼴의 아이가 내 미래의 부인이라니…'

그는 한참이나 멀리서 아이를 바라보다 문득 이글거리는 눈으로 무언가를 결심하고는 다른 곳으로 발걸음을 돌렸다. 그는 자신의 운명을 바꾸기로 결심했다.

근처 수풀 으슥한 곳에 이르러 위고는 노복을 불러 말했다.

"너는 우리 집안이 몰락할 때도 자리를 지켰지. 내 너는 믿을 수 있다. 네가 나를 위해 해 줄 일이 있다."

노복은 의아한 듯 고개를 끄덕이더니 위고의 뒷말을 기다렸다. 조금 뒤 위고는 떨리는 목소리로 말했다.

"저 아이를 죽이고 오너라."

"…!"

"내가 출세한다면 가히 만금으로 포상할 것이다."

노복은 깜짝 놀란 듯했으나 더는 군말 없이 고개를 끄덕였다. 그러고선 소매 속에 단검을 숨기고 혼잡한 저자 속으로 들어갔다. 그리고 잠시 후 멀리 비명이 들렸다.

"으악!"

조금 뒤 노복은 숨을 헐떡이며 위고와 약속한 장소로 뛰어왔다.

"성공했느냐?

"심장을 찌를 작정이었으나 노파가 눈치채고 손을 뻗어 방해하는 바람에 빗나가 다른 곳을 찌르고 말았습니다. 하지만 칼이 깊숙이 들어갔으니 그 작은 아이가 살아남았을 리 만무합니다."

노복의 소매를 보니 피가 흥건한 것이 그의 말대로 세 살배기 아이가 무사할 리 없어 보였다.

그렇게 무사히 제 운명의 부인을 죽였다고 생각한 위고는 그 이후로도 부지런히 혼담을 넣어 보았다. 하지만 아무리 노력해도 그의 혼사는 성사되지 않았다.

14년 후 위고는 비록 혼인하지는 못하였지만, 그동안 열심히 노력한 끝에 상주라는 곳의 참군 자리에 오르게 되었다. 벼슬에 오르자 그의 재능은 비로소 빛을 내기 시작했고, 이윽고 상주를 다스리던 주자사 왕태의 눈에까지 들게 되었다. 위고의 재주를 높이 산 왕태는 한번은 그에게 큰 선물을 하사하였는데, 그때까지 노총각이었던 위고를 혼인시켜 준 것이었다. 신부는 상주 땅 제일의 미인이라 이름난 자사 자신의 딸이었다.

그렇게 권세 높은 집안의 여식을 아내로 맞아 평생의 염원을 푼 위고는 뛸 듯이 기쁜 마음을 주체하지 못했다. 지난날 볼품없는 부부의 연을 끊어낸 것이 드디어 빛을 발한 것이었다. 아름다운 미모에 현명함까지 갖춘 그녀는 위고에겐 여러모로 완벽한 여인이 아닐 수 없었다. 더욱이 오랜 고생 끝에 얻은 아내였기에 위고는 그녀를 끔찍이도 아꼈다.

다만 그녀에게는 이상한 특징이 있었는데, 항상 미간에 꽃무늬 장식을 붙이고 있다는 것이었다. 처음엔 그저 자신에게 잘 보이고자 한 장식이겠거니 생각했지만, 혼자 있을 때나 목욕할 때, 심지어는 잠자리에 들 때조차 장식을 떼지 않으니 위고는 점차 이상하게 여기게 되었다.

의아한 마음에 그 까닭을 물어보아도 아내는 도무지 이유를 이야기해 줄 생각이 없어 보였다. 평소엔 살갑기 그지없는 아내였지만, 오직 그 얘기만 나오면 입을 꾹 닫고선 아무런 말도 하지 않는 것이었다.

위고의 답답함은 나날이 커져만 갔다. 시간이 흐를수록 답답함은 서운함으로 바뀌었고, 몇 년이 흐른 어느 날 그는 끝내 북받치는 마음을 이기지 못하고 아내에게 벌컥 언성을 높여 따졌다.

"부부 사이엔 신의가 있어야 한다고 들었습니다. 하지만 당신은 나를 믿지 못하는 모양이군요. 그깟 장식이 뭐라고 나를 이리 초라하게 만든단 말입니까?"

혼인한 후 한 번도 성을 낸 적 없었던 위고였던지라 아내는 자못 당황한 듯했다. 위고가 원망 가득한 눈길로 쏘아보니 그녀는 잠시 머뭇거리다 이내 슬픈 낯빛으로 가만히 장식을 떼었다. 그러자 그녀의 미간에 깊게 파인 흉터 하나가 드러났다.

아내는 눈물을 흘리며 사정을 말했다.

"사실 저는 상주자사의 딸이 아닌 조카입니다… 제 선친은 원래 송성을 다스리던 분이었으나 지난날 일어난 큰 난리로 인해 돌아가셨지요. 어머니와 형제들 또한 잇따라 세상을 떠나고 저 혼자 남겨지게 되었는데, 오직 유모 진씨만이 살아남아 저를 거두어 주었습니다. 유모는 용흥사 북쪽 시장에서 채소를 팔며 저를 키웠습니다. 그런데 한번은 미치광이 도적이 나타나서는 돌연 젖먹이였던 저를 찌르려 들었지요. 유모가 손으로 칼을 막아 준 덕에 다행히 목숨은 건질 수 있었으나, 이후 이렇게 깊은 흉터가 남게 되었습니다. 워낙 흉측한 데다 사연이 깊어 서방님께서 저를 떠날까 두려워 말씀드리지 못한 것입니다. 부디 노기를 거두시지요…"

'용흥사… 채소가게…?'

그 말을 듣고 문득 생각난 것이 있던 위고는 손이 덜덜 떨리기 시작했다. 그는 간신히 숨을 가다듬고선 물었다.

"혹시… 그 진씨가 애꾸눈이오?"

"서방님께서 그것을 어찌…"

위고는 숨이 멎는 듯하였다. 그녀는 지난날 자신이 죽였다 믿었던 그 여자아이였다. 노인의 말은 사실대로 이루어진 것이었다.

'운명의 상대이니 어떻게든 알아볼 수 있을 걸세…'

위고는 다리에 힘이 풀려 털썩 주저앉고 말았다. 그는 아내에게 14

년 전 용흥사 앞에서 만난 기이한 노인부터 그녀를 찌르게 된 일까지를 모두 털어놓고선 울며 용서를 빌었다.

"내가 당신에게 흉악한 일을 벌이고 말았구려… 미안하오…"

이야기를 들은 부인은 잠시 놀란 듯하더니 이내 함께 눈물을 흘리며 그를 위로했다.

"이후 저는 다른 고장으로 가 상처를 치료하던 중 운이 좋게도 난리통에 헤어졌던 숙부님을 만날 수 있었습니다. 숙부님께서 저를 딸로 받아 주신 덕에 지금까지 부족함 없이 자랄 수 있었지요. 그리고 그 덕에 이렇게 서방님까지 만나게 되었으니, 어찌 흉터가 생긴 일을 흉악하다 할 수 있겠습니까? 눈물을 거두시지요…"

위고는 더는 아무 말도 하지 못했다. 그저 아내를 끌어안고 하염없이 눈물만을 흘릴 뿐이었다.

아내에게 진정으로 감사함을 느낀 위고는 이후 집안의 위세나 외모가 아닌, 진정한 마음으로 아내를 아끼고 공경하며 살아가게 되었다. 그리고 훗날 그들의 아들은 안문태수의 자리까지 올라, 노인의 말대로 위고와 아내는 아들의 봉록으로 식읍을 받고 평안한 생을 누렸다.

위고가 만난 노인은 '월하노인'이라는 신으로, 예로부터 혼인을 관장하는 신으로 모셔지고 있다. 중국의 혼례 관습에는 신부와 신랑이 서로 묶인 붉은 천을 들고서 걷는 의식이 있는데, 이는 월하노인의 붉은 실로 서로가 맺어졌다는 의미에서 행해지는 것이라고 한다. 중국에는 현재에도 월하노인을 모시는 많은 사당이 남아 있다.

당나라를 멸망시킨
천사

8세기 중엽 안사의 난 이후 당나라는 쇠락의 길을 걷기 시작했다. 수도 장안을 비롯한 당의 온 강역은 쑥대밭이 되어 버렸고, 산과 들에는 죽은 백성들의 시체가 즐비하였다. 조정 안에서는 군권을 장악한 환관들이 전횡을 부리고 그 바깥에서는 절도사들이 난립하여 국토의 절반을 삼키기에 이르니, 당나라는 바람 앞의 등불과도 같았다.

그렇게 아비규환과 같은 혼란이 이어지길 50년, 기울어만 가던 당에 한 줄기 빛이 보이기 시작했다. 11대 황제 헌종이 즉위한 것이었다. 그는 신진 인사들을 등용하고, 구세력을 견제하며 환관들의 손아귀에서 벗어나 정국을 주도하기 시작했다. 각종 개혁을 통해 나라를 재건하고 군사를 일으켜 각지의 절도사들을 토벌하니, 당나라는 점차 과거의 모습을 되찾아 가는 듯했다. 사람들은 '원화연간에 나라를 부흥시킨다' 하여 이를 '원화중흥'이라 칭했다.

당나라 원화연간 설종이라는 관리가 있었다. 그는 어린 나이로 진사 시에 합격한 수재 중의 수재로, 헌종이 즉위한 뒤에는 신진세력의 중심인물로 등용되어 개혁에 앞장서던 자였다. 나라가 차츰 안정을 되찾아 감에 따라 공을 인정받고 큰 권세를 누리게 되었는데, 삶이 윤택해지자 그는 난세에 어울리지 않는 취미를 하나 갖게 되었다. 바로 전국 각지의 명승을 찾아 유람하는 것이었다.

그는 매년 단오제 때마다 휴가를 받아 먼 곳으로 유람을 다니곤 하였는데, 한번은 위주에 오래된 불사가 있다는 소문을 듣게 되었다. 그곳의 아름다움이 낙산의 대불 못지않다는 것이었다. 이에 솔깃한 설종은 일행과 함께 위주로 향했다.

며칠 후 그곳 근처에 이른 그는 불사로 가는 길을 묻기 위해 인근 고을을 찾았다. 그런데 이상하게도 고을에는 지나가는 사람은커녕 개 한 마리도 얼씬하지 않았다. 이를 기이해하며 사람이 나타나기를 기다리는데, 한참 후에야 나무꾼 하나가 외곽을 지나가는 것이 보였다. 설종은 급히 그에게 달려가 물었다.

"사람이 나타나기를 한참 기다렸소이다. 고을에 왜 이리 사람이 없는 것이오?"

나무꾼이 시큰둥하게 답했다.

"몇십 년간 전화가 끊이질 않았으니 고을에 남은 사람이 있을 리가 있겠습니까? 죽은 사람은 길가에 묻히고, 죽지 않은 사람은 산으로 흩어진 지 오래지요."

설종은 안타까워하면서도 한참 만에 만난 사람을 그대로 보낼 수는 없어 본래 묻고자 한 바를 물었다.

"이 근처에 아름다운 불사가 있다고 들었소. 어디로 가면 그곳에 이를 수 있소?"

그러자 나무꾼이 퉁명스레 답했다.

"아, 그 불사 말입니까? 내 들어본 적은 있으나, 정말로 있는지는 모르겠습니다."

"그게 무슨 말이오?"

"그곳이 아름답기로 이름난 것은 사실이나 발길이 끊긴 지 오래니 정작 가 보았다는 사람을 본 적이 없어 하는 말입니다."

그러고는 설종의 차림새를 위아래로 훑어보더니 말을 이었다.

"나라에 큰 난리가 일어난 후 목숨을 부지하기도 어려운 판에, 누가 그 험한 길을 거쳐 한가로이 사찰 따위를 유람한단 말입니까?"

나무꾼의 말에 뼈가 있음을 깨닫고 설종은 심기가 불편했으나 간신히 찾은 사람을 놓칠 수는 없어 차분히 되물었다.

"마땅히 가 볼 만한 곳이라면 어찌 때를 가리겠소? 내 그곳에 꼭 가 보고 싶으니 길을 알려 주시오."

그러자 나무꾼은 멀리 보이는 높은 봉우리 하나를 턱끝으로 가리키며 말했다.

"저 봉우리 뒤편 중턱에 있다고들 하더이다."

그러고는 몸을 홱 돌리더니 자리를 떠나 버렸다. 설종은 언짢은 마음을 가라앉히며 나무꾼이 가리킨 곳을 따라 산속으로 발길을 옮겼다.

나무꾼의 말대로 과연 사찰로 가는 길은 험준하기 짝이 없었다. 서쪽 땅을 방불케 하는 잔도가 장성처럼 끊임없이 이어져 있으니 한 발짝 한 발짝을 내딛기도 어려울 지경이었다. 설종은 다시 돌아갈까 고민하였으나 이미 해가 지기 시작했으므로 그럴 수도 없는 노릇이었다. 설종 일행은 하는 수 없이 조심스레 바위를 짚으며 천천히 사찰을 향해 발걸음을 옮겼다.

해가 저물 때쯤이 되자 마침내 언덕 위로 지붕 하나가 보이기 시작했다. 설종과 일행들은 크게 기뻐하며 남은 힘을 쥐어짜 바위 절벽을 올랐다. 그러자 이윽고 수풀 사이로 사찰이 모습을 드러냈다. 그런데 아름다운 불사는 간데없고 다 부서져 가는 허름한 건물 몇 채만 덩그러니 놓여 있을 뿐이었다.

"…고작 이것뿐인가…?"

사찰의 건물들은 곳곳에 구멍이 나 그 속이 훤히 들여다보이고 거미줄이 허옇게 늘어져 있는 것이, 사람의 손이 닿은 지 족히 수십 년은 되어 보였다. 또 스산한 산바람까지 차게 불어와 건물 주변을 감싸니 그 모습이 초라하다 못해 을씨년스럽기까지 할 정도였다. 명승인 줄로만 믿고 갖은 고초 끝에 도착한 곳이 그 모양이니 설종과 일행들은 당혹스러움을 감추지 못했다.

하지만 종일 험한 산길을 오른 데다 날까지 다 저물어 가니, 실망은 뒤로 미루기로 하고 덮을 것이라도 찾고자 모두 흩어져 사찰 구석구석을 살펴보게 되었다.

일행들이 건물 주변을 살피는 동안 설종은 뜰을 가로질러 법당 안을 들여다보았다. 그 안에는 칠이 다 벗겨진 불상 하나가 놓여 있었는데 그 앞에 검은 구슬들이 어지러이 흩어져 있었다. 설종이 몸을 숙여 집어 보니 그것은 단약(신선 술을 수련하는 이들이 불로장생하기 위해 만든 약물)이었다.

"쿨럭… 쿨럭…"

그때 누군가의 기침 소리가 들려왔다. 설종은 조용히 단약을 내려놓고 소리가 나는 곳을 찾아 조심스레 발걸음을 옮겼다.

"쿨럭…"

소리는 불상 뒤편에서 들려오고 있었는데 그곳엔 사람 하나가 간신히 기어들어 갈 만한 작은 문이 달려 있었다. 설종은 조심스레 손잡이를 잡아당겼다. 그 안에는 노승 하나가 꿇어앉아 거친 숨을 몰아쉬고 있었다.

"…!"

노승은 가죽이 뼈에 달라붙을 듯 몹시 야위어 있었는데, 몸 이곳저곳에 거뭇거뭇한 주름들이 깊게 파여 있는 것이 괴이하기 짝이 없었다. 설종은 몹시 놀라 급히 일행들을 불렀다.

"여기 괴이한 노승이 있다!"

그러자 노승이 뼈만 앙상한 팔을 뻗어 설종의 옷자락을 부여잡았다.

"뭐가 그리 괴이하단 말이오?"

노승은 깊게 파인 눈두덩이 사이로 허연 눈을 번뜩이며 설종을 노려보았다. 설종은 두려움이 차올라 더는 소리치지 못하고 떨리는 목소리로 물었다.

"다, 당신은 누구시오?"

그런데 그때 노승이 갑자기 숨이 넘어갈 듯 기침하기 시작했다.

"콜록! 콜록!"

그렇게 노승이 바닥에 엎어져 고통에 겨운 몸부림을 치니 설종은 당황하여 두려운 것도 잊고 자기도 모르게 그를 부축하여 주었다.

"이, 이보시오! 괜찮으시오?"

설종이 노승을 일으켜 몸을 벽에 기대게 하니 잠시 후 기침이 멎은 노승이 그를 보며 가만히 말했다.

"나를 보고 괴이하다 하셨소? 내가 정말로 괴이한 일을 알려 줄까?"

그러고는 힘없는 눈으로 허공을 응시하며 이야기를 시작했다.

노승은 젊었을 적 신선이 되고자 곡기를 끊고 오직 단약만을 먹으며 먼 이국땅에 수행하러 다니곤 했다. 음식뿐만 아니라 잠도 자지 않고 밤을 새워 걷곤 하니 아무리 먼 곳도 금세 다다르곤 하였다. 그러던 어느 날 한번은 거연이라는 곳에 이르러 끝없이 펼쳐진 숲길을 가로지르고 있었는데, 동이 틀 무렵 자욱한 새벽안개 사이로 거대한 무언가가 보이기 시작했다. 그것은 하늘에 닿을 듯한 커다란 고목이었다. 그 높이가 족히 몇 장, 굵기는 수십 아름은 되어 보이는 것이 웅장하기 이를 데 없었다.

'내 여러 나라를 두루 다녀보았지만 이리 아름다운 나무는 처음 보는구나!'

노승은 감탄하며 나무를 자세히 살펴보기 위해 발걸음을 재촉했다. 그런데 가까이 다가갈수록 멀리서는 보이지 않던 것들이 눈에 들어오기 시작했다. 고목은 이파리가 모두 떨어져서 없고 껍질은 거무튀튀한 것이 이미 숨이 끊어진 지 오래인 듯했다. 또한 그 세월도 짧지 않았는지 몸통 한가운데는 사람이 들어갈 만큼 커다랗게 썩어 들어간 구멍도 있었다.

'이미 죽은 뒤에도 이리 위엄이 있으니 살아 있을 때는 더욱 볼만하였겠구나…!'

노승은 안타까워하며 고목의 뿌리를 둘러 이내 가던 발걸음을 이었다. 그런데 잠시 후 숲 저편에서 무언가가 달려오는 소리가 들려왔다. 들짐승이 덮쳐오나 싶어 노승은 발걸음을 멈추고 땅에 손을 짚어 보았다.

그런데 기이하게도 손에 울림이 느껴지지 않았다. 소리는 점점 다가오더니 이윽고 수풀 사이로 그 모습을 드러내기 시작했다. 그런데 그것은 짐승이 아닌 새빨간 명주 치마를 입은 여인이었다. 머리칼을 어지러이 풀어 헤친 그녀는 소매를 걷어붙이고 맨발로 달음박질을 치고 있었는데, 그 살갗이 눈처럼 하얀 것이 몹시 묘한 모습이었다. 그녀는 승려를 보고는 바람처럼 달려와 그 앞에 멈춰 서더니 대뜸 청했다.

"제 목숨을 구해 주실 수 있습니까?"

"무, 무슨 일이십니까?"

"그저 저를 보지 못한 것으로만 해 주시면 세상에 그 은혜가 지극할 것입니다."

여인은 그렇게 말하더니 대답도 듣지 않고 급히 승려를 지나쳐 갔다. 승려가 뒤를 돌아보니 그녀는 아까 보았던 고목에 번개처럼 뛰어올라 구멍 속으로 숨어 버렸다.

'이리 깊은 산 속에 웬 사람이란 말인가?'

노승은 기이하게 여기며 다시 발걸음을 옮기기 시작했다. 잠시 후 수풀 저편에서 무언가 반짝거리는 것이 보였다. 그것은 푸른색을 띠는 불빛이었는데 말발굽 소리와 함께 빠른 속도로 다가오고 있었다. 승려는 잇따라 일어나는 기이한 일에 심상치 않음을 느끼며 다가오는 불빛을 자세히 살펴보았다. 그것은 장군의 모습을 한 남자였다. 온몸에 갑주를 두르고 사람만 한 검과 활을 멘 그는 쟁반같이 넓적한 얼굴에 푸른빛 피부를 가지고 있었다. 그는 승려를 보더니 쏜살같이 달려와 놋그릇이 깨지는 듯한 목소리로 물었다.

"붉은 치마를 두른 여인을 보지 못하였느냐?"

남자가 그 같은 괴이한 모습으로 사납게 다그치기까지 하니 승려는 두려움에 온몸의 털이 곤두서는 듯하였다. 하지만 여인이 한 부탁이 생각나서 두려움을 숨기고 짐짓 모르는 채 대꾸했다.

"보지 못했소."

그러자 남자가 크게 고함치며 그를 꾸짖었다.

"네 이놈! 어디서 감히 거짓을 고하는 것이냐? 바른대로 말하지 않는다면 사지를 찢어 바다에 흩뿌려 주겠다!"

장군의 목소리에 승려의 온몸은 쩌렁쩌렁 울리는 듯하였다. 그렇게 사납게 으름장을 놓으니 승려는 두려움에 손발이 떨리면서도 더욱 말해서는 안되겠다는 생각이 들었다.

"보, 보지 못했다고 하지 않았소?"

그러자 장군이 번개처럼 팔을 뻗어 승려의 목을 잡아 졸랐다.

"윽!"

"놈이 누군 줄이나 알고 감싸려 드는 것이냐? 이 고생이 다 하찮은 너희들을 위한 것이거늘, 어찌 사리를 구분하지 못하고 놈을 감싸려는 것이냐?"

승려는 우악스러운 손아귀에 붙잡혀 공중에서 힘겹게 발버둥치며 물었다.

"그, 그게 무슨 말이오?"

"놈은 얼마 전 수천의 무리를 이끌고 천계에서 80만 명을 도륙한 비천야차다. 난 하늘의 명을 받든 천사로서 놈을 쫓아 사타천에서부터 8만 4천 리를 달려왔다. 다른 무리는 모두 잡아 죽였지만, 오직 가장 죄가 무거운 놈만은 잡지 못하였다. 네가 오늘 놈을 숨겨 주어 그 흉악한 야차가 살아남는다면 장차 이 땅에는 큰 재앙이 불어닥칠 것이다. 어서 사실대로 말하지 못하겠느냐!"

그 같은 이야기를 들으니 승려의 마음속에는 의심이 피어오르기 시작했다.

'저 말이 사실이라면 큰일 아닌가?'

'그저 저를 보지 못한 것으로만 해 주시면 세상에 그 은혜가 지극할 것입니다.'

하지만 승려는 쉽게 결정할 수 없었다. 그렇게 잠시 뜸을 들이니 천사가 점점 더 세게 그의 목을 조르기 시작했다.

"오냐, 목숨보다 오늘 처음 본 야차가 더 낫단 말이구나!"

목이 졸려 정신이 혼미해질 때가 되자, 이윽고 승려는 손을 들어올려 고목을 가리켰다.

"저, 저 고목 가운데 구멍에 들어가 숨었소…"

그러자 장군은 그를 땅에 거칠게 내팽개치고는 말없이 고목 쪽으로 발걸음을 옮겼다. 승려가 뒤를 돌아보니 그는 어느새 고목 근처에 이르러 수풀에 몸을 숨긴 채 위를 올려다보고 있었다. 그러더니 이내 구멍 쪽으로 번개처럼 솟구쳐 올랐다. 그러자 장군의 몸이 닿기도 전에 나무 구멍 속에서 선홍색 불빛이 빠져나오더니 지평선을 향해 빠르게 날아갔다.

'아까 그 여인인가?'

승려는 자기도 모르게 안도감을 느끼며 날아가는 빛을 바라보았다. 그때 고목 뒤편에서 활시위를 당기는 소리가 들려왔다. 그리고 귀가 찢어질 듯한 굉음과 함께 푸른색 불빛이 쏘아 올려졌다. 푸른빛은 빠르게 선홍색 빛을 따라붙었고 이내 두 빛은 하늘에서 맞닿았다. 그러자 비명이 하늘을 울렸다.

"으아아아악!"

그렇게 선홍색 불빛은 폭발하듯 하늘에 어지러이 흩어지더니 이내 땅으로 떨어져 내리기 시작했다. 승려가 얼이 빠진 채 하늘을 올려다보니 그것은 검붉은 조각들이었는데 그중 하나가 그의 얼굴에도 떨어졌다. 그가 섬뜩해 하며 그것을 손으로 닦아 확인해 보려던 찰나 그의 발밑에 무언가 큰 덩어리가 떨어졌다. 바로 아까 보았던 여인의 잘린 머리였다.

이야기를 마친 승려의 눈에는 어느새 눈물이 가득 고여 있었다. 그는 입술을 떨며 한참이나 말을 잇지 못하다 떨리는 목소리로 간신히 입을 뗐다.

"그 후 나라에는 두 번의 큰 전란이 일어났고, 수많은 사람의 시체가 온 산천을 메우게 되었소. 야차는 여인이 아니라 스스로 천사라 일컬은 그 장군이었던 것이오! 이 정도는 되어야 괴이하다 할 수 있지 않겠소?"

그러고는 다시 숨이 넘어갈 듯 기침하더니 힘겹게 말을 이었다.

"그날 이후 난 하루도 그 일을 잊은 적이 없었소. 죄스러운 마음에 인적없는 이곳에 숨어 매일같이 내 어리석은 선택을 되뇌었소. 하지만 원망스러운 이 목숨은 끊어지지를 않더이다…"

설종은 측은한 마음이 들어 그를 위로했다.

"몇 해 전 젊은 황제가 제위에 오른 뒤 혼란을 수습하고 천하에 난립한 도적들을 토벌하고 있습니다. 나라가 다시 부흥하고 있으니 어찌 노인장께서 도운 그 장군이 야차라 할 수 있겠습니까? 그 사람은 분명 천사였을 겝니다."

그런데 노인은 더 이상 아무 말이 없었다. 설종이 그를 살펴보니 노인은 눈에 빛을 잃은 채 초점 없이 허공을 바라보고 있었다.

그 후 설종의 말대로 당은 몇 년간 계속해서 중흥기를 이어 나갔다. 개혁이 잇따라 성공을 거두고 여러 번에 걸친 토벌로 절도사 대부분이 제압되니 오랜 세월 지속된 전란의 시대도 막을 내리는 듯 보였다.

하지만 이는 무거운 세금을 거두어 백성들의 고혈을 쥐어짜 무거운 세금을 거두어 이뤄낸 것이기에 뭇사람들의 삶은 여전히 도탄에 빠져 있었다. 또한 헌종은 점차 판단력이 흐려져 실정을 반복하였고, 성정 또한 포악해져 측근들에게 갖은 횡포를 부리기 시작했다. 그러다 결국 앙심을 품은 환관들이 그를 독살하면서 당의 마지막 명군 헌종은 허무한 죽음을 맞이하였다.

그렇게 원화중흥은 15년 만에 막을 내렸고, 이후 뒤를 이은 황제들이 연이어 요절하면서 당나라는 피할 수 없는 멸망의 길을 걷게 되었다.

노승이 선택한 것은 야차였을까, 아니면 천사였을까?

귀신 들린 불상,
귀불

고려시대 말 법력이 뛰어나기로 이름난 신승이 나라의 큰 사찰인 회암사의 주지가 되어 양주 땅 천보산으로 향하는 부임 길에 오르고 있었다. 그런데 도착을 수십 리 정도 앞두었을 때쯤, 길가에서 가사를 걸친 사내 하나가 불쑥 나타나 넙죽 엎드려 예를 올렸다.

"기다리고 있었습니다. 스님."

대사가 그를 보니 사내는 승려의 차림새를 하고 있었지만, 어딘가 모르게 승려처럼 보이지 않았다.

"당신은 누구시오?"

대사가 묻자 사내가 고개를 들며 공손히 답했다.

"저는 회암사에 얹혀 지내는 자로, 대사께서 오신다기에 미리 마중을 나와 있었습니다. 여기서부터는 제가 길을 안내할 테니 저를 따라 오시지요."

그러고는 앞장서 길을 걷기 시작했다. 대사는 사내가 자신을 알아본 것을 기이하게 여기며 그를 따라 걸음을 이었다.

그러다 작은 냇물을 만나 건너게 되었는데 앞서가는 남자의 모습이 기이하였다. 옷을 걷지도 않고 건너는데 옷이 전혀 젖지 않는 것이었다. 이를 자세히 보니, 그의 발은 물에 닿지 않고 미세하게 물 위에 뜬 채 허공에서 걸음을 하고 있었다. 대사는 그가 보통 사람이 아님을 깨닫고 알 수 없는 불안감을 느끼기 시작했다.

'기이한 재주를 가진 자로구나. 저런 자가 어찌 절에 얹혀산다는 말인가?'

얼마나 지났을까, 남자를 따라가다 보니 대사는 금세 절에 다다르게 되었다.

"이곳입니다."

그런데 대사가 사례하려 사내를 돌아보니 그는 어느샌가 사라지고 자리에 없었다. 대사는 그가 사라진 곳을 불길하게 바라보고 있는데, 그를 알아본 회암사의 승려 하나가 달려와 예를 올렸다.

"오셨습니까, 스님. 오시는 길에 불편함은 없으셨습니까?"

대사는 인사를 받는 둥 마는 둥 하며 사내가 있던 자리에서 눈을 떼지 못하며 물었다.

"이곳에 승려가 아닌 자가 머물고 있느냐?"

그러자 승려가 어리둥절해하며 답했다.

"이곳에는 승려들 뿐 다른 자는 없습니다."

그러자 대사가 안색을 굳히며 물었다.

"이곳 법당이 어디냐? 속히 안내하거라!"

곧장 법당에 이른 대사는 무언가를 찾는 듯 한참 동안 건물 안팎을 둘러보더니 이내 법당 안의 한 불상 앞에 멈춰 섰다. 그것은 거대한 장육불이었는데, 높이가 1장 6척이나 되는 것이었다. 대사는 한참 동안 불상을 뜯어보더니 승려들을 불러 명했다.

"절에 있는 삼으로 된 끈을 모두 모으고, 건장한 승려 백 명을 뽑아 이곳으로 데려오너라."

그러자 승려들이 무언가 불안한 듯 물었다.

"절에 도착하신 뒤 예불도 드리지 않고서, 어찌 물건과 사람 징발하시기를 먼저 하십니까?"

하지만 대사는 대꾸하지 않고 재차 엄히 명할 뿐이었다.

"서두르거라!"

대사가 그리 나오니 승려들도 더는 그의 말에 토를 달지 못하고 명에 따랐다. 잠시 후 삼으로 만든 동아줄 수십 길과 힘센 승려 백 명이 모이자 대사가 명했다.

"저 불상에 줄을 묶어 쓰러트려 버려라!"

그러자 지켜보던 승려들이 하나같이 몹시 놀라며 그를 만류하였다.

"스님! 어찌 멀쩡한 불상을 쓰러트리라 하십니까? 부처님이 노하실 겁니다! 이 불상은 보통 불상이 아닙니다. 비를 내려달라 빌면 비를 내려 주고, 병을 낫게 해 달라하면 병을 낫게 해 주며, 아이를 얻게 해 달라 하면 아이를 잉태하게 해 주지요. 이렇듯 기원하는 것마다 들어주지 않는 것이 없으니 사람들은 저 불상을 숭배해 마지않습니다. 대사께서 갓 부임하시어 사람들이 모두 눈여겨보고 있는데 이곳에 이르러 처음으로 하시는 일이 많은 이들이 우러르는 불상을 넘어뜨리는 것이라면 뭇사람들의 원망을 어찌 피할 수 있겠습니까?"

그러자 대사가 승려들을 보며 엄히 꾸짖었다.

"너희들은 부처의 가르침을 따르는 것이냐? 아니면 불상을 따르는 것이냐?"

그러고는 아랑곳하지 않고 명을 속행하니 승려들은 더는 아무 말도 하지 못하고, 하는 수 없이 불상에 줄을 묶어 당기기 시작했다.

그런데 기운 좋은 승려들 여럿이 힘을 쓰는 데도 불상은 꿈쩍도 하지 않았다. 나무를 깎아 금칠한 것이라 그리 무거운 것이 아님에도 바위를 얹어 놓은 듯 털끝만큼도 움직이지 않으니 사람들은 모두 기이해 하였다. 그때 늙은 승려 하나가 나서 대사에게 말했다.

"보셨습니까? 이 불상은 보통 불상이 아닙니다. 영험한 불상을 더 이상 모욕했다간 커다란 우환이 닥칠 것이니 그만두시지요."

그러자 대사는 젊은 승려들을 물리더니 평상 하나를 가져오게 하였다. 그러고는 그곳에 가만히 올라 불상을 마주 보고선 이내 한쪽 팔을 뻗어 불상에 손을 갖다 대었다. 그러자 굉음과 함께 불상이 즉시 뒤로 넘어가 버렸다.

쿵!

대사가 명했다.

"땔나무를 가져와 이것에 불을 질러 버려라!"

놀라운 광경을 본 승려들이 명을 거스르지 못하고 불을 놓으니 불상은 순식간에 불길에 휩싸여 타오르기 시작했다. 그런데 나무 불상에서 역겨운 냄새가 피어오르기 시작했다.

"이게 무슨 냄새인가!"

고기가 타는 듯한 냄새였는데 금세 온 산을 가득 메웠다. 대사는 놀라 우왕좌왕하는 승려들에게 큰 소리로 외쳤다.

"지금껏 영험을 부린 것은 부처님이 아니라 이곳의 산 귀신이었다. 놈이 불상에 깃들어 석가여래의 영험함인 것처럼 꾸민 것이다. 물건을 두고 공양을 올리다 보면 그것에 영험함이 깃들고, 어리석은 이는 혹하여 진정 섬기는 것을 잊고 물건을 섬기게 된다. 그렇게 영험함에 취해 의지하게 되면, 마침내 귀신이 본색을 드러내어 화를 닥치게 하여도 눈이 멀어 이를 피하지 못하게 되는 것이다. 다른 곳에도 간혹 절 전체가 화를 입고 중들이 까닭 없이 죽곤 하였는데, 모두 이와 같은 일이었다. 너희들은 항상 이를 경계하여야 한다!"

그 후 대사는 그 불상 자리에 다른 불상을 세우게 하였다. 그런데 얼마 뒤 새로운 불상이 다시 영험함을 보이기 시작했고, 대사는 또다시 이를 태워 버렸다. 그제야 불상이 영험함을 보이길 멈추었다고 한다.

대사는 공민왕과 우왕의 왕사이자 무학대사의 스승인 나옹대사로, 그는 고려 불교의 기풍을 바로잡고 민생 교화에 힘썼으며 고려 말기,

살아 있는 부처라 불리며 많은 우러름을 받았다. 이 이야기가 담겨 있는 《어우야담》을 쓴 유몽인은 다음과 같이 평한다.

물건이 오래되면 신령해지고 물건이 신령해지면 반드시 의지하는 데가 있기 마련이다. 하물며 불사는 아침저녁으로 공양을 하는 곳이니, 음식을 구하는 귀신들이 이를 두고 어디로 가겠는가? 근래에 간혹 돌 사람을 깎아 무덤을 지키게 하는 일이 있는데, 시간이 흐르면 돌 사람이 제사를 대신 받게 된다. 이에 망주석으로 돌 사람을 대신하게 하곤 하니, 이것은 이치에 맞는 일인 것이다. 나옹은 신통한 고승이로다!

그리고
아무도 없었다

· 폐사에 갇힌 10인의 승려들 ·

먼 옛날 어느 암자에 불경 공부에 매진하는 승려가 있었다. 그가 있는 암자는 깊은 산 속에 위치한 곳으로 불공을 드리는 이가 적어 항상 먹을 것이 부족했다. 이에 밥을 굶는 날이 허다했지만, 그는 이런 상황에도 다른 생각은 하지 않고 불경을 읽으며 공부하기를 게을리하지 않았다.

그러다 한번은 산 아래 고을에 심한 기근이 찾아와 그나마 불공을 드려 오던 몇몇조차 발길을 끊으니 암자의 사정은 더욱 좋지 못해졌다. 승려와 함께 머물던 스님들은 끝내 굶주림을 견디지 못하고 탁발로나마 먹을 것을 구하겠다며 하나둘 암자를 떠나기 시작했다.

그중엔 승려와 어려서부터 함께 도를 닦던 벗도 있었는데, 그는 다른 이들처럼 암자를 떠나며 승려에게 함께 떠날 것을 권했다.

"여기 계속 있다간 끝내 굶어 죽고 말걸세. 날이 추워지기 전에 어서 내려가세나."

하지만 승려는 단호히 거절했다.

"난 이루고자 한 것이 있네. 공부를 마칠 때까지 절대 내려가지 않을 것이네."

벗은 그를 혼자 두고 떠나는 것을 못내 꺼림칙해 하며 계속해서 설득해 보았지만, 승려의 뜻은 굳은 뒤였다. 벗은 하는 수 없이 홀로 산 아래로 내려갔다.

마지막까지 함께 있던 벗마저 떠나니 승려는 완전히 암자에 홀로 남게 되었다. 그런데 쌀이 동날 때쯤 엎친 데 덮친 격으로 폭설까지 내려 고을과 통하는 길이 완전히 막혀 버렸다. 꼼짝없이 암자에 갇혀 굶어 죽을 날을 기다리게 된 승려는 법당에 들어가 마지막 기도를 올렸다.

'이게 제 명이라면 기꺼이 받아들이겠습니다.'

그러다 굶주림과 추위에 자기도 모르게 그만 깜빡 잠이 들고 말았다.

한밤중에 그는 어디선가 들려오는 이상한 소리에 잠에서 깨었다. 무언가의 거친 숨소리였는데, 그 소리가 땅을 울릴 듯 깊고 낮은 것이 사람의 것은 아닌 듯했다. 조심스레 몸을 일으켜 소리가 들려오는 쪽을 보니 문밖에 그것의 그림자가 비치기 시작했다. 그 그림자는 다름 아닌 호랑이의 것이었다.

범은 점점 가까이 다가오더니 으르렁대며 방 안으로 들어오려는 듯 문을 긁어대기 시작했다. 죽음이 다가왔음을 안 승려는 자세를 가다듬고 눈을 감은 채 속으로 불경을 외웠다.

그런데 잠시 후 기이한 일이 일어났다. 문이 부서지지 않고 누군가 손잡이를 당긴 듯 가만히 열리는 것이었다. 승려가 의아해하며 바깥을 내다 보니 범은 마치 그가 나오기를 기다리기라도 하는 듯 으르렁대길 멈추고 가만히 앉아 그를 보고 있었다. 놈은 그에게 따라오라는 듯 몸짓하더니 숲속 어딘가로 발걸음을 옮겼다. 승려는 그 범이 범상치 않은 짐승임을 느끼며 홀린 듯 따라갔다.

범이 그를 데려간 곳은 암벽 한가운데 뚫려 있는 작은 석굴이었는데, 그 안으로 들어가 보니 기이하게도 금불 세 개와 석불 세 개가 놓여 있었다. 또한 바닥엔 커다랗고 납작한 돌 하나가 놓여 있었는데 가운데 구멍이 파여 있어 마치 사람이 깎아 놓은 맷돌과도 같았다. 승려는 이를 기이해하며 범을 돌아보았다. 하지만 놈은 이미 사라지고 자리에 없었다.

승려가 굴 안을 살펴보며 범이 이곳에 왜 자신을 데려왔을까를 생각하는데, 문득 그의 머리 위에 작은 알갱이들이 떨어져 내렸다.

그것들을 손으로 받아 보니 다름 아닌 쌀알이었다. 쌀은 동굴 위 손가락 하나가 겨우 들어갈 만한 작은 구멍에서 쏟아져 내리고 있었는데, 승려가 자리를 비키자 이내 맷돌구멍 안에 쌓이기 시작했다.

잠시 후 쌀이 떨어지는 것을 멈춘 뒤 그 안을 들여다보니 한 사람이 하루 동안 먹을 만큼의 양이 되어 보였다.

'신기한 구멍이로구나…'

승려는 기이하게 여기며 그 쌀로 주린 배를 채웠다.

그 후 승려는 더 이상 먹을 것을 걱정하지 않게 되었다. 석굴의 구멍에서 매일 한 사람이 먹을 만큼의 쌀이 나왔기 때문이었다. 겨우 입에 풀칠할 정도긴 했지만, 목숨을 부지하는 데는 문제가 없었으니 승려는 그 쌀로 배를 채우며 무사히 겨울을 날 수 있었다.

시간이 흘러 눈이 녹고 다시 길이 열리자 누군가 암자를 찾았다. 승려의 생사가 궁금했던지 먼저 내려갔던 벗이 암자에 올라온 것이었다. 그는 승려가 살아 있는 것을 보고 크게 기뻐했다.

"다행히 무사했구먼! 내 무척이나 걱정했다네."

승려는 벗에게 호랑이가 나타난 일이며 쌀이 나오는 구멍을 발견한 이야기까지 모두 해 주었고, 벗 또한 몹시 기이하게 여겼다. 그간의 이야기를 나눈 뒤 승려는 벗을 대접하고자 석굴로 향했다. 그런데 기이하게도 맷돌구멍엔 평소보다 많은 양의 쌀이 쌓여 있었다. 족히 두 명은 먹을 만큼의 양이었다.

이 일은 그날 뿐만의 일은 아니었다. 다음 날, 그다음 날에도 쌀 구멍에서는 매일 두 명이 먹을 만한 양이 쏟아져 내렸다.

"어찌 된 일인지는 모르겠으나, 이제 먹을 것 걱정은 하지 않아도 되겠구먼."

먹을 걱정이 사라지자 벗은 다시 암자에 머물며 승려와 함께 공부에 매진하게 되었다.

　시간이 지나 기근이 나아지자 사람들은 다시 암자로 불공을 드리러 오기 시작했다. 그런데 그럴 때마다 쌀 구멍에서는 암자에 온 사람만큼의 쌀이 나왔다. 두 명이 오면 두 명분의 쌀이 나오고, 열 명이 오면 열 명분의 쌀이 나왔다. 비록 한 사람이 겨우 배고픔을 면할 정도의 양이었지만 승려는 넉넉히 그들을 먹일 수 있었다. 암자를 찾는 사람들이 많아지고 거기에 사람들의 공양까지 더하니 승려와 벗의 생활은 나날이 풍족해져 갔다. 그들은 이 구멍을 일컬어 '쌀이 나오는 구멍'이라 하여 '미혈구'라 불렀다.

　그러다 하루는 처음 보는 행자승 하나가 암자를 찾아왔다.

　"이곳이 먹을 것 걱정 없이 불도를 닦을 수 있는 곳이라 들었습니다. 사람 수만큼 쌀이 나오는 신기한 구멍이 있다지요? 괜찮으시면 함께 머물러도 되겠습니까?"

　승려는 더 생각할 것도 없이 흔쾌히 수락하였다. 하지만 벗은 못내 못마땅한 눈치였다.

　"저들은 다만 쌀이 나오는 것을 보고 머물려는 것이네. 더 소문이 나기 전에 쫓아버려야 하네."

　하지만 승려는 고개를 저었다.

　"그 쌀은 자네나 내 것이 아니네. 기왕 사람 수만큼 나오는 것인데, 나눌수록 더 좋은 것이 아니겠나?"

　벗은 여전히 마음에 들지 않는 눈치였으나 승려가 그리 말하니 더는 아무 말도 하지 못했다. 시간이 갈수록 소문은 퍼져 암자를 찾는 갈 곳 없는 행자승들은 늘어갔고, 가을이 지날 때쯤이 되자 어느새 열 명이나 되는 승려가 암자에 눌러앉게 되었다.

그렇게 몇 년이 지난 어느 겨울 암자가 있는 산에 또다시 큰 눈이 내렸다. 암자의 승려들은 산속에 갇히게 되었는데, 동굴에서 나오는 쌀이 있으니 걱정은 없었다. 이전처럼 풍족하게 먹을 수 없을 뿐, 미혈구에서 나오는 쌀을 나누면 한 사람씩 먹을 양은 걱정이 없었다.

그런데 어느 날부터인가 굴에 이상한 일이 생기기 시작했다. 하루는 아침에 쌀을 가져오려고 동굴에 갔는데 맷돌에 쌓인 쌀의 양이 형편없이 줄어 버린 것이었다. 그뿐만이 아니었다. 그 양이 날이 갈수록 줄더니 나중에는 여섯 사람의 분량 밖에 남아 있지 않았다. 원래도 한 사람이 겨우 하루를 날 정도에 그치던 것이 나날이 양이 줄어만 가니 승려들의 공양은 하루 세끼에서 두 끼로, 두 끼에서 한 끼로 줄었고 나중에는 그마저도 죽을 쑤어 먹어야 하는 지경에 이르렀다. 암자에서 옴짝달싹할 수 없는 상황에 먹을 것까지 줄어가니 행자승들은 하나같이 불안해하며 신경이 날카로워지기 시작했다. 그러다 끝내 다른 이들을 의심하는 지경에 이르렀다.

"누가 몰래 가져가는 것이 아닌가?"

"내 아침에 누군가 어딘가를 갔다 돌아오는 소리를 들은 것 같기도 하네."

암자 안의 공기가 흉흉해지니 승려는 보다 못해 행자승들을 불러 놓고 타일렀다.

"배가 조금은 고플지라도 함께 나누면 굶어 죽지는 않을 터인데 누가 그것을 훔쳐 간단 말이오? 애초에 저곳은 하늘이 내 기도를 듣고 알려 준 곳이니 내가 조금 더 정성을 들여보겠소. 이제 그만 서로에게 의심을 거두시오."

행자승들은 승려의 말에 그러겠다 대답하긴 했지만 영 불만이 풀리지 않은 눈치였다.

"이게 뭐야!"

한번은 법당 뒤에서 큰 소리가 들려왔다. 승려들이 그곳에 가 보니 행자승 둘이서 바닥을 가리키고 있었다. 그곳에는 쌀알 몇 알이 떨어져 있었다.

"내 이럴 줄 알았다네! 밤중에 누군가 쌀을 몰래 가져다 먹은 게야!"

암자에 소란이 일어나자 승려는 또다시 그들을 말렸다.

"그러지들 마시오. 이곳에서 우리끼리 의심해서 좋을 것이 무엇이 있겠소? 내 몫을 조금 나누어 줄 테니 조금이나마 배를 채우도록 하시오."

그러자 행자승 하나가 이상하다는 듯 그에게 물었다.

"스님 몫을 주신다니요? 스님께선 배가 고프지도 않습니까?"

"이 암자에 머문 이후 한두 끼 굶는 것은 예삿일이었소. 자, 그러지들 말고 내 것을 좀 가져가시오."

그런데 그의 호의에도 반응은 싸늘하기 그지없었다. 그들은 오히려 승려를 의심하기 시작했다.

"참 이상합니다. 스님은 이렇게 먹을 것이 없는데도 항상 그리 평온하셨지요. 심지어 저희에게 종종 얼마 있지도 않은 쌀을 나눠 주기도 하지 않았습니까?"

"그러게 말이야. 혹시 스님이 쌀을 몰래 훔치는 게 아니오?"

행자승들은 너도나도 나서서 그를 추궁하기 시작했고, 분위기가 이상하게 돌아가자 승려는 더 말하기를 멈추었다.

"아무 말 없는 것을 보니, 네놈 짓이 맞았구나!"

그가 굳게 입을 다물자 행자승들은 화를 주체하지 못하고 그를 붙잡아 법당 안에 가두었다.

"내일 아침에 봅시다. 만약 내일 쌀이 10인분 나와 있으면 각오하셔야 할 것이오."

그때 뒤늦게 나타난 승려의 벗이 급히 그들을 말렸다.

"이게 뭐 하는 짓들인가? 누구 덕에 이곳에서 먹을 걱정 없이 살게 되었는데, 은혜를 원수로 갚는 것인가?"

하지만 행자승들은 이미 마음속 깊이 승려를 미워하고 있었다. 그들은 벗을 거칠게 끌어내고는 문을 굳게 잠갔다.

그날 밤 행자승들은 모두 맷돌 앞을 지키며 굴 안에서 밤을 보냈다. 그리고 동이 틀 때쯤이 되자 미혈구에서 무언가가 흘러나오는 소리가 들려왔다. 행자승들은 뛸 듯이 기뻐하며 앞다투어 손을 내밀며 쌀이 떨어지기를 기다렸다. 그런데 잠시 후 그들 손에 떨어진 것은 쌀이 아니었다. 그것은 차갑기 그지없는 물방울이었다.

"이, 이게 어찌 된 일이란 말이냐!"

한참을 기다려 보았으나 쌀은 나오지 않고 차가운 물만 쏟아져 나올 뿐이었다. 행자승들은 당혹스럽고 허탈하여 어찌할 바를 모르고 한동안 그곳에 멍하니 서 있었다. 그러다 그중 한 사람이 문득 외쳤다.

"놈이 직접 말하길, 미혈구는 놈이 정성을 들인 덕에 생겨난 구멍이라 하였소. 그런데 쌀이 나오길 멈추었으니 이는 필시 놈이 어제 일에 앙심을 품고 불결한 생각을 했기 때문일 것이오. 미혈구를 준 신령이 노한 것이니 당장 놈을 내쫓아야 하오!"

그러자 다른 행자승이 목소리를 높여 거들었다.

"놈을 다른 곳에 보내면 그곳의 신령도 노할 것인데, 어찌 그럴 수 있겠소? 놈을 없애버려야 하오!"

행자승들은 홀린 듯 그 말을 옳다 아우성치기 시작했다. 그러고는 법당으로 달려가 문을 거칠게 열고는 짐승처럼 승려에게 달려들었다. 법당 안에서 허리를 꼿꼿이 펴고 앉아 있었던 승려는 행자승들이 달려들자 그대로 바닥에 고꾸라져 버렸다.

그런데 행자승들이 그를 붙잡고 보니 쓰러진 승려의 몸이 조금 이상했다. 몸이 이상하리만큼 딱딱했던 것이었다. 그의 얼굴을 보니 그의 눈은 평온하기 그지없는 표정으로 죽어 있었다. 온몸의 가죽이 뼈에 붙은 채 말라 있는 것으로 보아 간밤에 굶어 죽은 듯 보였다. 쌀은 훔친 건 승려가 아니었던 것이었다.

승려의 벗은 이 같은 광경에 오열하면서 그의 시체를 끌어안고 행자승들을 크게 나무랐다.

"보았소? 쌀을 훔친 건 이 친구가 아니오! 이를 어찌한단 말인가!"

아우성치던 행자승들도 더 이상 어찌할 바를 몰라 하였다. 침묵이 이어지다, 제일 먼저 승려를 모함했던 자가 입을 뗐다.

"저 자는 지금 죽은 척을 하는 거요."

"뭐라?"

"구, 굴에 데려가 미혈구를 돌려놓게 합시다. 그래도 죽은 척을 하면, 그 안의 맷돌에 머리를 넣고 갈아 버립시다! 그러면 더는 죽은 척을 하지 못할 거요."

그러자 행자승들은 동조하였다. 벗은 승려의 몸을 옮기는 그들을 보며 울부짖었다.

"그만두시오! 보지 않았소, 그 사람은 죄가 없소!"

하지만 행자승들의 귀에 더는 그의 말이 들리지 않았다. 그들은 끝내 승려의 시체를 석굴로 데려갔다.

승려에게 끔찍한 짓을 한 그들이었지만 문제는 그대로 남아 있었다. 무슨 영문인지 그나마 나오던 쌀마저 끊겨 버렸으니 이제 꼼짝없이 굶어 죽을 일만 남아 있는 듯했다. 그날따라 날도 유난히 추운지라 그들의 절망은 한층 더 했다. 행자승들은 한데 모여 어찌할지를 의논하였지만 이렇다 할 방법은 나오지 않았다. 이에 크게 절망하여 모두 법당에 들어가 울며 저마다 간곡히 기도를 올렸다.

"저희를 살려 주십시오⋯ 저희를 살려 주십시오⋯"

그러다 이내 배고픔과 고단함을 이기지 못하고 그곳에서 하나둘 잠이 들었다.

그날 밤 밖에서 범의 울음소리가 들려왔다. 행자승들은 모두 깜짝 놀라 잠에서 깨었다. 문틈 사이로 보니 몸집이 집채만 한 범이 법당 쪽으로 서서히 다가오고 있었다. 행자승들은 하나같이 두려움에 덜덜 떨었다. 그런데 문득 죽은 승려의 벗이 무언가 생각이 났는지 벌떡 몸을 일으키며 외쳤다.

"우, 우린 이제 살았소! 죽은 벗이 이르길, 범이 나타나면 쌀이 나올 위치를 알려 준다고 했소! 어제 우리가 기도를 드린 덕이오!"

그러더니 더는 물어볼 것도 없이 문을 활짝 열었다. 과연 호랑이는 기이하게도 달려들 생각이 없는 듯 문 앞에 앉아 법당 안을 들여다보고 있었다.

그런데 그저 앉아서 승려들을 하나하나 뜯어볼 뿐, 길을 알려 줄 생각을 하지 않았다. 놈의 시선은 끝에서 끝으로 옮겨지다 마침내 문간에 선 승려의 벗에게서 멈추었다. 그러더니 놈은 번개처럼 몸을 날려 그의 목을 물어뜯었다.

행자승들은 두려움에 감히 나서지 못하고 그 광경을 지켜만 보았다. 범은 그의 몸을 물고 이리저리 할퀴어댔는데 그러자 그의 옷이 찢어지며 무언가가 바닥에 한가득 쏟아져 나왔다. 그것은 다름 아닌 쌀알들이었다. 쌀이 줄었던 이유는 그가 쌀을 빼돌렸기 때문이었다.

범은 승려의 벗을 발기발기 찢어 죽이고는 바닥에 그 몸을 내팽개쳤다. 그러고는 유유히 법당 밖으로 나가 숲속으로 사라져 버렸다. 범이 사라지자 승려들은 모두 바닥에 엎드려 덜덜 떨리는 손으로 이리저리 흩어진 피에 젖은 쌀알을 주워 먹었다.

그리고 겨울이 지나기 전 한 사람도 빠짐없이 모두 굶어 죽어 버렸다.

성명굴에 있었다는 여섯 개의 불상은 이후 누군가 훔쳐 갔고 절은 폐사되었다고 한다. 성명굴에는 아직 바닥에 맷돌이 있으며, 미혈구에 서는 쌀 대신 물이 흘러나온다고 한다.

파계승의
참회

· 지옥에서 가족을 만난 남자 ·

청나라 시대 장씨 성을 가진 한량이 있었다. 그는 품행이 거칠고 하는 일 없이 종일 술이나 마시는 게 일과인 자였는데, 걸핏하면 고을에서 행패를 부리고 남의 재물을 빼앗는 등 사람들을 못살게 굴기까지 하는 악명 높은 왈패였다. 고을 사람들은 그를 몹시 미워했는데, 장씨는 모두가 자신을 욕하고 저주해도 눈 하나 꿈쩍하지 않았다.

"사정을 알지도 못하는 이들이 입만 살아 나불대는구나! 홀로 노모를 모시려면 수단 방법을 가릴 수 없는 것을, 누가 감히 나더러 죄가 있다고 말할 수 있단 말인가?"

그러고는 도리어 자신을 욕한 자를 찾아가 해코지하기도 하였다. 그러나 가진 것이라곤 객쩍은 혈기뿐인 장씨에게도 함부로 하지 못하는 이가 있었으니 바로 그의 친형이었다. 어려서 출가한 그의 형은 이름난 사찰인 홍복사의 승려로 있었는데, 높은 인품으로 명성과 인망이 두루 높았다. 장씨는 항상 형을 존경했으며 사람들에게 자랑하곤 했다.

"내 형님께서는 여기 나나 너희들과는 격이 다른 사람이다. 부처에 가까운 사람이란 말이다."

하지만 그렇게 형의 인품을 자랑하면서도 정작 자신은 허랑방탕하게 살며 남에게 피해만 끼치고 다니니 앞뒤가 맞지 않는 일이 아닐 수 없었다.

"백날 잘난 형 자랑만 하면 뭐 하나. 제 놈은 망나니인 것을…"

그렇게 두려움 없이 살아가던 어느 날 장씨가 여느 날과 같이 골목을 배회하는데 갑자기 어딘가 몸이 불편해짐을 느꼈다.

'갑자기 왜 이러지…'

가슴이 답답하고 숨 쉬기가 어려워지더니 이내 거동하기조차 불편해졌다. 한 식경도 안되는 사이 제대로 걸을 수도 없게 되니 장씨는 불안함에 서둘러 의원을 찾아가려 했다. 하지만 그의 몸은 그조차도 기다려 주지 않았다. 장씨는 일순간 눈앞이 캄캄해져 더는 걸음을 옮기지 못하고 그 자리에서 그만 의식을 잃고 말았다.

어디선가 들려오는 비명에 장씨는 정신이 들었다. 고개를 들어보니 그가 있는 곳은 어두운 계곡 아래였는데, 칠흑 속 누군가의 고통에 찬 비명이 들려오고 있었다. 빛이라곤 까마득히 높은 두 절벽 사이로 보이는 검붉은 하늘뿐이었다.

'여기가 어디란 말인가…'

어찌할 바를 몰라 하던 차에 문득 누군가가 그에게로 다가오더니 그 한 줄기 빛마저 막아섰다. 장씨가 두려워하며 그의 얼굴을 보니 그는 소의 머리를 한 흉측한 괴인이었다.

"다, 당신은 누구시오?"

괴인은 대꾸 대신 그를 억지로 일으켜 세우더니 거칠게 다그쳐 어딘가로 데려가기 시작했다. 어디로 가는지도 모른 채 한참을 끌려가니 어느 커다란 전각이 모습을 드러냈다. 그 안에 들어서니, 누군가 높은 곳에 앉아 들어오는 장씨를 내려다보고 있었다. 그는 염라대왕이었다. 장씨는 죽어 지옥에 떨어진 것이었다. 소의 머리를 한 옥졸들은 장씨를 대왕 앞에 꿇렸다. 대왕은 상 앞에 놓인 생사부를 펼치더니 그것을 읽어 내려가기 시작했다. 장씨의 죄목을 읽는 것인지 대왕의 낯빛엔 점차 노기가 서려갔다. 그제야 상황을 파악한 장씨는 급히 앞에 엎드려 대왕에게 빌었다.

"주… 죽을죄를 지었습니다. 한 번만 용서해 주십시오!"

염라대왕은 가만히 눈을 옮겨 장씨를 보더니 물었다.

"무슨 죄를 말이냐?"

장씨는 두려움이 가득 차올라 자기가 지은 죄를 스스로 소상히 고하기 시작했다.

"펴, 평생 일은 하지 않고 방탕하게 살며, 매일같이 사람들을 괴롭혔습니다. 또한 그들의 재물을 빼앗고 무고한 자를 욕보이기도 했습니다… 그리고…"

염라대왕은 문득 손을 들어 그의 말을 막았다. 그러고는 옥졸들에게 불호령을 내렸다.

"엄한 자를 데려왔구나! 이 자는 아직 죽을 때가 되지 않았다. 속히 이승으로 돌려 보내라!"

"용서하십시오, 대왕. 비슷한 자와 헷갈린 모양입니다."

옥졸들은 놀라 몸 둘 바를 몰라 하며 대왕에게 사죄하더니 다시 장씨를 데리고 염라대왕의 전각을 빠져나왔다. 장씨는 어안이 벙벙한 채 그들 손에 이끌려 왔던 길로 돌아가게 되었다.

다시 옥졸들의 손에 이끌려 이승으로 돌아가게 된 장씨는 속으로 안도의 한숨을 내쉬었다. 점차 마음이 편해지니 갈 때는 보지 못했던 것들이 눈에 들어오기 시작했다. 가혹하게 매질을 당하며 어딘가로 끌려가는 죄인들의 모습, 절벽 너머로 보이는 살을 찢고 뼈를 태우는 끔찍한 형벌들… 장씨는 이를 곁눈질하며 끔찍해 하고 두려워하면서도 말로만 듣던 지옥이라 슬며시 궁금한 마음이 들었다. 옥졸의 눈치를 살피다 조심스레 청했다.

"나리, 이왕 이곳에 왔으니 좀 둘러보고 가도 되겠습니까?"

옥졸은 잠시 그를 노려보다 이내 퉁명스레 답했다.

"그래, 내 잘못으로 한 번 죽게 되었으니 그 정도는 해 줄 수 있지. 그리고 아까 보니 네놈도 죄가 많은 것 같던데 나중에 올 곳을 미리 보는 것도 나쁘진 않겠지."

장씨는 등줄기가 서늘해지는 듯했다. 옥졸들은 길을 틀어 장씨를 동굴 속으로 이끌고 들어갔다.

장씨는 옥졸을 따라 각 층의 지옥을 둘러보게 되었다. 층을 넘어가면 갈수록 그 형벌은 끔찍해지고 벌을 받는 자들의 비명은 처절해져 갔다. 도산지옥, 검수지옥 등 아홉 개의 지옥을 모두 둘러보고 그 끝자락에 이르자 가시나무숲이 나왔다.

"으아아!"

그곳엔 벌거벗은 남자 하나가 나무에 거꾸로 매달린 채 고통에 찬 몸부림을 치고 있었다. 그의 허벅지에는 밧줄이 꿰어져 검붉은 선지피가 줄줄 흘러내리고 있었다.

"저 사람은 무슨 죄를 지었기에 저리 끔찍한 벌을 받고 있습니까?"

옥졸이 남자의 모습을 보더니 말했다.

"저 자는 부처님의 제단에 올려진 제물을 빼돌리고 승려의 신분으로 술과 도박을 즐겨 한 자다."

그러고는 피식 웃더니 말을 이었다.

"죄를 면하려면 스스로 잘못을 뉘우쳐야 할 텐데… 저놈은 자기가 지옥에 있는 줄도 모르는 것 같더구나. 자! 이제 얼른 돌아가자!"

장씨는 그 남자에게서 눈을 떼지 못했다. 어딘가 낯이 익은 이였다. 절벽에 다가가 그의 얼굴을 자세히 보니 그는 다름 아닌 장씨의 친형이었다.

"혀…형님! 형님!"

장씨는 놀라 애타게 형을 불러 보았지만, 그는 듣지 못하는 듯했다. 옥졸은 당황하여 소리치는 장씨의 팔목을 거칠게 잡아끌어 지옥 밖으로 끌고 나갔다.

장씨는 누군가의 발길질에 정신이 들었다. 그는 아까 의식을 잃었던 그 골목에 그대로 쓰러져 있었는데, 고을 사람들은 그가 죽은 것으로 생각했는지 지나가며 한 번씩 그의 몸을 걷어차고 침을 뱉어대고 있었다. 그를 도우려는 자는 아무도 없었다. 장씨가 몸을 일으키고 나서야 사람들은 물러갔다.

'진짜로 쓰러진 것이었다면 난 꼼짝없이 죽었겠구나…'

돌을 얹은 듯하던 그의 몸은 원래대로 돌아와 있었는데, 다만 손목에 본 적 없는 시퍼런 멍이 손 모양대로 나 있었다. 지옥을 빠져나오기 전 옥졸이 움켜잡은 자리였다.

'헛것을 본 게 아니었구나…!'

그는 기이해하다 이내 지옥에서 본 형의 모습이 떠올랐다. 이에 형이 걱정되어 곧바로 형이 있는 홍복사로 향했다.

절에 도착한 장씨는 눈에 보이는 승려 하나를 붙들고 물었다.

"나 장 아무개요. 혹시 내 형이 죽었소?"

승려가 어리둥절하며 답했다.

"죽다니요? 근래 들어 거동이 불편하신 데는 있는 듯하지만… 지금 저 방에 계십니다."

장씨가 서둘러 승려가 가리킨 곳에 가 보니 문 너머로 형의 고통에 찬 신음이 들려왔다. 문을 열어 보니 그의 형은 침상 위에 드러누워 끙끙 앓고 있었다.

"아니, 네가 여기까지 무슨 일이냐?"

"형님이야말로 어찌 된 일입니까?"

분명 지옥에서 보았던 형이 아직 살아 있으니 장씨는 그저 기이할 뿐이었다. 형이 한숨을 쉬며 답했다.

"한 달 전부터 갑자기 알 수 없는 병이 나서 이리 누워 있다. 어떨 때는 괜찮다가도, 어떨 땐 참을 수 없이 고통스럽구나…"

그러더니 장씨를 빤히 바라보며 덧붙였다.

"기이한 일이다. 간밤의 꿈에 네가 나를 애타게 부르더니 정말로 이리 찾아왔구나."

옥졸의 말이 떠오른 장씨는 형에게 자신이 겪은 일을 빠짐없이 이야기해 주었다. 그런데 형은 두려워하기는커녕 오히려 노기를 띠며 동생을 꾸짖었다.

"네가 헛것을 본 모양이구나. 나는 지옥이 아니라 여기 네 앞에 있다. 그리고 내가 무슨 죄를 지었다고 그리 심한 벌을 받는단 말이냐?"

"옥졸이 말하길, 부처님 제물을 훔치고 술과 도박을 즐겨 했다고 했습…"

"닥쳐라! 너 따위가 뭘 안다고 함부로 입을 놀리는 것이냐!"

"…!"

갑작스러운 형의 외침에 장씨는 깜짝 놀라 일순간 입을 다물었다. 자신이 평소에 존경하던 형의 모습이 아니었다. 그를 바라보는 형의 눈빛은 마치 짐승과도 같은 것이, 지옥에 가기 전 자기 모습을 보는 듯했다. 장씨가 무어라 말을 잇지 못하고 있는데, 문득 눈에 들어오는 것이 있었다. 발아래의 침상 밑에 숨겨져 있는 고패들이었다. 이는 도박을 할 때 쓰는 물건이었다.

'죄를 면하려면 스스로 잘못을 뉘우쳐야 할 텐데…'

장씨는 잠시 고민하다 돌연 팔을 뻗어 형의 허벅지를 눌렀다.

"으아아아!"

장씨의 형은 자지러질 듯 비명을 질렀다. 이불을 걷어 보니 과연 그의 허벅지엔 커다란 종기가 터져 피고름이 줄줄 흐르고 있었다. 밧줄이 꿰어져 있던 자리였다. 동생이 마치 알고 있기라도 한 듯 종기의 자리를 짚어내니 그제야 형의 얼굴에도 두려움이 번지기 시작했다. 장씨는 눈물을 글썽이며 형을 타일렀다.

"저 또한 염라대왕 앞에서 죄를 고하고 나서야 스스로 죄가 있음을 깨달았습니다. 형님은 이미 지옥에 계십니다. 스스로 죄를 뉘우치지 않으면 장차 큰 화를 당하실까 두렵습니다."

형은 얼굴이 종잇장처럼 새하얘진 채 선뜻 입을 떼지 못하였다. 그러다 이내 고개를 떨구며 말했다.

"부끄럽구나. 네 말은 모두 사실이다. 난 줄곧 절의 제물을 훔쳐, 그것으로 도박이며 술이며 방탕하게 살아왔다. 내가 어리석었구나. 하늘을 속일 수는 없는 것을…"

그러더니 힘겹게 몸을 일으켜 법당으로 가 경문을 독송하고는 동생의 손을 붙잡으며 맹세했다.

"내 앞으로는 다신 그런 죄를 짓지 않을 것이다."

보름 뒤 장씨가 형을 다시 찾아가 보니 그는 계율을 철저히 지키며 살고 있었고, 허벅지의 병은 씻은 듯 사라진 뒤였다. 이 이야기를 전하는 《요재지이》를 쓴 포송령은 다음과 같이 평한다.

죄를 지은 자가 지옥을 멀게 느끼는 까닭은 죄를 짓지 않아서가 아니라 스스로 핑계를 대어 죄가 없는 줄 착각하기 때문이다. 이승에서 자신의 악행을 알지 못하니 저승에서 벌을 받게 될 것 또한 알지 못하고 두려워하지 않는 것뿐이다.

둘

한국 괴담

원한과
인간

처녀 귀신을
업은 선비

조선시대 한 고을에 어느 백정의 딸이 있었다. 그녀는 아버지를 도와 근처 양반집에 고기 대는 일을 업으로 삼고 있어 뒷문으로나마 양반집에 드나드는 일이 잦았다. 그녀는 부모의 성화에도 불구하고 혼기가 다 지나도록 혼인하지 않았는데, 오랫동안 양반집을 드나들며 몰래 마음에 둔 이가 있었기 때문이었다. 바로 그녀가 고기를 대는 양반집의 외아들이었다.

양반집 도령은 외모가 청수하고 머리 또한 명석하여 집안의 기대를 한 몸에 받는 청년이었다. 백정의 딸은 몇 년 전 그를 보고 첫눈에 반해 남몰래 애틋한 마음을 품고 있었던 것이었다.

하지만 지체 높은 양반집 자제와 천민 중의 천민이었던 백정의 딸이 이어질 리 만무했다. 그녀도 이를 누구보다 잘 알고 있었지만, 차마 그 마음을 모른 체 하고 성에 차지 않는 별 볼 일 없는 다른 사내와 혼인할 수는 없었던 것이었다.

시간이 지날수록 도령에 대한 그녀의 마음은 커져만 갔다. 하지만 아무에게도 털어놓지 못하고 그저 눈물로 애타는 마음을 달랠 뿐이었다. 가만히 있어도 허공에 도령의 모습이 아른거리고 눈을 감아도 마찬가지니 오랜 속앓이 끝에 그녀는 그만 몸져눕고야 말았다.

진작 딸의 마음을 눈치채고 있었지만 해 줄 수 있는 것이 없어 모른 체 했던 그녀의 아버지는 딸이 상사병에 걸려 죽어 가는 것을 보자 더 이상 가만히 있을 수만은 없었다. 그는 경을 칠 각오로 도령의 집에 찾아가 사정했다.

"나리, 제 딸이 도련님을 사모하다 마음의 병을 얻어 죽어 가고 있습니다. 부디 한 번만이라도 만날 수 있게 해 주십시오…"

하지만 돌아오는 것은 차가운 대답뿐이었다.

"뭐라…? 먹고 살게 해 주었더니, 이젠 내 아들까지 내놓으라 하느냐? 무엇하느냐! 저놈을 당장 끌어내라!"

매정하게 쫓겨난 백정이었으나 그대로 포기할 순 없어 집 앞에 숨어 도령이 나오길 기다렸다 그의 바지춤을 붙잡고 애처롭게 사정했다. 하지만 달라지는 것은 없었다.

"이놈이… 고깃값을 더 벌고 싶어 허튼수작을 부리는구나! 썩 꺼지지 못하겠느냐!"

시간이 흐를수록 딸의 병세는 심해져만 갔고, 마침내는 숨이 넘어갈 지경에 이르렀다.

"아버지… 죽어서라도 도련님을 보고 싶어요…"

그 말을 끝으로 백정의 딸은 숨을 거두었다.

이후 도령은 예전부터 혼담이 오가던 다른 양반집 규수와 혼례를 치르게 되었다. 그런데 혼례 전날 밤 예상치 못한 일이 일어났다. 그의 신붓감이 갑작스레 이유 모를 죽음을 맞은 것이었다. 이러한 변고는 이번 한 번만의 일은 아니었다. 혼담을 나누는 처녀들마다 하나같이 혼례 전날 알 수 없는 이유로 죽어 버리곤 하는 것이었다. 그런 끔찍한 괴변이 끊이질 않고 계속되니 나중엔 아무도 도령에게 딸을 시집보내려 들지 않았고, 도령은 졸지에 혼삿길이 막혀 버리고 말았다.

그렇게 사람이 어쩌지 못하는 재앙이 계속되니 도령과 그의 집안사람들은 지푸라기라도 잡는 심정으로 용하다는 무당을 불러 굿을 청해 보았다. 하지만 그 또한 어쩌지 못하긴 마찬가지였다. 집에 도착한 무당은 도령을 보자마자 자리에 굳은 듯 서서 두려움에 가득한 목소리로 말했다.

"이는 제가 어찌할 수 있는 것이 아닙니다… 저 여인의 원기가 너무나 강하여…"

"여인이라니? 어디 여인이 있단 말이오?"

"도련님 등 뒤에… 여인이 업혀 있습니다."

이야기를 들은 도령은 순간 등골이 오싹하였다. 무당이 묘사하는 귀신의 생김이 몇 년 전에 죽은 백정의 딸과 같았기 때문이었다.

그 모든 재앙이, 원혼이 된 백정의 집 딸 소행인 것을 알게 된 도령은 곧바로 그녀의 묘를 찾아가 정성 들여 제를 올리며 사정하였다.

"다 내 잘못이네… 부디 그만 용서해 주게나…"

하지만 이후로도 귀신의 장난은 그치질 않았다. 탄탄대로만 같던 도령의 앞날에 짙은 연무가 끼기 시작한 것은 그때부터였다.

도령은 하는 일마다 어그러지기 일쑤였다. 이름난 명석함이 무색하게 과거에 응시할 때마다 번번이 낙방을 면치 못했고, 바깥출입을 할 때마다 꼭 크고 작은 재앙이 일어나, 크게 다치거나 목숨이 위태로운 일이 다반사였다. 게다가 집안에 우환 또한 끊이질 않으니, 도령의 심신은 점차 피폐해져만 갔다. 청수하기 그지없던 그의 외모는 간데없이 사라져 버렸고, 나중에는 바깥출입을 완전히 끊은 채 방 안에 틀어박혀 멍하니 허공만 응시하곤 하였다. 흡사 죽기 전 백정 딸의 모습과 비슷하였다. 그렇게 삶을 포기하고 폐인처럼 살아가던 어느 날 그는 기이한 꿈 하나를 꾸게 되었다.

그는 삼각산의 어느 깎아내린 절벽을 힘겹게 오르고 있었다. 그런데 절벽 꼭대기에서 한 노인이 그를 내려다보며 말하는 것이었다.

"원한은 은혜로 푸는 법. 아무 날 아무 시에 이곳에서 귀인을 만날 것이니 그에게 은혜를 베풀라."

그 말만 남긴 채 노인은 허공 속으로 사라져 버렸고, 도령은 깜짝 놀라 잠에서 깨었다. 방금 겪은 일처럼 너무나도 생생하여 필시 예사 꿈이 아니라 여겼다. 가만히 헤아려 보니 노인이 말한 날은 바로 다음 날이었다. 그는 하늘의 뜻이라 여겨 그곳에 가 봐야 할 것만 같은 기분이 들었다. 바깥출입을 할 생각에 잠시 두려운 마음이 들었으나 이내 마음을 굳히고 다짐하였다.

"평생 이리 산다 한들 무슨 의미가 있겠는가? 비록 죽는 한이 있더라도 그곳에 올라보겠노라!"

그리고 다음 날 행장을 꾸려 홀로 삼각산으로 향했다.

산 초입을 지나 골짜기에 들어서자 그를 기다리기라도 한 듯 온 산에 희뿌연 안개가 가득 끼기 시작했다. 한 치 앞이 보이지 않는 지독한 안개였지만, 도령은 포기하지 않고 끈질기게 산길을 올랐다.

얼마나 지났을까, 몇 차례 봉우리를 넘으니 눈앞엔 꿈에서 본 광경이 펼쳐져 있었다. 하늘을 찌를 듯 높게 솟은 절벽이었다. 도령은 바위를 잡고 힘겹게 절벽을 올라 마침내 꼭대기에 올랐다. 그곳은 한 사람이 간신히 누울 만한 크기의 좁은 곳이었는데, 반대편 절벽 끝에 앉아 있는 사람의 형체가 보였다. 안개가 몹시 자욱한 탓에 그 얼굴이 잘 보이진 않았지만, 장삼을 걸치고 머리를 짧게 깎은 것이 승려인 듯했다.

'이곳에서 귀인을 만날 것이니 그에게 은혜를 베풀라.'

그를 꿈에서 이른 귀인이라 확신한 도령은 곧장 그에게 물었다.

"스님, 어인 일로 이 험한 곳에 이르셨습니까?"

그러자 승려는 갑자기 나타난 그를 보고 놀란 듯 말했다.

"어젯밤 예사롭지 않은 꿈을 꾸어 이곳에 이르게 되었습니다…"

그 또한 자신처럼 꿈을 꾸고 절벽에 올랐다고 하니 도령은 더욱 그를 예사 인물이 아니라 생각하였다.

'필시 나를 구해 줄 귀인이시구나!'

그러는 사이 안개는 더욱 자욱해져 결국 서로의 그림자조차 보이지 않을 지경에 이르렀다. 섣불리 발을 내디뎠다간 절벽 아래로 떨어질 것만 같았다. 도령은 선 자리에서 그대로 무릎을 꿇고 앉았다. 그러자 짧은 침묵 끝에 승려가 입을 열었다.

"안개가 걷힐 때까지 한참은 기다려야 할 듯하니 서로 이야기라도 나누시는 게 어떻습니까? 보아하니 양반집 자제분 같은데 어찌 이런 험한 절벽에 오르셨습니까?"

도령은 그간의 이야기를 하기 시작했다. 백정의 딸이 죽은 일부터 혼사가 어그러진 일 그리고 폐인처럼 살아온 최근 몇 년… 참회하듯 마음 깊이 숨겨둔 이야기를 하나둘 털어놓으니, 그는 자기도 모르게 그간 진정으로 한 적이 없었던 백정의 딸에 대한 미안한 마음이 끓어오르는 것을 느꼈다.

"내겐 아무 일도 아니었습니다… 그저 그 여인을 한 번 봐주기라도 했다면…"

도령이 이야기를 마치고 잠시 적막이 흐르자 승려는 무언가를 생각하는 듯하더니 조용히 입을 열었다.

"공자께서 그렇게 숨기고 싶을 만한 이야기를 하시니, 저도 깊은 얘기를 해 볼까요? 옛 생각이 납니다, 그려. 오래전 저도 귀신의 원한을 살 만한 일을 한 적이 있었지요… 젊었을 적 탁발을 다니던 중 어느 여인 혼자 사는 집에 들르게 된 적이 있었습니다. 전란으로 가족들을 모두 잃고 베를 짜며 힘겹게 살아가는 여인의 집이었지요. 그 여인은 어려운 살림에도 저를 융숭히 대접해 주었습니다. 게다가 그 모습은 어찌나 아름답던지… 오랜 떠돌이 생활로 몸과 마음이 고단하기 그지없던 차에 그런 미인의 대접을 받아 보니 오랜만에 가슴이 뛰는 듯했지요. 하여…"

그때 절벽 밑에서 세찬 바람 소리가 들려왔다. 그리고 절벽 꼭대기를 덮은 안개는 점점 어둡게 변해가고 있었다. 승려는 잠시 이야기를 멈추더니 이내 떨리는 목소리로 말을 이었다.

"하여 여인에게 추파를 던졌습니다. 하지만 그 여인은 나를 완강히 거부했지요. 이는 필시 제가 보잘것없는 탁발승이어서 그랬을 겁니다… 나는 심한 모멸감을 느꼈습니다. 화가 나서 눈앞이 캄캄해질 지경이었지요. 그래서…"

승려의 목소리는 떨리다 못해 울먹이는 듯할 정도로 변해 있었다. 그는 한 차례 숨을 참는 듯하더니 간신히 말을 이었다.

"…그만 정신을 잃고, 칼을 들어 그녀의 가슴을 찔러 죽여 버렸습니다!"

그때 한차례 거센 바람이 일더니 짧은 순간 안개가 걷히고 승려의 얼굴이 드러났다. 그 얼굴을 본 도령은 온몸의 털이 곤두서는 듯하였다. 승려는 울먹이는 것이 아니었다. 얼굴을 잔뜩 일그러트린 채 웃음을 참고 있던 것이었다.

승려는 킥킥대며 말을 이었다.

"하지만 소승은 이리 멀쩡히 살아 있지 않습니까? 무엇이 걱정이라고 그렇게 마음졸인단 말입니까?"

'이곳에서 귀인을 만날 것이니 그에게 은혜를 베풀라.'

'이런 자에게 은혜를 베풀라…?'

도령이 혼란스러워 어찌할 바를 몰라 하는데, 승려는 절벽 아래 세찬 바람으로 안개가 걷힌 것을 보고는 문득 몸을 일으켰다.

"그래도 탈이 될까 두려워 수십 년간 아무에게도 말하지 못했는데, 이렇게 얼굴을 비치지 않고 말할 수 있으니 속이 시원하군요. 역시나 어제 꿈자리가 좋았나 봅니다. 그럼 이만…"

그러고선 절벽 아래로 내려가려 하는 것이었다. 도령은 꿈속에서 이른 귀인이라는 말도 잊고 재빨리 몸을 일으키며 소리쳤다.

"이놈! 어찌 승려의 탈을 쓰고 그런 무도한 짓을 하였느냐!"

그러고는 자기도 모르게 팔을 뻗어 승려의 몸을 밀쳐 버렸다.

"으, 으어어어!"

승려는 절벽 밑으로 떨어져 버렸고, 곧 뼈가 부서지는 끔찍한 소리가 들려왔다. 도령은 자기도 모르게 벌인 일에 놀라 자리에 털썩 주저앉고 말았다. 그리고 멍하니 승려가 떨어진 절벽 끝을 바라보는데, 그곳에 무언가 기이한 것이 솟아오르는 것이 보였다. 이는 선혈을 뒤집어 쓴 여인의 모습이었다.

도령은 몹시 놀라 온몸이 굳는 듯하였다. 여인은 매서운 눈길로 그를 죽일 듯 노려보고 있었다. 그리고 도령이 미처 어쩔 틈도 없이 그에

게로 사납게 달려들었다. 그때 도령의 귓가에 누군가의 날카로운 괴성
이 들려왔다.

"끼아아악!"

얼마나 지났을까, 도령은 뜨거운 햇살에 정신이 들었다. 눈을 떠 보
니 아까 보았던 귀신은 간데없고, 혼자 절벽 위에 쓰러져 있었다. 안개
는 언제 그랬냐는 듯 맑게 개어 있었다. 절벽 아래를 내려다보니 승려
는 돌부리에 떨어져 온몸이 산산조각이 난 채 죽어 있었다.

그날 밤 집에 돌아간 도령은 낮에 있었던 일을 생각하며 밤늦도록
잠이 들지 못하였다. 그런데 자정에 이르렀을 때쯤 문득 방 밖에서 인
기척이 느껴졌다. 이내 장지문에 그림자를 드러낸 형체는 천천히 문을
열더니 그 모습을 드러냈다. 그는 낮에 보았던 피투성이의 여인이었다.

"당신은!"

여인은 천천히 도령에게로 다가오더니 흐느끼며 대뜸 그에게 절을
올렸다. 그녀의 가슴팍에는 칼이 꽂힌 자국이 남아 있었다.

"소녀는 아까 보셨던 그 중놈이 죽인 여인입니다. 나리 덕에 오랜 원
한을 갚을 수 있었지요… 나리께서는 이제 안심하셔도 됩니다."

"무엇을 말이오…?"

"나리의 깊은 은혜를 갚고자 이 한 몸 사라질 것을 각오하고 나리께
붙어 있던 원귀와 싸워 놈을 죽여 없앴습니다. 나리께 달려들었던 것
은 그 때문이었지요."

도령은 그제야 산에서 내려온 뒤 자신이 달라진 것을 느꼈다. 오랫

동안 몸 한편을 짓누르던 무언가가 사라진 것이었다. 귀신은 그에게 연거푸 감사의 예를 올리며 말을 이었다.

"더불어 평생 소녀가 나리를 곁에서 모실 것이니 걱정하실 것 없습니다…"

그 말을 끝으로 문밖으로 모습을 감추었다. 도령은 한참이나 그녀가 사라진 자리에서 눈을 떼지 못하다 곧 바닥에 엎드려 서럽게 통곡하였다.

'원한은 은혜로 푸는 법, 이곳에서 귀인을 만날 것이니 그에게 은혜를 베풀라…'

그날 이후 도령에게 일어나던 재앙은 멈추었고, 그는 총기를 되찾고 재주를 마음껏 뽐내며 부귀와 장수를 누렸다고 한다.

조선이 가장 두려워한 귀신,
마마신

조선시대 한 선비가 영남에 갔다 한양으로 돌아오는 길에 해가 저물어 급히 머물 곳을 찾았다.

"이거 큰일이구나…"

그러다 다행히도 멀리 초가집 하나가 보였고, 그는 고민할 것도 없이 그곳으로 가 머물기를 청했다.

"지나가는 객이오만, 하루 묵어 갈 수 있겠습니까?"

하지만 집주인은 차갑게 거절했다.

"내 아이가 위독해 손님을 맞을 겨를이 없소. 게다가 음식도 떨어져 내어 줄 것이 없으니 다른 곳을 알아보시오."

그러고는 그대로 집 안에 들어가려 하는 것이었다. 이미 밤이 늦은

데다 그곳 고을이 처음이었던 선비는 그를 붙잡고 재차 청했다.

"몸을 누일 수 있는 곳이면 됩니다. 헛간이라도 내어 주시지요."

여러 차례 사정하니 주인은 마지못해 집 반대편을 가리켰다.

"정 그렇다면 저곳에 내 가게가 있으니 그곳에나 가 보시오."

선비는 감사를 표하고 그가 가리킨 곳으로 향했다.

그곳은 사람의 손길이 닿은 지 꽤 오래된 듯 먼지와 거미줄이 그득한 헛간같은 곳이었다. 하지만 종일 걸어 몹시 고단했던 선비는 그런 것을 살필 겨를도 없이 곧장 짐을 풀고 자리에 누웠다. 그런데 잠시후 방 한편에서 기이한 한기가 느껴졌다. 때는 무더운 여름이었으므로 느껴지는 한기가 이상한 일이 아닐 수 없었다. 선비가 조심스레 고개를 돌려 보니 그곳엔 누군가가 어둠 속에서 그를 빤히 바라보고 있었다.

"뉘, 뉘시오!"

그는 머리가 희끗희끗한 노인이었다. 눈은 분명 선비를 쳐다보고 있는 듯했으나 그 눈동자가 보이지 않았고, 얼굴에는 얼룩덜룩 검붉은 반점이 가득한 것이 기이하기 이를 데 없는 모습이었다.

"자네도 그 집에서 쫓겨난 모양이로구먼. 그 주인 놈이 참으로 성의가 없지. 안 그런가?"

선비는 등골이 오싹하여 선뜻 답하지 못하자 노인이 되물었다.

"혹, 그놈이 자네에게도 먹을 것이 없다고 하던가?"

"그, 그렇습니다."

그러자 노인이 한숨을 내쉬더니 조용히 말했다.

"거짓말일세. 난 다 알고 있지. 그 집 부엌엔 꿩고기와 쇠고기가 잔뜩 쌓여 있다네. 손님에게 내주기 싫어 거짓으로 둘러댄 게지… 장독 안엔 곶감까지 숨겨 두었던데…"

그러더니 문득 소름 끼치는 미소를 지으며 말을 이었다.

"내가 재밌는 걸 알려 줄까?"

"무엇입니까?"

"그 대가로… 내가 오늘 그 집 자식을 죽일 거야!"

그러더니 끔찍한 웃음소리를 내며 어딘가로 나가려는 것이었다. 선비는 숨이 멎을 듯 두려웠으나 그대로 두면 아이가 잘못될 것 같다는 생각에 노인의 옷자락을 붙잡으며 말렸다.

"자식이 큰 병에 걸렸으니 오죽 정신이 없었겠습니까? 어찌 그런 일로 죄 없는 아이를 죽일 수 있겠습니까?"

그러자 노인이 버럭 성을 내며 받아쳤다.

"내가 배고프다 그렇게 사정을 했는데도 먹을 것을 숨기고 도무지 내어 주질 않았네. 먹을 것을 그렇게나 쌓아두고 말이지. 어찌 미워할 만한 일이 아니라 하는가?"

그러고는 선비의 팔을 뿌리치고 그대로 가게 밖으로 나서려는 것이었다. 선비는 두려움도 잊고 자리에 엎드려 그에게 빌기 시작했다.

"분명 인색한 처사이나 그가 허름한 곳이나마 우리를 머물게 해 준 것만은 감사할 만한 일이 아니겠습니까? 제가 주인을 잘 타일러 보겠으니 부디 노여움을 푸시지요. 그제라도 주인이 노인장께 음식을 대접

한다면 더는 미워할 일이 없지 않겠습니까?"

선비가 한참을 간곡히 사정하니 완강하던 노인 또한 마음이 누그러진 듯했다.

"좋네, 내 특별히 시간을 줄 터이니 한번 타일러 보게. 단 내일 동이 트기 전까지네."

그 말을 끝으로 노인은 돌연 허공 속으로 모습을 감추었다.

그제야 정신을 차려 보니 이는 모두 한바탕 꿈이었다. 그런데 놀랍게도 노인이 앉아 있던 자리의 짚단이 사람의 다리 모양대로 움푹 파여 있는 것이었다. 예사 꿈이 아님을 직감한 선비는 곧바로 그곳을 빠져나와 집주인을 불렀다.

"이보시오! 어서 나와 보시오!"

잠시 후 집주인은 성난 듯 나와 그를 꾸짖었다.

"잘 곳을 내어 주었으면 그만이지, 이게 무슨 소동이냐?"

"당신 아들의 죽음이 코앞에 왔소!"

"…죽다니? 그게 무슨 소리요?"

"내가 당신 아이를 구해 줄 테니, 내 말에 따르도록 하시오."

선비의 말은 분명 해괴한 것이었으나 흔들림 없는 선비의 눈빛에 집주인은 홀린 듯 그의 말에 따랐다.

선비가 주인을 따라 방 안에 들어가 보니 그의 아들은 곧 숨이 넘어갈 듯 고열에 시달리며 시름시름 앓고 있었는데, 얼굴에 허연 종기들이 가득 들어차 있었다. 곧 죽음을 앞둔 듯한 아이의 모습에 선비는 급히 주인에게 말했다.

"당신 집에 있는 꿩고기와 쇠고기 그리고 곶감을 모두 내와 벽 쪽에 상을 차리도록 하시오."

집에 있는 음식을 귀신같이 꿰뚫고 있으니 집주인은 더더욱 그의 말에 따르지 않을 수 없었다. 속히 부엌에서 음식을 꺼내와 상을 차리니 선비는 여러 차례 술잔을 올리며 제를 올리기 시작했다.

'부디 죄 없는 아이를 살려 주십시오…'

잠시 후 아이가 깨어났다.

"아버지… 배가 고파요… 배가 고파요!"

죽어 가던 아이가 돌연 깨어나 음식을 찾으니 집주인은 자기도 모르게 제사상의 음식을 아들에게 가져다주려 하였다.

"손대지 마시오!"

선비가 놀라 소리쳤으나 집주인은 이미 접시를 잡은 뒤였다. 그런데 그가 잡은 접시는 만 근 짐이 올라간 듯 꿈쩍도 하지 않았다. 깜짝 놀란 집주인은 급히 접시에서 손을 떼고는 제사상 앞에 엎드렸다.

"아버지! 아버지! 저도 음식을 주세요!"

아이는 계속해서 갈라지는 목소리로 울부짖었지만 두 사람은 답하지 않고 죽은 듯 상 앞에 엎드려 귀신에게 빌었다. 그러자 갑자기 상 위의 집기와 그릇들이 저절로 움직이기 시작했다. 잔이 들리고 수저가 움직이는 것이 마치 보이지 않는 사람이 음식을 먹는 듯했다. 그렇게 한 식경 정도 지나자 돌연 젓가락이 바닥에 떨어지더니 아이도 일순간 울부짖기를 멈추었다.

그제야 아이를 살펴보니 거짓말처럼 열이 떨어지고 숨을 고르게 쉬고 있었다. 집주인은 울며 선비에게 감사를 표했다.

"나리 덕에 우리 아이가 목숨을 건졌습니다. 이 은혜를 어찌 보답해야 한단 말입니까?"

"오늘 밤 나를 내쫓지 않고 재워 주었으니 그걸로 보답은 되었습니다. 앞으로 손님이 온다면 나에게 보답하는 심정으로 그들은 대해 주시지요."

이야기를 나누던 중 선비가 궁금함이 일어 물었다.

"그나저나 아이가 앓던 병이 무엇이오?"

주인은 잠시 뜸을 들이다 답했다.

"마마입니다."

선비는 그제야 노인이 '마마신'이었던 것을 깨달았다.

'두창'이라고도 불리는 천연두는 만년 넘게 인류를 괴롭혀 온 무서운 질병이다. 이 병에 걸린 사람은 온몸에 심한 발진이 일어나고 죽을 듯한 고통과 고열에 시달리게 되는데, 많은 사람이 목숨을 잃었으며 살아남는다고 하더라도 시력을 잃거나 뇌 손상을 입는 경우가 많았다. 오죽하면 조선시대에 '천연두를 마칠 때까지는 식구로 치지 않는다'는 말이 있을 정도였다.

예로부터 민간에서는 마마신이라는 귀신이 천연두를 옮긴다고 보았다. 이는 천연두를 다르게 부르는 말인 '마마'에서 나온 명칭인데, 과거 지체 높은 이를 부를 때 쓰던 호칭인 '마마'와 같은 의미로, 이 귀신이 들어와 병을 옮기면 그저 비위를 맞추고 모셔서 돌아갈 것을 비는 것 외에는 대책이 없다는 의미에서 붙여진 이름이다.

이 귀신은 질투가 많아 자신 외의 귀신이 들어오는 것을 싫어하여 천연두가 도는 집안에서는 다른 제사를 일절 지내지 않았을 정도로 귀신 중에서도 가장 무서운 존재로 통했다고 한다. 앞선 이야기는 조선 후기의 문신 임방이 쓴 《천예록》에 담긴 내용인데, 이 책에는 마마신에 대한 또 다른 기이한 이야기가 담겨 있다.

김씨 성을 가진 선비가 영남으로 길을 가고 있었다. 인적 드문 산길을 한참 걸어가는데 저 멀리 기다란 행렬이 보였다. 말 탄 선비 하나가 아이들 수백을 데리고 어딘가로 향하는 모양새였는데, 칠흑 속에서도 하나같이 은은한 빛을 띠는 것이 기이하기 이를 데 없는 모습이었다. 김씨는 왠지 모를 섬뜩함을 느끼며 구석에 숨어 조용히 행렬을 지켜보았다. 그런데 그 맨 앞에 가는 선비의 얼굴을 보고 그는 깜짝 놀라 입을 다물지 못했다. 그는 몇 해 전 죽은 자기 벗이었다.

너무나도 놀란 김씨는 자기도 모르게 숨소리를 내었고, 이를 들었는지 선비는 행렬을 멈추고 그가 있는 쪽으로 서서히 다가오기 시작했다.

'어떻게 저 친구가…'

벗의 얼굴은 살아 생전과는 많이 달라져 있었다. 살갗이 여기저기 썩어 들어가 해골이 그대로 드러난 영락없는 요귀의 모습이었다. 김씨는 두려움에 온몸이 굳어 도망칠 생각도 하지 못하고 눈을 질끈 감았다. 그런데 조금 후 예상 밖의 은근한 목소리가 들렸다.

"이게 누군가…?"

김씨가 조심스레 눈을 떠 보니 벗 또한 그를 알아본 듯하였다. 그는 두려움에 떠는 김씨를 일으켜 세우고는 말을 이었다.

"이런 곳에서 자네를 만나다니… 참으로 오랜만이네."

말투에 적의가 없고 부드러운 것이 자신을 해치지 않을 듯하니 김씨는 조심스레 물었다.

"이게 어찌 된 일인가? 자네는 분명 몇 년 전에…"

벗은 옅은 미소를 지으며 답했다.

"나는 죽어 마마신이 되었네. 얼마 전 간신히 경기 지방에 병을 퍼트린 뒤 이제 영남으로 넘어가는 길이지."

"그럼 저 아이들은…"

"경기 땅에서 내가 퍼트린 병에 걸려 죽은 아이들이라네."

김씨가 놀라 아이들의 얼굴을 살펴보니 하나같이 얼굴에 종기가 가득한 것이 과연 마마에 시달리다 죽은 혼백들 같았다. 하지만 김씨는 도무지 그 말이 믿기지 않았다. 생전의 벗은 성품이 순하고 부드러운 이였기 때문이었다.

"자네같이 어진 이가 어쩌다 이렇게 되었는가? 이건 내가 알던 자네의 모습이 아니네…!"

그러자 벗은 표정을 굳히며 무거운 목소리로 답했다.

"이렇게 주어진 운수를 어찌 내 마음대로 할 수 있겠는가?"

대답을 들은 선비는 이 일이 벗의 본심과는 거리가 있음을 직감하고 그를 설득하기 시작했다.

"저 가련한 아이들을 보게. 자네가 저들을 해치지 않는다면 백성들에게는 큰 은혜가 아니겠는가?"

벗에게도 분명 사정이 있어 보였으나, 그는 김씨의 말에 딱히 변명하거나 성을 내지 않았다. 다만 고개를 숙이고 가만히 그의 말을 들을 뿐이었다. 그러다 이내 씁쓸한 표정을 지으며 말했다.

"자네 말이 맞네. 이유야 어떻든 그래서는 안되는 것이지…"

"그렇게 생각했다니 다행이구먼. 약조해 주게. 더 이상 병을 퍼트려 사람을 해치지 않겠다고."

그러자 벗은 잠시 망설이다 가만히 고개를 끄덕였다. 그러고는 다시 말 위에 올라 선비에게 작별을 고했다.

"몸조리 잘하게나."

그리고 몇 걸음을 걷자 아이들과 함께 그 모습이 홀연히 사라져 버렸다.

벗에게 약조를 받아낸 김씨였으나 도무지 불길한 마음을 떨칠 수 없었다. 발걸음을 재촉해 새재를 넘어 안동 땅에 이르게 되었는데, 그곳 입구에는 포졸들이 서서 길을 막고 있었다.

"여긴 마마가 퍼져 들어갈 수 없소. 돌아가시오."

선비는 그들에게 사정하기 시작했다.

"이 안에 꼭 만날 사람이 있습니다. 부디 들어가게 해 주시지요."

제 발로 사지로 들어가겠다 하니 포졸들은 의아해했다. 하지만 그가 한참이나 간곡하게 사정하니 끝내 길을 열어 주었다.

"한 번 들어가면 전염병이 멈추기 전까진 나올 수 없소. 괜찮겠소?"

"괜찮습니다."

잠시 후 눈에 들어온 고을의 광경은 지옥과 같았다. 길바닥엔 온몸에 종기가 들어차 죽은 시체들이 즐비했다. 도통 사람의 기척이 느껴지지 않았다. 그러다 한 집 앞에 이르러 마침내 사람의 목소리가 들려왔는데 어느 부부의 곡소리였다. 그들은 죽어 가는 아이를 끌어안고 통곡하고 있었다.

'나와의 약조를 지키지 않았구나…!'

벗의 짓이라 확신한 김씨는 그들에게 말했다.

"당신 아이를 살려 보도록 힘을 써 보겠으니 내 말에 따를 수 있겠습니까?"

작은 희망이라도 잡고 싶었던 부부는 급히 그러겠다 하였다. 김씨가 말했다.

"음식과 술을 내와 제사상을 차리고, 한 분은 먹과 종이를 구해다 주시오."

부부가 이른 대로 하니 김씨는 종이에 제문을 써 내려갔다.

'자네는 나와 거짓으로 약조하고는 이곳으로 와 아이들을 무참히 죽였네. 생전 가졌던 어진 마음은 어디로 내팽개친 것인가? 비록 자네 사정을 알지 못하나 이 일이 옳지 못한 것은 아네. 이런 짓을 저지르고 어찌 왕생을 바랄 수 있겠나? 이 어린 것들을 불쌍히 여겨 지금이라도 부디 생각을 바꾸길 바라네.'

그리고 종이에 불을 붙여 태우고는 고을 사람들과 함께 제사를 지내기 시작했다. 그리고 여러 번 절을 올리고 잔을 올리던 차에 놀라운 일이 일어났다. 죽어 가던 아이들이 하나둘 정신이 들기 시작한 것이었다.

"어머니!"

사람들은 하나같이 울며 기뻐했고, 눈물범벅이 된 얼굴로 김씨에게 사례하였다.

"나리 덕에 살았습니다… 모두 나리 덕입니다…!"

그날 밤 김씨는 그곳에서 하루 묵어가게 되었는데 잠이 들 무렵 문밖에서 기이한 기척이 느껴졌다. 잠시 후 문을 열고 누군가가 들어왔는데, 그의 벗이었다.

"미안하게 됐네. 이 고을 사람들의 죄가 커 그들에게 벌을 주어야만 했네. 하지만 자네가 그리 정성을 다해 부탁하니 어쩔 수가 없더군. 내 마지막에나마 자네와의 약조를 지켰으니 고을 사람들을 잘 타일러 주게."

김씨는 벗에게 고개 숙여 감사 뜻을 전했다.

"고맙네. 그게 자네의 참모습이 아니겠는가…"

그러자 벗은 미소를 띠더니 이내 허공 속으로 그 모습을 감추었다.

이 이야기를 전하는 임방은 이렇게 말했다.

마마는 전쟁의 살벌한 기운이 하늘을 가득 메워 생긴 병이다. 이 병을 옮기는 마마신은 백성들의 무속에서 나온 이야기인데, 그래서 마마가 걸린 집안에서는 반드시 그 귀신의 신위를 마련해 기도를 올리곤 한다. 그것이 효과가 있는지는 모를 일이지만, 이 이야기들을 보건대 마마를 퍼트리는 신은 분명히 있는 듯하다. 이 두 이야기는 믿을 만하기에 적어 둔다.

조선시대 최악의 흉가, 장충동 흉가

　조선 후기 한양에 이창이라는 생원이 있었다. 그는 글깨나 읽는 선비였으나 몹시 가난하여 그 넓은 한양 땅에 제 한 몸 누일 방 한 칸도 가지지 못했다. 매일 날이 저물면 형제들과 함께 남의 집에 빌어 잠자리를 구하곤 하였는데, 하루는 종일 돌아다녔음에도 잘 곳을 얻지 못했다. 어두워지는 골목을 헤매며 전전긍긍하는데 마을 사람이 딱하게 보았는지 혀를 끌끌 대며 그에게 말했다.

　"언제까지 그렇게 잘 곳을 빌며 다닐 겐가? 이곳에서 조금 떨어진 묵사동에 버려진 집 한 채가 있다 들었네. 그곳에라도 가 보게나."

　"그 집엔 주인이 없습니까?"

　"그렇다네, 무슨 연유인지 사람이 살지 않은 지 오래되었다지."

매일 잘 곳을 구하는 것이 지겨웠던 이창에게는 솔깃한 말이 아닐 수 없었다. 그는 더 생각할 것도 없이 형제들과 함께 그곳으로 발걸음을 옮겼다. 그런데 골목을 빠져나가기 전에 조금 전의 대화를 듣고 있던 한 사람이 가만히 그들을 따라와 길을 가로막았다.

"뉘시오?"

그는 다 낡아 떨어진 도포를 걸친 거지 차림의 선비였는데, 무언가 말하기를 망설이는 듯하더니 이내 떨리는 목소리로 말했다.

"절대로 그곳에 가서는 안되네…"

"그게 무슨 말씀이오?"

선비는 떨리는 목소리로 말을 이었다.

"내 후환이 두려워 자세히 말해 줄 수는 없네만, 내 말을 듣게나. 두 번 다시 돌아오지 못할 수 있네…"

그러더니 그 말을 끝으로 뒤도 돌아보지 않고 자리를 뜨는 것이었다. 그런 꺼림칙한 말에 이창과 형제들은 선비가 사라진 쪽을 보며 한동안 굳은 듯 서 있었다. 들뜨기만 하던 그들의 마음은 어느새 두려움으로 변해가고 있었다.

하지만 머리를 맞대고 어찌할지를 의논해 보아도 답은 이미 정해져 있었다. 해는 서쪽 끝으로 넘어가고 있었고 당장 움직이지 않으면 그날은 이슬을 맞으며 노숙을 해야 할 노릇이었기 때문이었다. 이창이 다른 형제들에게 말했다.

"오늘 그곳에서 함께 밤을 새우며 지켜봅시다. 별일이 없으면 살고, 아니면 떠나면 그만 아닙니까?"

해가 다 떨어질 때쯤 도착한 그곳은 성곽의 남쪽 끝 남산자락 후미진 곳에 있는 폐가였다. 과연 사람의 손길이 닿은 지 꽤 오래되어 보였는데, 허름하다 못해 을씨년스러운 분위기까지 감돌았다. 이창과 형제들은 집 곳곳에 자리 잡은 거미줄과 먼지를 털어내며 집을 깨끗이 청소하였다. 그리고 안방에 자리를 펴는데 형제 중 하나가 문득 이창의 뒤편을 가리키며 말했다.

"저기 문이 있는데?"

뒤를 돌아보니 과연 방 한구석에 사다리로 이어지는 다락문 하나가 달려 있었다. 조금 전 집을 청소할 때까지만 해도 알아채지 못하던 것이었으니 이창과 형제들은 기이하게 여겼다. 불길하기 짝이 없었으나 이창은 꺼림칙한 마음을 거둘 수 없어 곧장 사다리에 올라 조심스레 문고리를 당겨 보았다.

덜컥…덜컥…

하지만 문은 굳게 잠겨 열리지 않았다. 그는 촛불을 가져와 문틈 사이로 안을 들여다보았다.

방 안에는 이런저런 물건들이 어지러이 흩어져 있었다. 작은 궤짝 하나와 줄이 떨어진 거문고, 해진 신발 한 짝, 그리고 쓰임새를 알 수 없는 뾰족한 나무토막들이었다. 또 방 가장자리에는 신주가 올려진 작은 교자상이 놓여 있었다.

'저게 무엇인가?'

이창은 신주에 쓰인 글씨를 보려 하였으나 방이 어두워 여간해서는 읽을 수 없었다.

"그 안에 뭐가 있느냐?"

이창은 그 물건들이 못내 꺼림칙하였으나 그렇다 하더라도 뾰족한 방법이 없었기에 대수롭지 않은 듯 말했다.

"전 주인이 쓰던 잡동사니인가 봅니다. 신경 쓰실 것 없습니다."

사다리에서 내려온 이창은 오는 길에 얻어온 술과 간단한 안주를 펴놓고는 형제들과 윷놀이를 하기 시작했다. 밤새 즐기며 두려운 마음을 달랠 요량이었다. 이창과 형제들은 놀이를 하면서 웃고 떠들며 잠시나마 근심과 두려움을 잊을 수 있었다. 그런데 두 시진 정도 지났을 때쯤 형제 한 명의 표정이 굳더니 입에 손을 대며 조용히 하라 이르고는 나지막이 말했다.

"이게 무슨 소리지?"

다른 형제들도 소리 내길 멈추고 귀를 기울여 보니 과연 어디선가 기이한 소리가 들려오고 있었다. 누군가 거문고를 타는 소리였다. 그뿐만이 아니었다. 거문고 소리 뒤로 여러 사람이 왁자지껄 떠드는 소리도 함께였다. 그리고 그 소리가 들려오는 곳은 아까 이창이 확인했던 다락방이었다.

'절대로 가선 안되네… 그곳에 들어갔다간 두 번 다시 돌아오지 못할 수 있네…'

다락에서 나는 웃음소리는 점점 더 커져만 갔고, 이내 물건들이 요란하게 부딪히는 소리가 들려오더니 이윽고 누군가 문을 열고 나오려는 듯 다락문을 거세게 두들기기 시작했다.

쾅! 쾅!

이창과 형제들은 두려움에 숨이 멎는 듯하였다. 형제 한 명이 조심스레 몸을 일으키며 말했다.

"어서… 어서 나가자꾸나!"

하지만 이창은 그러한 형의 권유에도 꿈쩍하지 않았다. 그는 떨리는 손으로 품에서 주머니칼을 빼 들더니 분연히 말했다.

"어차피 우리는 오갈 데 없는 처지가 아닙니까? 이대로 계속 남의 집에 빌어 사느니 내 저 귀신들에 맞서 보렵니다!"

그러고는 한 걸음 한 걸음 발을 내디뎌 사다리에 오르더니 번개처럼 팔을 뻗어 다락문을 찔렀다.

쾌직!

그러자 일순간 다락방에서 나는 소리가 멈추었다. 그런데 형제들이 안도의 한숨을 내쉬기도 전에 이창의 팔 옆으로 칼을 쥔 또 다른 손이 창문을 뚫고 나왔다.

"으, 으악!"

정체불명의 손은 그를 베려는 듯 이리저리 팔을 젖히며 칼을 휘둘러 댔고, 이창은 기절초풍하며 사다리 밑으로 떨어져 버렸다. 창살이 부서지고 그 안의 누군가가 밖으로 나오려 하니 이창은 칼을 떨어트리고 비명을 지르며 형제들과 집 밖으로 도망쳐 버렸다.

흉가란 말 그대로 흉한 일이 일어나는 집이나 건물을 이르는 것으로 동서고금을 막론하고 존재해 왔지만, 조선시대에는 그야말로 공포의 대상이 아닐 수 없었다. 동양에서는 예로부터 집이 버려진 지 오래 되면 음기가 강해져 지박령이 붙고 끝내 흉가가 된다고 믿었는데, 풍수를 중요시했던 조선에서는 이런 흉가들을 몹시 불길한 터로 여겼다. 또한 사람들이 사라지고 버려진 집이란 가문의 소멸을 뜻했기 때문에 조상숭배와 가문을 중요시했던 조선시대에는 크나큰 두려움의 대상이 아닐 수 없었을 것이다.

> 도성에서는 인가에서 사람이 죽는 사고가 있으면 이를 '흉가'라고 칭하고서 싸게 팔아 버린다.
>
> ◉《소화풍속고》 중에서

방증이라도 하듯 조선시대의 여러 책에서는 흉가에 대한 많은 기록을 찾아볼 수 있는데, 심지어 그곳의 자세한 위치와 살았던 이의 이름까지 구체적으로 언급하기도 한다.

> 도성의 인가에 괴물이 많다. 정릉동 허량의 집, 지금은 경운궁 승정원이 된 집, 소공동의 지금 남별궁, (중략) 등이 사람들이 모두 말하는 것이다.
>
> ◉《어우야담》 중에서

그런데 이 기록을 살피다 보면 그중에서도 눈에 띄는 곳이 있음을 알 수 있다. 다른 흉가들은 짤막한 기록만 남아 있지만, 귀신이 등장했다는 이야기가 여러 번 기록된 곳이다. 바로 현 장충동 일대에 있었다는 묵사동 흉가다. 조선 후기의 문신 임방은 자신의 책《천예록》에서 앞선 이야기 외에도 이곳에서 있었던 기이한 이야기를 전하고 있다.

이창과 형제들이 봉변당한 뒤 묵사동에 흉가가 있다는 소문은 빠르게 퍼져 나갔다. 흉가에 관한 이야기를 들은 사람들은 이후 그곳 근처에는 가기를 꺼렸는데 오직 한 선비만이 눈을 반짝였다.

"도성 안에 주인 없는 집이 있었단 말인가?"

그는 지난 수십 년간 조선을 휩쓸었던 난리로 인해 집안이 몰락해 버린 양반으로, 이창처럼 오갈 곳이 없어 하루하루 잘 곳을 구걸하던 자였다. 그는 이를 불길한 곳으로 보기보단 공짜로 집을 얻을 수 있는 좋은 기회로 여겼다. 얼마 전 있었던 일을 수소문하여 자세히 듣고는 그곳을 점거하기로 마음먹었다.

"귀신이 어디 있단 말인가? 헛것을 봐 놓고서 떠벌리기는…"

그는 오래전부터 자신을 따르던 여종 한 명과 함께 묵사동으로 향했다.

듣기로 다락의 불길한 물건들에 요사스러운 일이 일어났다 하였으므로, 선비는 그곳에 도착하자마자 다락의 문을 부수고 모든 물건을 뜰에 모아 놓았다.

"이 요망한 물건들이 문제니 없애 버리면 그만 아닌가?"

그러고는 여종을 시켜 그것에 불을 붙이게 하였다. 불은 이내 높게 치솟았고 선비는 만족스럽게 바라보았다. 그런데 불 속을 바라보니 무언가 이상한 데가 있었다. 사납게 타오르는 불 속에서도 물건들의 형태가 변하지 않는 것이었다. 이를 기이하게 여긴 선비가 불길에 다가가 보니 그 물건들은 불이 붙은 지 한참임에도 그을린 흔적조차 없었다.

그때 선비의 뒤편에 선 여종이 돌연 숨이 막히는 듯한 신음을 내기 시작했다. 그녀를 돌아보니 여종은 눈을 허옇게 뒤집고는 온몸을 사시나무 떨 듯하고 있었다.

"왜 그러느냐!"

"나리… 살려 주세요!"

그러더니 여종은 마치 몸을 붙들고 있던 줄이 끊어진 듯 바닥에 쓰러지더니 온몸의 아홉 구멍에서 새까만 선지피를 쏟아냈다.

"으아악!"

그러자 물건들에 붙은 불길이 갑자기 높이 용솟음치더니 온 뜰을 삼킬 듯 크게 타오르기 시작했다. 하지만 그 안의 물건들은 여전히 불길이 조금도 닿지 않은 듯 멀쩡했다. 선비는 두려움에 식은땀을 흘리며 급히 옷을 벗어 불을 잠재우고는 물건들을 집어 도로 다락 위에 올려놓았다. 그러고는 여종의 주검과 함께 급히 흉가를 빠져나갔다.

이후로도 묵사동의 흉가에는 몸집이 무려 한 장에 달하는 괴수 노파가 발견되기도 하였고, 한 청년이 홀로 그곳에 들어갔다가 앞선 이들처럼 봉변당하기도 하는 등 괴이한 일이 끊이질 않았다.

이 이야기들을 전하는 임방이 자신의 책에 그곳에 관한 이야기만 여럿 남긴 것으로 보아, 당시 그곳의 악명이 얼마나 높았는지 알 수 있다.

묵사동에 있었다는 귀신이 나오는 흉가. 그곳 귀신들의 정체는 무엇이었을까? 400년이 지난 지금, 그들은 어디에 있을까?

묵사동은 현재 장충동의 옛 지명으로, 당시 도성 안의 시체가 나가는 문이었던 광희문과 불과 500미터 떨어진 곳이기도 하다.

넌 이미 죽어 있다

조선 중기 명종이 다스리던 시대 가난한 선비가 있었다. 한번은 그가 친척에게 도움을 청하고자 멀리 호남 땅으로 길을 떠나게 되었는데 한강을 건너 여우고개(현 남태령, 관악구 남현동과 과천시 남문동을 잇는 고개)를 넘을 때쯤 문득 그곳에 사는 오랜 벗이 생각났다.

"옳지, 이곳에 온 김에 그 친구 얼굴이나 보고 가야겠다."

그의 벗은 재주가 뛰어나 촉망받던 인재였으나 몇 해 전 부친이 을사사화의 주역으로 사림들을 제거하는 데 앞장서는 것을 본 뒤 세상일에 뜻을 잃고 그곳에 은거하고 있었다.

"아니, 이게 누군가? 어서 들어오시게!"

벗은 오랜만에 만난 선비를 반갑게 맞이해 주었다.

"내 일이 있어 호남에 가게 되었는데, 가는 길에 자네 생각이 나 이리 들르게 되었네."

"먼 길을 떠나는구먼. 오래 떠나 있을 터이니 내 오랜만에 점을 봐주겠네."

벗의 말에 선비는 썩 반색하지 않았다. 그의 벗은 음양을 비롯한 갖은 술법에 능하여 앞날을 내다보는 안목이 있었기 때문이었다. 그렇게 점을 치기 시작한 벗이 무슨 영문인지 점점 표정이 굳어졌다. 그러다 이내 점치기를 멈추고는 자못 진지한 목소리로 말했다.

"내 말을 잘 듣게. 돌아오는 길에 괴이한 일을 겪거든 지체하지 말고 즉시 나를 찾아오게나."

"아니, 먼 길 가는 사람에게 그게 무슨 해괴한 소린가?"

벗의 불길한 말에 선비는 자세한 이야기를 물었으나 벗은 끝내 점괘를 알려 주지 않았다. 선비는 하는 수 없이 꺼림칙한 마음으로 그의 집을 떠났다. 선비는 벗의 말이 머릿속에서 지워지질 않아 길을 가는 내내 조심 또 조심하였다. 그 덕분인지 목적지에 도착할 때까지 별다른 일은 없었다.

'괜한 걱정을 했구나.'

무사히 친척을 만나고 그가 집으로 돌아가게 되었는데, 다시 여우고개에 이르렀을 때쯤 날이 저물기 시작했다.

'곧 성문이 닫힐 텐데…'

거의 다 도착해 공연히 노숙하게 생겼으니 선비는 마음이 조급해졌다. 어찌할까를 고민하며 나무 아래에서 쉬고 있는데, 말 너덧 마리를 이끄는 말몰이꾼 하나가 그의 앞을 지나갔다. 마부는 선비를 보더니 말을 멈추고 물었다.

"나리, 어디로 가시는 길입니까?"

"도성으로 가오."

"걸어간다면 오늘 성문이 닫히기 전에 도착하지 못할 겝니다. 어차 피 그리로 가는 길이니 태워드리지요."

그러고는 말 한 마리를 선뜻 내어 주는 것이었다. 그런 말몰이꾼의 행동이 자못 기이하였으나 선비는 어려움에서 벗어날 생각에 별 의심 없이 고삐를 받아 말 위에 올라탔다. 말이 바람처럼 달리니 선비는 말 몰이꾼과 함께 금세 동작나루에 이르렀고, 성문이 닫히기 전 무사히 성에 다다를 수 있었다. 그들이 문을 통과하자 이내 성문이 닫혔다. 선 비는 안도하며 말몰이꾼에게 사례를 하였다.

"덕분이오. 하마터면 길에서 잠을 청할 뻔하였소."

그런데 말몰이꾼은 어느샌가 사라지고 자리에 없었다. 선비는 기이 하게 여기며 집으로 향했다.

선비는 오랜만에 가족들을 볼 생각에 기쁜 마음으로 집에 들어갔다. 그런데 무슨 일인지 기척을 내보아도 마중 나오는 이가 없었다. 열린 방문을 들여다보니 아들이 책을 읽고 있었다.

'책에 열중하고 있었구나.'

선비는 아들을 기특하게 여기며 아이를 부르지 않고 안방으로 들어갔다.

"다녀왔소."

부인은 마침 방 안에서 옷을 꿰매고 있었는데 그녀의 반응이 무언가 이상했다. 선비가 들어오자 문 쪽을 쓱하고 한 번 돌아보더니 다시 고개를 돌리고 하던 일에 열중하는 것이었다.

"부인, 어찌 못 본 척하시오?"

여러 번 다시 불러 보아도 아내가 자신을 거들떠보지도 않자 선비는 슬슬 화가 나기 시작했다.

"식솔들을 위해 먼 길을 갔다 왔는데, 기쁘게 맞이하지는 못할망정, 어찌 없는 사람 취급을 할 수 있소?"

하지만 아무리 고함을 쳐도 아내는 끝까지 그를 돌아보지 않았다. 선비는 화가 머리끝까지 차올라 아내에게 발길질하였다.

"이래도 못 본 체할 텐가!"

그러자 부인은 그 자리에 그대로 까무러쳐 버렸다. 부인이 쓰러지니 선비는 그제야 정신이 들었다. 급히 아내를 부축하는데 아무리 흔들어도 그녀는 정신을 차리지 못했다.

"부인, 부인! 정신을 차려 보시오."

그때 부인의 쓰러지는 소리를 들었는지 아들이 안방에 들어왔다.

"어머니!"

아들은 급히 의원을 불러 어머니를 돌보게 하였다. 하지만 갖은 약을 써 보아도 선비 부인의 의식은 돌아오지 않았다. 급기야는 무당까지 불러 혼절한 자를 깨우는 경문을 외우게도 해 보았으나 모두 소용

없는 짓이었다.

'내가 무슨 짓을 벌인 것인가…'

선비는 화를 참지 못한 것을 후회하면서 무언가 이상하다는 생각을 했다. 발길질 한 번에 부인이 혼절하여 의식이 돌아오지 않는 데다, 아들과 부인은 물론이고 의원이며 무당까지 집에 드나드는 사람 중 단한 명도 자신에게 말을 거는 사람이 없던 것이었다.

'돌아오는 길에 괴이한 일을 겪거든 지체하지 말고 즉시 나를 찾아오게나.'

선비의 머릿속에는 얼마 전 벗이 남긴 기이한 말이 떠올랐다. 급히 채비하고는 성문이 열리길 기다렸다 벗의 집이 있는 여우고개로 향했다. 얼마 후 벗의 집에 도착한 선비는 급히 사정을 말했다.

"오늘 집에 도착하였는데, 아무도 아는 척을 하지 않지 뭔가? 그래서 화가 치밀어 처에게 발길질하였는데, 그 길로 쓰러져 정신을 차리지 못하고 있네. 또 집을 오가는 사람 중 나를 알아보는 자가 아무도 없으니 기이할 일이 아닌가? 내가 생각해 보니 자네가 한 말이 마음에 걸려 이리 찾아오게 되었네."

벗은 이야기를 듣더니 그를 가만히 바라보다 이내 어두운 기색으로 말했다.

"귀신이 발길질하였으니 무사할 리가 없지."

"그게 무슨 말인가?"

"자네는… 지금 살아 있지 않네. 죽어 있단 말일세."

선비는 등골이 오싹하였다. 두 손을 들어 살펴보니 그의 살이 몹시 희어 백지장 같은 것이, 과연 죽은 사람과도 같았다. 선비는 흐느끼며 벗에게 애원했다.

"나, 나는 죽은 적이 없네! 언제부터 이랬던 것인지 도통 모르겠네… 자네가 내 액을 내다 보았으니, 필시 나를 구할 방법도 알지 않겠는가! 부디 나를 도와주게나!"

그러자 벗이 물었다.

"한양으로 오는 길에 괴이한 자를 만나지 않았는가?"

"괴이한 자라…"

"잘 생각해 보게. 그것을 알아야 자네를 도울 수 있네."

선비가 기억을 더듬어 보니 과연 생각나는 자가 하나 있었다.

"일을 마치고 돌아오는 길에 이곳 여우고개에서 말몰이꾼을 만나 도움을 받긴 했네. 이유 모르게 묘한 기운이 있긴 했으나 별다른 일은 없었네."

그러자 벗이 옷소매를 떨치며 말했다.

"그 자를 만난 곳이 어딘가? 당장 안내하게!"

선비는 벗과 함께 말몰이꾼을 만난 곳으로 향했다.

잠시 후 멀리 선비가 쉬었던 나무가 보이기 시작했다. 그런데 가까이 가 보니 누군가 나무 아래 힘없이 엎어져 있었다. 선비가 불길함을 느끼며 다가가 그 자의 얼굴을 들춰 보니, 바로 선비 자신이었다.

"이, 이럴 수는 없네! 이럴 수는 없어!"

선비가 놀라 이성을 잃고 울부짖으니 벗이 그를 붙잡으며 말했다.

"진정하고 자네 몸 위에 올라 서 보게나."

벗이 시킨 대로 하니 이내 시체가 몸을 벌떡 일으켰다. 선비가 정신을 차려 보니 그는 다시 몸 안에 들어와 있었다.

"이제 내가 살아 있는가?"

"그렇다네. 이제 집으로 돌아가 보게."

선비는 벗의 말에 서둘러 집으로 향했다.

잠시 후 집에 도착해 대문을 지나니 아들이 달려 나와 그를 맞이하였다.

"아버지! 먼 길 다녀오시는 데 별일 없으셨습니까. 집에는 큰일이 있었습니다. 어젯밤 어머니가 까닭 없이 혼절하셨는데 밤새 일어나지 못하시다 이제 좀 정신이 들고 있습니다."

사람들이 다시 자신을 알아보는 데다 아내 또한 무사하니 선비는 그제야 놀란 가슴을 쓸어내리며 아내를 간호한 뒤 다시 벗의 집에 찾아가 사례하였다.

"고맙네. 자네가 아니었다면 나는 지금쯤 구천을 떠돌고 있었겠구먼… 그나저나 그 말몰이꾼의 정체는 무엇이었는가?"

"놈은 역졸 귀신이네. 사람이 제 말에 올라타게 하여 혼만 빼가는데, 사람들은 대개 자신이 죽은 것을 깨닫지 못하고 몸이 썩어 버릴 때까지 세상을 떠돌다 영영 귀신이 되어 버리지. 허나 놈이 몹쓸 놈이어도 자네가 놈을 만난 건 행운이었네."

"죽을 뻔한 것이 행운이라니, 그게 무슨 소린가?"

"어제는 원래 자네가 죽는 날이었네. 그런데 자연히 죽기 전 놈을 만나 죽었다 깨어났으니 신세가 바뀌게 된 것이지. 내 지난날 자네 운수를 점칠 때 이를 알고 있었으나 자네가 두려움에 일을 그르칠까 싶어미리 알리지 않은 것이네."

그러고는 웃으며 말을 이었다.

"어렵게 얻은 생을 헛되이 보내지 마시게나."

벗의 도움으로 목숨을 건진 선비는 이후 몇십 년간 별 탈 없이 명을 이어갔다고 한다. 선비의 명을 이어준 벗은 조선시대 최고의 선인이었다고 전해지는 북창 정렴(1506~1549)이다. 그는 유, 불, 선에 두루 능통했고 산에 은거하면서도 백 리 안에 일어난 일을 직접 본 것처럼 훤히 꿰뚫고 있을 정도로 도력이 높았다고 한다.

하지만 남의 운명을 내다보고 그것을 바꿀 재주는 있어도 자기 일을 그러할 수는 없었는지 그는 사화를 일으키려는 아버지를 끝내 말리지 못했고, 자신의 기구한 운명도 바꾸지 못했다. 그는 벗의 운명을 바꾸어 준 뒤 얼마 지나지 않아 은거지에서 쓸쓸히 생을 마감했다고 한다.

벗에게 수명을 나눠 준 신선

도교에서 이르길, 신선이 되기 위해선 칠정(일곱 가지 인간의 정(희, 노, 애, 락, 애, 오, 욕)을 말한다)을 포기해야 한다고 전해진다. 북창 정렴의 능력은 신선에 가까웠으나 인간의 따뜻한 정만큼은 포기하지 못했던 인물로 보인다.

한번은 멀리 떨어져 사는 정렴의 벗 하나가 병이 위독하여 아침저녁을 다투는 지경에 이르렀다. 벗의 부친은 그를 살릴 방도를 찾던 중, 아들의 벗이 팔도에 이름난 신선이라는 말을 듣고선 먼 길을 걸어 정렴을 찾아가 부탁했다.

"이보게, 내 아들이 위독하다네! 부디 살릴 방도를 알려 주게나…"

하지만 정렴은 침울한 표정으로 무겁게 고개를 저을 뿐이었다.

"그 친구는 이미 수명이 다했습니다. 제가 할 수 있는 일이 없군요…"

노인은 비 오듯 눈물을 흘리며 정렴의 바짓자락을 붙잡고선 애걸했다.

"내 이렇게 빌겠네! 자네의 신묘한 능력은 가히 신선과도 같지 않은가!"

그렇게 한참을 비니 정렴도 마음이 흔들리는 듯했다. 그는 무언가를 고민하더니 깊은 한숨을 내쉬고는 입을 뗐다.

"오늘 밤 삼경에 남산 꼭대기에 오르면 각각 붉은 옷과 검은 옷을 입은 스님이 마주 앉아 있을 것입니다. 그들에게 아들의 목숨을 빌도록 하십시오. 그 분들이 화를 내고 쫓아내더라도 절대로 물러서지 않아야 합니다. 어르신께서 정성을 다하신다면 마침내 그 친구를 살릴 수 있을 겝니다."

노인은 그에게 고맙다는 인사를 전하고는 곧장 남산으로 향했다.

노인이 북창의 말에 따라 늦은 밤 남산에 오르니 그곳엔 과연 각각 불타는 듯 붉은 장삼과 칠흑 같은 장삼을 걸친 두 스님이 마주 앉아 담소를 나누고 있었다. 노인은 그들이 아들을 살릴 유일한 방도라는 것을 생각하며 눈물을 흘리며 빌었다.

"보잘것없는 필부가 두 분 대사를 뵙습니다! 부디 죽어 가는 제 아들의 목숨을 살려 주십시오…"

그러자 스님들은 깜짝 놀라 물었다.

"우리가 당신 아들 목숨을 어찌 살린단 말이오? 우리는 일개 승려로 지나는 길에 쉬며 이야기를 나누는 중일 뿐이오!"

하지만 노인은 그 말을 들은 척도 하지 않고 계속해서 빌었다. 한참이 지나도록 물러서지 않으니 두 스님은 마침내 성이 났는지 크게 소리치며 그의 손을 뿌리쳤다.

"이거 미친 자가 아닌가! 썩 꺼지지 못하겠느냐?"

그럼에도 노인이 물러서지 않자 두 스님은 지팡이를 들어 그를 사정없이 두들겨 패기 시작했다. 사정없는 매질에 노인은 살이 찢기고 온몸에 피가 철철 흘렀으나 그들의 옷자락을 꼭 붙잡고 절대 놓아주지 않았다. 오직 그들에게 아들을 살려 달라고 빌 뿐이었다. 그렇게 한참을 매질 당한 끝에 정신이 혼미해져 가는데, 문득 스님들이 몽둥이질을 멈추었다. 고개를 들어보니 붉은 옷의 스님이 그를 보며 말했다.

"필시 정렴의 짓이렷다!"

그러자 옆에 있던 검은 옷 스님이 고개를 절레절레 저으며 품속에서 책 한 권을 꺼내 붉은 옷의 스님에게 주었다.

"이리 사정하니 어쩔 수 없군요."

붉은 옷의 스님은 건네받은 책을 달빛에 비춰 보더니 붓을 꺼내 글자 두 개를 고쳤다.

"원래 수명에서 10년을 더해 주었으니 이제 당신 아들은 죽지 않을 것이오. 단 정렴이 제멋대로 천기를 누설해 마음대로 사람의 수명을 늘려 줄 수는 없는 법이니 대신 놈의 수명을 10년 줄일 것이오. 이제 그만 돌아가시오."

두 스님은 그 말을 끝으로 허공 속으로 홀연히 사라져 버렸다. 노인이 급히 내달려 집에 돌아가 보니 과연 그의 아들은 병이 씻은 듯 나아 있었다.

붉은 옷과 검은 옷의 스님은 수명을 관장하는 남두성군과 북두성군이었다. 정렴은 그들이 나타나는 자리를 알고 노인에게 알려준 것이었다. 노인의 아들은 그 뒤로 정말로 10년을 더 살게 되었다고 한다.

북창은 본디 자신의 수명이 여든임을 알고 있었으나, 벗들의 사정을 딱하게 여겨 천기를 누설하여 각각 30년과 10년의 수명을 넘겨 주고 자신은 마흔넷의 이른 나이로 생을 마쳤다고 전해진다. 인간의 정을 포기하고 신선이 되느니, 인간으로서 죽는 것을 택한 것은 아니었을까?

조광조의
저주

단종 복위 운동의 주동자 성삼문은 세조에 의해 거열형에 처해져 8도에 그 시신이 뿌려졌다. 집안의 부녀자들은 관비나 기생으로 전락했고, 남자들은 어른, 아이 할 것 없이 모조리 죽임을 당했다. 조선 개국이래 번성하던 성씨 집안은 멸문지화를 맞았다.

연산군이 다스리던 조선시대에 성운이라는 양반이 있었다. 그의 집안은 원래 조선의 명문가였으나 집안 친척인 성삼문이 사육신 사건으로 처형당한 뒤 함께 역적 집안으로 몰려 몰락하였다. 그의 조부는 모진 고문과 귀양 끝에 마음의 병을 얻어 숨을 거두었고, 부친 또한 벼슬길이 막혀 과거 시험을 포기하고 평생을 은거하다 생을 마감해야만 했다. 이러한 시기에 태어난 성운은 어렸을 적부터 갖은 핍박과 차별을 겪으며 이렇게 다짐하곤 했다.

"내 기필코 무너진 집안을 되세울 것이다!"

입신양명하여 집안을 일으키겠다는 일념 하나로 그는 주경야독으로 공부에 매진하여 우여곡절 끝에 마침내 과거에 급제하였다. 말단직이긴 하였으나 성운은 나름 만족하며 맡은 바에 최선을 다했다. 하지만 뼈를 깎는 듯했던 고생이 무색하게 그의 벼슬길은 시작하자마자 크나큰 풍파를 맞게 되었다. 당시 임금이었던 연산군의 깊은 미움을 사게 된 것이었다.

"저놈은 지난 국문 때 내 부름에 바로 나오지 않고 어물쩍댄 것도 모자라 얼마 전 화답한 시의 내용도 가히 의심스러웠다. 저놈을 매우 쳐라!"

그렇게 성운은 모진 형벌을 받고 귀양까지 가게 되었다. 하루아침에 다시 바닥으로 추락한 그는 눈물을 삼키며 임금을 저주하였다.

'내 기필코 너를 가만두지 않을 것이다…!'

절망에 젖어 고통스러운 시간을 보내던 어느 날 그에게 뜻밖의 제안이 전해졌다.

"이보게, 자네처럼 임금에게 불만을 품은 대신들이 반정을 일으킬 계획을 세우고 있다네. 함께 호응하여 폭군을 몰아내고 새 왕을 옹립하는 것이 어떤가?"

'반정이라?'

역모에 가담하자는 제안이었다. 자칫 잘못하면 집안이 몰락하는 것을 넘어 삼족이 멸해질 위험한 일이었다. 하지만 성운은 이를 승낙하였다.

'평생을 이렇게 살 순 없지 않은가! 죽는 한이 있더라도 큰일을 도모해 보겠노라!'

그날 밤 세를 모아 궁으로 진격한 반정군은 마침내 연산군을 끌어내리는 데 성공했다. 그리고 임금의 이복동생인 진성대군을 새로운 임금으로 옹립하였으니 '중종반정'이었다.

역모는 실패하면 반란이 되지만, 성공하면 잘못된 것을 바로잡은 것이 된다. 신하들은 임금을 폐하고 새로운 왕을 세웠고, 조선은 신하들의 나라가 되었다. 성운 또한 반정을 지지한 공을 인정받아 환한 앞길을 맞이하게 되었으니, 몇 년 뒤 다시 벼슬에 복귀한 것을 시작으로 벼슬길에서 승승장구하게 된 것이었다. 지난날 품었던 그의 염원이 이루어지는 듯했다.

하지만 10년도 채 되지 않아 승승장구하던 그의 앞날에는 또다시 불길한 먹구름이 드리우기 시작했다. 날로 치솟는 훈구 세력의 권세에 불안감을 느낀 중종이 그들을 견제할 새로운 세력을 키우기 시작한 것이었다. 바로 조광조와 사림세력이었다.

조광조는 임금의 전폭적인 지지 아래 다양한 개혁들로 훈구 세력의 목을 조이기 시작했다. 양민수탈과 노비증식으로 재산을 착복하던 그들의 부정 축재를 막고, 재상이라 할지라도 허물이 있다면 탄핵하였으니 반정 이래 호의호식하던 훈구 세력은 크나큰 위기를 맞게 되었다.

성운 또한 그 대상에서 예외는 아니었다. 한번은 그가 높은 관직인 충청도 관찰사로 임명되었다. 관찰사는 도 전체를 다스리는 높은 벼슬로 그에게는 더할 나위 없이 좋은 기회였다. 하지만 그 꿈은 하루 만에 물거품이 되고 말았으니, 조광조의 사림파가 반대하고 나선 것이었다.

"전하, 성운은 한 방면의 수령을 맡을 만한 인물이 아닙니다. 명을 거두어 주십시오!"

"경의 뜻대로 하라."

'저놈들이…!'

비록 조광조의 개혁이 사사로운 욕심이 아닌 나라를 위한 것임을 모르는 바는 아니나 그 과정에서 손에 쥔 것을 잃게 된 훈구대신들의 마음속에는 깊은 앙심만이 있을 뿐이었다. 코앞에서 수령 자리를 놓친 성운도 마찬가지였다. 과거 연산군 때처럼 목이 달아나거나 당장 파직될 상황은 아니었으나 그때와 달리 그는 너무 많은 것을 얻었고, 더욱더 많은 것을 원하고 있었다.

'나라고 왜 재상이 될 수 없단 말인가…!'

그러던 어느 날 그에게 또다시 기회가 찾아왔다. 중종이 조광조에 대한 총애를 거두기 시작한 것이었다. 조광조의 개혁은 계속되다 급기야는 반정 공신들 중 공이 적은 자를 추려 공신목록에서 삭제해 버리기까지 하였는데, 이에 중종은 큰 불안감을 느꼈다. 반정을 일으킨 공신 명단에 손을 댄다는 것은 임금이 된 자신의 정통성을 위협하는 것이나 마찬가지였기 때문이었다.

'이리를 쫓으려 호랑이를 들인 격이로구나!'

훈구 세력이 사라진 자리에 조광조가 들어앉아 똑같이 자신을 위협한다고 생각한 중종은 마침내 조광조를 숙청할 결심을 하게 되었다.

어느 날 그는 성운을 비롯한 조광조의 반대파 대신들에게 밀지를 내렸다.

'경들은 오늘 밤 은밀히 궐에 들어와 조광조를 탄핵하도록 하시오.'

'드디어… 이 설움을 씻을 수 있겠구나!'

그날 밤 궐 안에서 숙직하던 승지는 때아닌 소란에 밖으로 나가 보았다. 그리고 바깥을 둘러본 그는 놀라서 입을 다물지 못했다. 어느샌가 궁궐 문이 활짝 열려 있고, 편전의 섬돌 아래 횃불을 든 군사들이 줄지어 서 있는 것이었다.

'이게 무슨 일인가…!'

놀란 그는 발걸음을 재촉해 불빛이 보이는 곳으로 향했다. 그곳엔 몇몇 대신들이 무언가를 기다리고 있는 듯 보였다.

"대감! 어찌 궁에 들어오신 겝니까!"

"전하의 급한 부름이 있었다네."

"전하의 명은 오로지 승정원을 통해서만 나갈 수 있거늘, 승지인 제가 들은 바 없는데 어찌 그런 일이 있을 수 있단 말입니까?"

그때 편전에서 임금의 명이 전해졌다.

"전하께서 교지를 내리신다고 합니다. 승지는 안에 드십시오."

이 같은 기이한 상황이 이해되지 않던 승지는 급히 편전에 들어가려 하였다. 그런데 그때 누군가 그를 붙잡으며 길을 막아섰다.

"왜 이러시오? 명을 듣지 못하셨소?"

그러자 그를 막아선 사내가 차갑게 쏘아붙였다.

"자네야말로 명을 듣지 못했구먼. 명을 받으러 들어갈 승지는 자네가 아니라 날세."

그는 다름 아닌 성운이었다.

"이, 이런 법은 없습니다! 이런 법은…"

"썩 비키지 못하겠느냐!"

성운은 자신의 옷자락을 잡은 승지를 거칠게 밀쳐 버리고선 홀로 편전 안에 들어갔다. 그리고선 사관에게 소리쳤다.

"붓을 내놓아라!"

잠시 후 바깥으로 나온 성운은 임금의 교지를 읽어 내려갔다.

"조광조는 사사로이 붕당을 맺어 나라를 어지럽혔다. 대사헌 조광조와 그 무리를 모두 압송하라!"

조광조를 두려워한 중종이 성운을 비롯한 훈구파의 대신들과 결탁하여 기습적으로 그를 탄핵한 것이었다. 조광조는 어찌할 겨를도 없이 포박되어 의금부로 압송되었고, 다른 그의 일파들도 마찬가지였다.

그런데 예상치 못한 일이 벌어졌다. 중종은 대신들의 생각보다 조광조를 훨씬 두려워하고 있었다. 파직이나 귀양을 보내는 것으로 마무리될 것이란 예상과 달리 그는 조광조를 죽이려 들었다.

"조광조에게 사약을 내려라!"

불과 얼마 전까지만 해도 자신과 가깝던 조광조를 그리 쉽게 죽이려 드니, 그와 함께 일을 꾀했던 대신들도 몹시 놀랐다. 그들은 하나같이 엎드려 임금을 말렸다.

"조광조가 죄가 있다고는 하나 너무 과한 처사이옵니다. 명을 거두어 주시옵소서."

모든 대신이 나서 이를 말리니 중종은 그 말을 듣는 듯 조광조를 귀양보내는 것으로 그쳤으나, 얼마 후 끝내 사약을 내려 그를 죽여 버리고 말았다. 위태롭던 조선에 개혁의 바람을 불고 왔던 조광조의 허무한 최후였다. 바로 '기묘사화'였다.

사화에 앞장섰던 성운은 이후 공을 인정받아 막혔던 벼슬길이 풀리고 조광조가 지냈던 자리인 대사헌에 올랐다. 그리고 지난날 사림에 의해 놓쳤던 관찰사 자리를 거쳐 병조판서로서 나라의 병권을 장악하기에 이르렀으니, 마침내 그는 과거 꿈꿨던 바를 이루게 된 것이었다. 하지만 이번에도 그의 권세는 채 10년을 가지 못했다. 기묘년의 피바람이 분 지 8년 만에 다른 이의 탄핵을 받아 재상에서 물러나고 만 것이었다. 그의 죄목은 지난날 조광조의 죄목과 같은 붕당 죄였다.

"전하, 성운은 사사로이 붕당을 맺어 나라를 어지럽혔사옵니다."

'그간의 수고가 무색하구나…'

그렇게 그는 다시 관찰사로 좌천되어 짧은 영화를 뒤로 하고 먼 경상도로 향했다. 지난날 수많은 이들을 죽음으로 내몬 것에 대한 죄책감 때문인지 그는 백성들에게 진휼을 베푸는 등 선정을 아끼지 않았다. 하지만 그의 무거운 마음은 도무지 나아질 기미가 보이지 않았다.

그러던 어느 날 그가 낮잠이 들었는데 무언가 짓누르는 듯 온몸이 뻐근하였다. 가위에 눌린 듯 몸을 가누지 못하다 한참 후에야 겨우 눈만 뜰 수 있었는데, 눈을 뜬 순간 그는 숨이 멎는 듯하였다. 그의 몸 위에 잘린 다리 하나가 배를 짓누르고 있는 것이었다. 그뿐만이 아니었다. 그의 몸 주변으로는 기괴한 형체들이 좌우에 늘어서 있었다. 하나같이 얼굴이나 사지가 없는 끔찍하기 이를 데 없는 귀신들이었다.

"으아악!"

잠시 후 그는 정신이 들었다. 다행히도 한바탕 꿈이었다. 하지만 그는 도무지 악몽에서 벗어나지 못했다. 이후로도 그의 꿈속엔 귀신들이 계속해서 나타났고, 시간이 흐르자 귀신들은 깨어 있을 때도 수시로 나타나 그를 괴롭혔다. 눈을 감을 때마다 귀신들의 형체가 나타나 그의 몸을 옥죄려 하니, 그는 며칠 지나지 않아 정신이 아득해지고 두려움에 차마 눈을 감지 못하였다.

"저놈들이 나를 죽이러 왔다…!"

그렇게 매일 비명을 지르고 잠꼬대와 같은 소리를 반복하니 그의 가족들은 그가 미쳐 버렸다고 생각하여 온갖 약을 쓰고 무당을 불러 액을 풀려고도 했으나 모두 소용없는 짓이었다. 이윽고 아무 일도 할 수 없을 지경에 이르니, 그는 평생에 걸쳐 얻은 관직마저 내려놓겠다며 조정에 청하기에 이르렀다. 하지만 임금은 허락하지 않았다.

'맡은 임무가 중요하므로 경솔히 체직시킬 수 없노라. 공무를 수행하라.'

그는 밤낮으로 귀신들에게 시달리면서도 공무를 놓지 못했고 날이 갈수록 정신이 피폐해져 갔다. 귀신들의 형상은 점점 선명해졌고 이윽고 그에게 호통까지 치기 시작했다.

"네가 그런 짓을 벌이고도 무사할 줄 알았느냐?"

"용서해 다오! 용서해 다오…"

성운은 고통에 신음하다 십여 일도 지나지 않아 숨을 거두고 말았다.

기묘사화의 일을 기록한 《기묘록속집》에는 사화를 주도한 남곤, 심정, 성운 등이 화매(재앙을 부르는 중매쟁이)로 기록되어 있다. 사화를 주동한 남곤은 평생 후회하며 죽을 때 자신의 흔적을 모두 불태우라 유언했고, 심정은 이후 탄핵을 받고 조광조처럼 중종의 명으로 사약을 받아 사망했다. 약 50년 뒤 조광조는 복권되었고, 조선은 사림의 나라가 되었다.

성운을 죽게 한 건 조광조와 사림들의 원혼들이었을까? 아니면 성운 자신의 죄책감이었을까?

토막 난
기생 귀신

조선 중기 중종이 다스리던 시대 조씨 성을 가진 관리가 있었다. 그는 어려서부터 심지가 굳고 원리원칙을 중요시하던 이로, 간혹 답답하다는 말을 듣긴 했으나 매사 마음가짐이 비할 데 없이 굳세고 또한 떳떳하여 누구도 가벼이 보지 못하는 인물이었다.

한번은 그가 왕명을 받아 명나라에 사신으로 가게 되었는데 한양을 떠나 북쪽으로 향하던 중 평안도의 어느 마을에서 하루 머물게 되었다. 당시 조선에는 왕의 명을 받은 사신이나 벼슬아치들이 묵어가는 객사라는 곳이 있었기에 관리는 고을의 향리에게 그곳의 위치를 물었다. 그런데 향리의 반응이 어딘가 이상했다.

"나리, 객사는 이곳에서 거리가 아주 멉니다. 날이 저물었으니 다른 곳에서 주무시지요. 근처에 제집이 있으니 그곳에서 묵어 가시는 것이 어떻습니까?"

관리가 어리둥절해하며 되물었다.

"나라에서 정한 객사를 놔두고 어찌 당신의 집에서 신세를 지라는 것이오? 거리가 어떻든 상관없으니 어서 안내해 주시오."

하지만 향리는 재차 그에게 다른 곳에 묵기를 권할 뿐이었다. 이를 이상하게 여긴 관리는 그를 추궁하였고, 향리는 처음에는 숨기다 끝내 눈치를 살피며 조심스레 입을 열었다.

"그것이… 그 객사에 들어가시면 살아 나올 수 없기 때문입니다…"

"살아 나올 수 없다니, 그게 무슨 말이오?"

"몇 해 전 나리처럼 이 고을을 지나던 관리 한 분이 그곳에 머물렀었는데, 다음 날 한낮이 되도록 기척이 없기에 문을 열어 보니 무언가를 보고 매우 놀란 표정으로 죽어 있었습니다. 그뿐 아니라 이후 그곳에 머문 사람은 열이면 열, 다음 날 같은 표정으로 죽은 채 발견되곤 하였지요. 아무리 찾아보아도 그 까닭을 알 수 없으니 필시 그 객사에 흉악한 귀신이 들었기 때문일 것입니다."

이야기를 들은 관리는 어처구니없다는 듯 그에게 핀잔을 주었다.

"귀신이라니, 헛된 소리를 늘어놓는구려. 어서 위치나 안내하시오."

하지만 향리는 그를 말리기를 포기하지 않았다.

"귀신이 없다고 한들 흉흉한 소문이 도는 곳인데 굳이 머무실 이유 가 있겠습니까? 나리께선 어차피 내일이면 떠나시지 않습니까?"

그러자 관리는 문득 노기를 띠며 그의 말을 일축했다.

"사람이 죽어 나간다면 모름지기 까닭이 있을 진데, 나라의 녹을 먹는 자로서 어찌 내 안위만을 생각해 못 본 척 할 수 있겠소? 내 걱정은 하지 마시오. 마음의 준비만 하고 있으면 세상에 그 어떤 일이 두렵겠소?"

아무리 설득해 보아도 그의 뜻에 조금의 흔들림도 없으니 향리는 하는 수 없이 그를 객사로 안내하였다.

객사에 도착해 보니 과연 흉가가 따로 없었다. 곳곳에 거미줄이 쳐져 있고 문에 발린 종이들은 하나같이 삭아 있는 것이 오랫동안 사람의 발길이 끊긴 듯 보였다. 관리는 그를 따라와 만류하는 종자들을 물리고는 홀로 방 안에 들어갔다.

"너희들은 돌아가 있거라!"

고을 사람들은 안타까운 듯 수군거렸다.

"멀쩡한 사람이 아까우이… 내일 아침에 또 송장을 치우게 생겼구먼…"

날이 저물자 관리는 촛불 하나를 켜고 방 안에 앉아 주변 소리에 귀를 기울였다. 하지만 한참이 지나도록 방 안에는 별다른 일이 일어나지 않았다. 들려오는 소리라곤 바람 소리와 벌레 우는 소리가 전부였다.

'그러면 그렇지… 터무니없는 소문이 퍼진 게로구나…'

시간이 흘러 자정이 되도록 별일이 일어나지 않으니, 먼 길을 온 터에 고단했던 관리는 자기도 모르게 스르르 잠이 들었다.

쿵… 쿵…

얼마나 지났을까, 어디선가 들려오는 이상한 소리에 그는 잠에서 깨었다. 천장에서 들려오는 것이었다. 눈을 떠 위를 올려다보니 들보 위에 무언가 검은 것이 움직이고 있었다. 정신없이 움직이는 것으로 보아 쥐인 듯했다. 관리는 대수롭지 않게 여기고 다시 잠을 청했다. 그런데 시간이 지나도 천장의 소리는 잦아들지 않았다. 오히려 그 수가 늘어났는지 점점 더 커져만 갈 뿐이었다.

몸을 뒤척이며 쉽사리 다시 잠이 들지 못하고 있는데 문득 얼굴에 무언가가 떨어져 내렸다. 손으로 닦아 보니 끈적한 물방울이었다. 관리가 고개를 들어 어두운 천장 쪽을 자세히 들여다보니 어딘가 이상한 데가 있었다. 들보 위를 돌아다니는 형체들이 어떤 것은 개나 고양이만 하고 어떤 것은 작은 궤짝만 하여 쥐라 하기엔 그 크기가 너무 컸던 것이었다.

'저게 무엇이란 말인가?'

그때 검은 형체 중 하나가 관리 옆에 떨어졌다. 그는 놀라 조심스레 촛불을 가져와 비추어 보았다.

"…!"

그것은 여인의 잘린 머리였다.

쿵…! 쿵…! 쿵…!

검은 형체들은 이어서 바닥에 후드득 떨어져 내리기 시작했다. 그것들은 각각 사람의 팔과 다리 그리고 몸통이었다. 바닥에 떨어진 토막들은 꿈틀대며 한데로 모이더니 이내 사람의 형태를 이루었다. 그리고 바닥에서 몸을 일으키니, 피투성이의 여인이었다.

귀신은 썩어 문드러진 손을 뻗어 힘겹게 바닥을 짚으며 관리에게로 다가왔다. 관리는 두려움에 숨이 막히는 듯하였다. 하지만 이내 정신을 가다듬고 몸을 일으키며 귀신을 향해 크게 소리쳤다.

"네 이놈! 누구길래 감히 객사에 함부로 발을 들이는 것이냐? 이제껏 이곳에 머무는 관리들을 죽인 게 너였구나. 하늘이 두렵지도 않느냐!"

그러자 귀신은 움찔 놀란 듯하더니 다가오기를 멈추었다. 그리고 문득 자리에 엎드려 관리에게 말했다.

"죽일 생각은 없었습니다… 다만 제 흉측한 몰골을 보고 놀라 돌아가신 것이지요. 저는 제 억울함을 토로하고자 했을 뿐입니다."

그러고는 엎드린 채 서럽게 흐느끼기 시작했다.

"억울함이라니?"

관리가 물으니 귀신은 고개를 들어 사정을 고했다.

"저는 본래 이곳 고을의 기생이었는데, 한번은 관노 아무개가 저에게 흑심을 품고 산기슭으로 유인해 욕을 보이려 하였습니다. 저는 저항하며 도망치려 하니 놈은 성을 내며 돌로 제 머리를 찧어 죽여 버렸지요. 그러고는 죄를 숨기고자 제 몸을 절벽 아래에 떨어트리고 그 위로 큰 바위를 밀어내려 제 몸을 산산이 부숴 버렸습니다."

말을 마친 귀신은 성치 않은 몸을 굽혀 절을 올리며 간곡히 청했다.

"저를 도와주실 수 있는 건 나리뿐이십니다. 부디 제 억울함을 풀어주십시오."

그 생김은 영락없이 흉측한 몰골의 귀신이었으나 사정을 들어보니 관리는 측은한 마음이 들었다. 그는 가만히 귀신을 바라보다 조용히 입을 뗐다.

"좋다, 내일 절벽 밑을 수색해 보겠느니라. 그 말이 사실이라면 반드시 억울함을 풀어 주겠다. 이제 그만 돌아가 보거라!"

관리가 그리 약속하니 여인은 연거푸 절을 올렸다. 그리고 다시 몸이 부서지더니 조각이 되어 하나둘 방 밖으로 모습을 감추었다.

다음 날 관리의 주검을 수습하러 온 이들은 그가 멀쩡히 살아 있는 것을 보고 놀라움을 감추지 못했다. 관리는 곧바로 향리를 불러 간밤에 여인이 말했던 절벽 아래를 수색하게 하였다. 그곳에는 과연 절벽 위에서 떨어진 듯한 큰 바위가 있고 그것을 밀어 보니 그 아래 사지가 찢긴 여인의 시체가 있었다. 주변에 물어보니 몇 년 전 고을에서 갑자기 자취를 감춘 기생이 확실하였다.

관리는 관아로 달려가 여인이 지목했던 관노를 붙잡아 문초하였고, 놈은 일이 틀어졌음을 알았는지 순순히 자신이 저지른 죄를 자백하였다. 얼마 후 그는 법에 따라 극형에 처하게 되었다. 관리는 여인의 시체 조각을 모아 장례를 치러 주었다. 그러자 귀신은 더 이상 객사에 모습을 드러내지 않았고, 관리가 떠난 뒤에도 그곳에서 죽는 사람은 더 이상 생겨나지 않았다고 한다.

귀신의 원한을 풀어 준 관리는 조선 중기의 문신 조광원(1492~1573)

으로 귀신이 그에게 은혜를 갚은 것인지 그는 사신으로서 임무를 완수하고 무사히 고국에 돌아올 수 있었다. 훗날 종 1품의 높은 관직에 올라 평안한 삶을 살다 편히 눈을 감았다고 한다.

임진왜란 100년 뒤에 나타난 왜군 귀신

· 왜교성 귀신 ·

임진왜란이 벌어지고 이순신 장군에 의해 해상 진격이 좌절된 왜군은 남해안 각지에 왜성을 쌓고 버티기 시작했다. 그러다 우두머리 도요토미 히데요시까지 죽어 버리자 비밀리에 철군을 준비하는데, 조선군은 이를 곧 알아채고 각지의 왜성에 총공격을 감행한다.

대규모 왜성 중 하나인 순천의 왜교성에는 왜군 선봉장 고니시의 군대가 주둔하고 있었다. 고니시는 가장 먼저 조선 땅을 밟아 국토를 짓밟는데 앞장선 자였다. 그런 고니시의 군대를 섬멸하고자 조선군은 명군과 함께 육지와 바다 양면으로 대규모 공세를 퍼붓기 시작했다. 바로 '왜교성 전투'였다.

이순신 장군의 활약으로 해상에서는 승리를 거두었지만, 명나라 장수 유정이 고니시에게 뇌물을 받고 육지의 군대를 움직이지 않아 왜교성 함락은 실패로 돌아가고 말았다. 고니시는 가까스로 목숨을 건져 또 다른 명나라 장수 진린에게 뇌물을 주어 몰래 포위망을 빠져나가려 했다. 하지만 이순신 장군은 그를 살려 보낼 생각이 없었다.

무술년(1598) 11월 18일 새벽 임진왜란 최후의 결전이 벌어지니 바로 노량해전이었다. 이순신 장군은 이 싸움에서 전투 중 적의 흉탄에 맞아 전사하면서도 자기 죽음을 비밀에 부치게 하여 아군들이 마지막 결전에 집중하게 하였다. 조선군은 왜선 수백 척을 격파하고 수천 명의 왜군을 사살하며 대승을 거두었고, 수년간 조선 땅을 휩쓸었던 임진왜란은 마침내 종식되었다.

> 왜적이 마침내 대패하니 사람들은 모두 죽은 이순신이 산 왜적을 물리쳤다고 하였다.
> ◎《선조실록》 106권, 선조 31년 11월 27일 무신 5번째 기사

왜란 막바지 치열한 전투가 벌어진 곳인 만큼 왜교성이 있던 순천 승주읍 신성리는 왜란이 끝난 뒤에도 한참이나 폐허로 남겨져 있었다. 100년이 지난 뒤에야 하나둘 사람들이 들어가 살기 시작했다.

그런데 그곳에 들어가 살게 된 사람들은 하나같이 괴이한 일을 겪었다. 밤마다 집 밖에서 괴이한 목소리가 들려오는 것이었다. 그 말은 여간해서 알아들을 수 없었는데, 조선말이 아닌 듯했다. 기이한 소리는 점차 늘어나더니 나중에는 말발굽 소리, 군사들의 함성, 서로 베고 찌르는 끔찍한 소리로 변해갔다. 놀란 고을 사람들이 그제야 문을 열고 울타리 너머를 내다 보니 고을에 다가오는 이들은 다름 아닌 피 칠갑한 왜적들이었다.

"왜, 왜구가 쳐들어왔다…!"

고을 사람들은 몹시 놀라 저마다 무기를 찾아 쥐고서는 집안에서 놈들의 움직임을 주시하였다. 그런데 왜적들의 생김이 어딘가 이상한 데가 있었다. 왜적들의 얼굴이 하나같이 썩어 문드러져 있는 것이었다. 놈들은 비명과 고함을 번갈아 지르고 쓰러졌다 다시 일어났다를 반복하며 뼈만 남은 손으로 허공에 대고 마구잡이로 칼을 휘두르고 있었다. 놈들은 100년 전 왜교성에서 죽은 왜군들의 귀신이었다.

그날 이후로 왜군 귀신들은 밤마다 고을 이곳저곳에 그 끔찍한 모습을 드러냈다. 날이 갈수록 그 수가 점점 늘어만 가니, 고을 사람들은 두려움에 잠을 이룰 수 없는 지경까지 이르렀다. 이윽고 귀신들이 무슨 짓을 벌일지 모른다는 생각에 고을 사람들은 모여 의논하였다.

하지만 머리를 맞대고 고민해 보아도 귀신을 쫓을만한 뾰족한 수가 떠오르지 않았다. 한참을 말없이 고민하는데, 문득 한 사람이 좋은 생각이 난 듯 입을 열었다.

"왜적들을 물리치는 데에는 이순신 장군이 으뜸이니 그분의 힘을 빌려 보는 것이 어떻습니까?"

고을 사람들은 모두 그 말을 옳게 여겼다. 그날로 고을이 훤히 내다보이는 언덕 위에 터를 잡고, 힘을 모아 이순신 장군의 사당을 짓기 시작했다. 그리고 그곳에 장군의 위패와 영정을 모시고 정성스레 제사를 올렸다.

"저희를 지켜 주십시오…"

그러자 매일 밤 나타나 사람들을 괴롭히던 왜적 귀신들은 더 이상 그 모습을 드러내지 않았다. 이순신 장군의 사당이 고을을 내려다보니 왜귀들이 거짓말처럼 종적을 감춘 것이었다. 실로 죽은 이순신 장군이 산 왜적을 깨트리고 죽은 왜적까지 깨트린 격이었다. 모두 이순신 장군의 은덕이라 여긴 신성리 사람들은 이후 계절마다 이순신 장군의 사당에 꼬박꼬박 제사를 지내며 감사의 마음을 전했다.

하지만 신성리를 지키던 이순신 장군의 사당은 이후 사라지게 되는데, 약 200년 뒤 또다시 조선 땅을 침략해 온 왜인들에 의해서였다. 1944년 패망의 기운이 감돌던 일본이 조선에서 발악적인 탄압을 자행하던 중 그곳 충무공의 사당에 불을 질러 버린 것이었다. 200년 동안 순천을 지키던 충무공의 사당은 장군의 영정과 함께 불타 사라지게 되었다.

그러나 얼마 지나지 않아 일본은 패망하여 다시 조선 땅에서 물러나게 되었고, 광복되자마자 순천 사람들은 힘을 모아 이순신 장군의 사당을 재건하였다. 이곳은 순천 승주읍 신성리에 있는 충무사로 이곳에서는 현재에도 이순신 장군의 탄생일과 귀천 일에 제사가 올려지고 있다.

노량해전 전날 밤 배 위에 오른 이순신은 손을 씻고 선상에 무릎을 꿇더니 하늘을 우러르며 빌었다.
"이 원수를 무찌른다면 지금 죽어도 여한이 없겠습니다."
그러자 하늘에 큰 별 하나가 바다 위로 떨어졌다.

◉《이충무공행록》중에서

임진왜란을
예언한 사람들

16세기 말 한반도를 크게 휩쓴 임진왜란은 조선의 운명을 완전히 바꾸어 놓았다. 치열한 싸움 끝에 왜군을 격퇴하긴 하였으나 오랜 시간 지속된 전쟁으로 국토는 황폐해졌고, 수많은 백성이 목숨을 잃었다. 건국 이래 번성해 오던 조선은 쇠락의 길을 걷기 시작했다.

그런데 이런 끔찍한 전쟁이 있기 전 조선 땅에는 누군가 다가올 재앙을 미리 알고 경고라도 하듯 기이한 징후들이 일어나곤 했다.

무학대사의 예언

여말선초의 이름난 예언가이자 명 풍수가였던 무학대사는 일찍이 이성계의 꿈을 해몽하여 그가 장차 왕이 될 것임을 예견하였고, 명당을 찾아 그의 아버지 이자춘의 묫자리를 정해 주는 등 신묘한 재주로 가까운 곳에서 이성계를 돕곤 하였다. 태조는 그런 그를 마음 깊이 존경하여 왕위에 오른 뒤에는 그를 임금의 스승인 왕사에 봉하고 함께 새로운 도읍지의 터를 찾아다니곤 하였다.

그러던 어느 날 남경에 이르러 무학대사가 기쁜 기색으로 말했다.

"이곳만큼 좋은 터는 없었습니다. 인왕산을 주산으로 삼고 좌우에 각각 북악산과 남산을 두어 궁이 동쪽을 바라보게 하시지요. 그러면 대대로 나라에 복이 가득할 것입니다."

그런데 함께 있던 정도전이 이를 반대하고 나섰다.

"이곳의 터가 좋은 건 사실이나 예로부터 제왕의 궁을 동쪽을 바라보게 하는 법은 없었습니다. 인왕산 대신 북악산을 주산으로 삼아 궁이 남쪽을 바라보게 하시지요."

이에 무학대사가 크게 반발하였다.

"이곳 남쪽에 솟은 관악산은 그 모양이 타오르는 불과 같으니 궁궐이 이 산과 마주 보게 된다면 장차 나라에 큰 화가 불어닥칠 것입니다. 절대 그곳에 궁을 세워서는 안됩니다."

평소 신뢰하는 두 사람의 의견이 극명하게 갈리니 태조는 깊은 고민에 빠졌다. 하지만 이내 정도전의 손을 들어주었다.

"궁이 동쪽을 바라보는 것은 일찍이 없던 일이니 이번엔 삼봉(정도전의 호)의 뜻에 따르기로 합시다."

무학대사는 재차 그를 말렸으나 이미 태조의 뜻은 굳은 뒤였다. 무학은 근심 어린 표정으로 깊이 탄식했다.

"200년 뒤 반드시 내 말을 생각하는 날이 있을 것이오…"

과연 그로부터 정확히 200년이 흐른 뒤 조선에 큰 재앙이 들이닥쳐 궁이 모두 불타 버리니 이는 온 나라를 도탄에 빠트린 '임진왜란'이었다.

도성에 퍼진 동요

무학대사는 그 밖에도 여러 도참을 남겨 나라에 일어날 일을 예언하기도 하였는데, 선조가 다스리던 무자년(1588)에 이르러 그중 한 구절이 갑작스레 성행하기 시작했다.

> 구름의 뿌리에 산이 솟고 달이 여울에 떨어지니
> 岳聳雲根 潭空月影
>
> 어디로 가 버리고, 또 어디에서 올 것인가?
> 有無何處去 無有何處來

하지만 온통 알 수 없는 말들 뿐이라 아무도 그 뜻을 해석하지 못하였는데, 임진년에 이르러 왜군들이 들이닥치자 사람들은 그제야 그 숨은 뜻을 알아차렸다.《조선왕조실록》에는 이 구절을 다음과 같이 해석하고 있다.

> 산(岳)은 시경에 나오는 내용인 유악강신의 준말로 '신(申)씨'를 의미하고, 솟는다는 것은 '솟을 용(聳)'자로 그 뜻이 '설 립(立)'자와 같으니 이 두 글자를 합치면 '신립(申立)'이 된다. 또 구름의 뿌리(雲根)란 돌을 의미하고, '달이 여울에 떨어진다'는 것은 물에 빠지는 것을 뜻하므로 이는 신립이 탄금대에서 패해 절벽 위에서 강물에 몸을 던져 죽은 것을 의미한 것이다. 또한 '어디로 가 버리고, 어디에서 올 것인가?' 하는 구절은 도성에 있던 백성들이 성 밖으

로 피난을 가고 그곳에 왜군이 들어온 것을 의미하는 것이다.

이뿐만 아니라 전쟁이 일어나기 전 한양에는 기이한 내용의 동요가 퍼지기도 하였는데, 나중에 그 또한 의미를 풀어 보니 비 오는 날 선조가 파천할 것이라는 내용, 명나라 원군이 들어와 민중에 해를 끼칠 것이라는 내용 등 들어맞지 않는 것이 없었다. 하지만 그 뜻을 알아차렸을 때는 이미 늦은 뒤였다.

선조의 악몽

신묘년(1591, 임진왜란 1년 전) 도성 안에 귀가 찢어질 듯한 울음소리가 크게 울려 퍼졌다. 소리의 주인은 숭례문을 통해 성안으로 들어오는 한 여인이었는데, 한 손에 볏짚을 움켜쥐고 온몸에서 피를 뚝뚝 흘리는 것이 끔찍하기 이를 데 없는 모습이었다. 여인은 성안에 들어오더니 곧장 궁궐 쪽을 향하기 시작했다. 그런데 도성을 가로지르며 계속해서 피를 흘려대니 지나는 곳마다 바닥이 피로 가득하지 않은 곳이 없었고, 온 도성은 금세 피로 붉게 물들었다. 그러다 궁에 다다라 그 안에 발을 딛으니 갑자기 사방에 큰불이 일기 시작했다. 불길은 금세 퍼져 온 궁궐을 집어삼켰고, 순식간에 모든 것을 잿더미로 만들어 버렸다.

선조가 놀라 정신을 차려 보니 다행히도 한바탕 꿈이었다. 하지만 꿈이 방금 겪은 일처럼 생생한 것이 불길하기 짝이 없었다. 그리고 이듬해 십수만의 왜적이 조선 땅을 침략하여 그들의 발이 닿는 곳마다 백성들의 피가 흘러넘

치지 않는 곳이 없었고, 끝내 도성에 다다라 궁마저 불타 없어져 버렸으니 이는 선조가 꾼 꿈의 내용 그대로였다.

또한 여인과 볏짚을 글자로 옮기면 '계집 녀(女)'자와 '벼 화(禾)'자로 이 두 글자를 합친 모양이 '왜나라 왜(倭)'자와 비슷하니 사람들은 이를 두고 기이해하며, 하늘이 임금에게 미리 재앙을 깨우쳐 준 것이라 하였다. 또한 그보다 몇 해 전 문신 허봉도 유배지에서 같은 모습의 여인과 마주하기도 하였으니, 더욱 기이할 일이 아닐 수 없다. 여러 번 모습을 드러내 조선에 닥칠 재앙을 알려 주려한 그 여인의 정체는 무엇이었을까?

선비들의 춤, 등등곡

조선 후기의 문신 이긍익이 쓴 《연려실기술》에는 임진왜란이 발발하기 전 한양에 일어난 기이한 일이 기록되어 있다.

> 한양의 선비들이 백 명, 천 명씩 무리를 지어 미친 짓과 괴이한 짓을 벌이고 있는데, 그것이 천태만상으로 해괴하기 짝이 없다. 무당 흉내를 내어 덩실거리며 춤을 추고 노래하는가 하면 초상 치르는 시늉을 하고 껑충거리며 흙을 다지기도 한다. 또한 때때로 동과 서로 어지러이 달리며 웃었다 울었다 하기도 하는데 그러다 저희끼리 큰 소리로 묻고 답하곤 한다.
>
> "무슨 일로 웃느냐? 무슨 일로 우느냐? 장상들이 제대로 된 사

람이 아니라 웃는다. 나라가 위태롭고 망해 가니 우는 것이다."

　이러한 것을 '등등곡'이라 부르는데, 이를 이끄는 사람은 정효성, 백진민 등 30여 명이나 되고 그들을 추종하여 법석을 떤 자들의 수는 헤아릴 수 없을 정도였다.

　온 힘을 모아 전란을 대비해도 모자랄 시기에 조정은 동인과 서인으로 나뉘어 각자 이해만을 좇으며 서로 다투기 바쁘고, 임금은 옥사를 벌여 몇 년에 걸쳐 수많은 사람을 살육하고 있었으니, 이를 보고 울분에 못 이긴 선비들이 무리를 지어 이 같은 해괴한 짓을 하고 다닌 것으로 보인다. 하지만 이후에도 상황은 달라지는 것이 없었고, 당쟁과 선조의 옥사는 계속되다 3년 후 전쟁이 일어난 후에야 비로소 멈추었다.

　이 밖에도 전쟁 전 조선에는 강물에 수많은 자라의 사체가 떠오르는가 하면, 관청에 있던 못물이 담장을 넘을 정도로 넘쳐흐르는 등 기이한 징후가 끊이질 않고 일어났다. 이런 계속되는 징후에도 조선은 끝내 다가올 침략을 대비하지 못했고, 결국 온 국토를 아비규환으로 만든 끔찍한 전쟁을 맞이해야만 했다.

　다가올 재앙을 예견한 누군가가 도참과 노래, 이야기 형태를 빌려 조선에 경고하려 했던 것은 아니었을까?

++ 외전 ++

임진왜란 때
이순신 장군이 꾼 예지몽들

　이순신 장군의 생애를 그려낸 다양한 작품들에는 그가 꾸었던 꿈에 관한 이야기가 자주 등장한다. 기록에 따르면 실제로 이순신 장군은 임진왜란 중에 자주 기이한 꿈을 꾸곤 한 것으로 보이는데, 놀랍게도 그중 몇몇 꿈들은 현실에서 그대로 이루어지곤 했다. 이순신 장군이 쓴 《난중일기》에는 그 기이한 이야기들이 기록되어 있다.

명량해전 전날 꾼 꿈

　정유재란 전 이순신 장군은 조정의 모함을 받아 통제사에서 파직된 뒤 모진 고문을 받고 백의종군하게 되는데, 그 자리를 대신한 원균은 칠천량해전에서 크게 패하여 이순신이 수년간 키워놓은 수군과 함선 대부분을 잃었다. 조정은 뒤늦게 이순신을 통제사로 복귀시키지만, 조선에는 이미 적을 맞아 싸울 수 있는 배가 몇 척 남아 있지 않았다. 왜군은 기회를 놓치지 않고 수백

척의 배를 이끌고 서해로 향했다. 이러한 절체절명의 상황 속에서 이순신 장군은 어찌어찌 모은 13척의 배로 왜적의 대군을 맞아 결사 항전하기로 결심한다. 그런데 결전을 앞두고 이순신 장군은 기이한 꿈을 꾸게 된다.

> 정유년 9월 13일, (명량해전 사흘 전) 꿈이 이상했다. 임진년에 승전할 때 꾼 꿈과 거의 같았다. 대체 무슨 징조일까.

> 정유년 9월 15일, (명량해전 하루 전) 여러 장수들을 모아 말했다. 죽고자 하면 필히 살 것이요, 살고자 하면 필히 죽을 것이다. (중략) 이날, 꿈에 신인 하나가 나타나 '이렇게 하면 크게 이기고, 이렇게 하면 질 것'이라 가르쳐 주었다.

그리고 다음 날 이순신은 군선 13척을 울돌목에 배치한 뒤 적을 맞았다. 왜선들은 좁은 해협으로 다 들어오지 못했고, 이순신은 들어온 적선 133척을 맞아 그중 31척을 깨트리며 모두가 승산 없다고 생각한 싸움을 대승으로 이끌었다.

> 정유년 9월 16일, 적선이 퇴각하고 다시는 우리 수군에 가까이 오지 못했다. (중략) 이번 싸움은 참으로 천행이었다.

앞서 언급한 9월 13일 자의 기록을 보면 명량해전 때 이순신 장군의 꿈에 나타난 정체불명의 신인은 그보다 5년 전인 임진년에도 그의 꿈에 나타난 것을 알 수 있다. 안타깝게도 《난중일기》에는 한산도대첩 전후의 기록이 빠져 있는데 그때의 일인 것으로 추정된다.

《난중일기》 외에도 함께 전장을 누볐던 그의 조카 이분이 쓴 《이충무공행록》에는 한산도대첩 이전 이순신 장군이 꾼 기이한 꿈에 관한 내용이 기록되어 있다.

> 임진년 5월 29일, 이순신 장군은 군영에서 잠시 눈을 붙이던 중 기이한 꿈을 꾸었다.
> "일어나라! 적이 코앞에 이르렀다."
> 백발노인이 나타나 그를 발로 차며 깨우는 것이었다. 이에 놀라 잠에서 깬 이순신이 곧바로 출정하여 해상에 이르니, 과연 적들이 그곳에 이르러 있었다.

이는 그의 두 번째 출정에 치러진 사천해전으로 이순신 장군은 이 싸움에서 처음으로 거북선을 투입하고 기습 공격으로 왜선 13척을 격침하며 수많은 왜적을 죽이고 대승을 거두었다.

큰 전투가 있을 때마다 이순신 장군의 꿈에 나타난 신인은 과연 누구였을까? 또 그가 이순신 장군에게 알려 준 것은 무엇이었을까?

원균에 대한 꿈

임진왜란 당시 경상우수사였던 원균은 나랏일이 급함에도 자신의 탐욕만을 좇는데 급급한 인물이었다. 싸움이 한창일 때에도 공적에 눈이 멀어 적의 수급만을 주워 모으기 바빴고, 욕심을 채우고자 남을 모함하는 일도 서슴지 않았다. 심지어는 전쟁 중에 같은 조선인을 왜적으로 몰아 학살했다는 이야기가 전해질 정도이니 그 패악질이 어느 정도였는지 가늠할 수 있다.

이순신 장군은 그런 원균을 내내 좋지 않게 보았고, 두 사람은 자주 갈등을 빚곤 하였다. 그러다 이순신은 원균에게 모함받아 파직된 뒤 백의종군하게 되는데 그 시기에 원균과 관련된 예사롭지 않은 꿈 하나를 꾸게 된다.

> 정유년 7월 16일, 꿈에 원공(원균)과 자리를 함께했는데, 내가 상석에 앉아 음식상을 받자 그가 즐거운 기색을 보였다. 무슨 징조인지 알 수 없다.

이 꿈은 한 달 뒤 현실에서 이루어지는데, 원균이 칠천량에서 대패하여 이순신이 다시 통제사에 임명된 것이었다. 원균은 칠천량에서 자취를 감추어 더 이상 그와 마찰을 빚을 일이 없게 되었고, 이후 이순신 장군은 《난중일기》에서 더는 원균을 직접적으로 언급하지 않는다.

물론 그가 그동안 피땀 흘려 키워낸 수군과 전선들은 대부분 사라진 뒤였고, 이순신은 단 13척의 배로 왜적의 수군을 막아내야 하는 상황에 닥치게 되었다.

어머니에 대한 꿈

이순신 장군은 전쟁과 관련된 꿈만을 꾼 것은 아니었다. 그가 백의종군하던 정유년, 하루는 어머니에 대한 꿈을 꾸게 되는데, 그 내용이 불길하기 짝이 없었다.

> 정유년 4월 11일, 새벽꿈이 심란하기 이를 데 없었다. 언짢은 마음을 도무지 종잡을 수 없으니 이게 무슨 징조일까. 병드신 어머님을 생각하니 나도 모르게 눈물이 흘렀다. 이에 종을 불러 어머님의 안후를 알아 오게 하였다.

그가 무슨 꿈을 꾸었는지는 알 수 없지만, 그 불길한 예감은 현실로 다가왔다. 이틀 뒤 어머니의 부고가 들려온 것이었다. 슬프게도 불길한 꿈마저도 들어맞은 것이다.

아들의 죽음을 예견한 꿈

임진왜란 중 이순신 장군은 수많은 주변 사람들을 잃었다. 함께 전장을 누비던 장수들이 그랬고 백의종군 중에 돌아가신 어머니가 그랬다. 그리고 그의 막내아들 이면도 있었는데, 이순신은 아들의 부고를 듣기 전 또 한 번 기이한 꿈을 꾸게 된다.

정유년 10월 14일, 새벽꿈에 말을 타고 언덕을 오르다 말이 발을 헛디디며 냇물에 떨어지게 되었는데 끝내 거꾸러지지 않았다. 그런데 끝에 아들 면이 나타나 나를 감싸 안는 것 같은 형상을 보았다. (중략) 그날 저녁, 천안에서 온 편지를 받았는데 미처 봉투를 뜯기도 전에 뼈와 살이 떨리고 정신이 혼미해졌다. 면의 전사를 알고 나서는 간담이 떨어져 목 놓아 통곡했다.

막내아들의 부고가 오는 날, 꿈으로 먼저 알게 된 것이었다. 유독 자신을 닮았던 아들의 죽음은 이순신을 슬픔의 바다에 빠뜨리기에 충분했다. 하지만 그는 아들의 부고를 듣고도 나흘이 지나도록 울지 못하다, 한밤중 아들이 생각나는 꿈을 다시 꾼 뒤 남들이 없는 곳에서 홀로 숨죽여 울었다고 한다. 그의 아들은 아버지께 마지막 인사를 올리고자 꿈에 나타난 것은 아니었을까?

거목을 떠받치는 꿈

이순신 장군이 직접 꾼 꿈 외에도《이충무공행록》에는 그와 관련된 또 다른 기이한 꿈 하나가 기록되어 있다.

이순신 장군이 처음 수사에 임명되었을 때 그의 벗 하나가 꿈을 꾸었다. 어느 순간 보니 앞에 높이가 하늘을 찌를 듯하고 가지가 무성한 거목 한 그루가 서 있었는데, 기이하게도 그 가지 위에는 헤아릴 수 없을 만큼의 많은 사람이 기대어 있었다. 그런데 돌연 그 나무가 서서히 기울기 시작하더니 마침내 뿌리까지 뽑혀 바닥에 쓰러지려 하였다. 그런데 그때, 사람 하나가 나타나 온몸으로 거목을 받들더니 다시 일으켜 세우는 것이었다. 이에 그 사람의 얼굴을 보니 그는 다름 아닌 이순신이었다.

과연 벗의 꿈처럼 이순신 장군은 임진왜란 때 쓰러질 뻔한 조선을 온몸으로 떠받쳐 구한 영웅이 되었다. 일을 꾸미는 것은 사람이나 이루는 것은 하늘이라 했던가, 이순신 장군의 일이 바로 그러했다.

그가 일생을 바쳐 나라를 지키고자 한 것이 사람의 일을 다한 것과 같았으니 하늘도 감동하여 그에게 앞날을 꿈으로 알려 주려 한 것은 아니었을까?

한산도의 나무 귀신

한산섬 밝은 달밤에 수루에 홀로 앉아, 큰 칼 옆에 차고 깊은 시
름 하는 차에 어디서 일성호가는 남의 애를 끊나니.

〈한산가〉

섬에 큰 산(한 뫼)이 있다는 데서 이름이 유래된 한산도는 임진왜란을 말할
때 빼놓을 수 없는 섬이다. 그 유명한 한산도대첩이 벌어지고 패주한 왜장 와
키자카가 숨어 연명했던 곳이기도 하며, 최초의 삼도수군통제영이 세워진 곳
이기도 하다.

이순신 장군은 호시탐탐 호남으로 진격할 기회를 엿보는 왜군에 발 빠르
게 대응할 수 있는 전략적 요충지를 찾고 있었다. 그러던 차에 한산도를 그 적
임지로 보았고 그는 무인도였던 한산도를 조선 수군의 가장 중요한 기지로써
탈바꿈시키게 된다.

그는 전쟁의 절반에 달하는 3년 8개월간 그곳에 머물며 언제 일어날지 모
르는 전투 준비에 열중했다. 군졸들을 훈련하고 전투에 필요한 전선을 건조

하였다.

그런데 동시대의 문신 유몽인이 쓴《어우야담》에는 그 시기 이순신 장군의 군졸들이 겪었던 기이한 일 하나가 담겨 있다.

한산도에 해무가 가득 몰려든 어느 날 이순신 장군의 군졸들이 군선의 재목을 얻고자 섬 깊숙한 곳으로 향했다. 어느 계곡 자락에 이르러 적당한 자리를 찾고 나무를 베기 시작했는데, 나무 한 그루를 쓰러트리기도 전에 숲속에 스산한 바람이 불더니 휘파람 소리가 울려 퍼졌다.

휘이이이이이이이…

바람소리도, 새 소리도 아닌 마치 사람이 내는 듯한 소리에 군졸들은 잠시 도끼질을 멈추고 주변을 둘러보았다. 그러다 군졸 중 한 사람이 한 곳을 가리키며 소리쳤다.

"저, 저기…!"

그가 가리킨 곳은 어느 높다란 나무 위였다. 그곳엔 사내 하나가 가지에 의지하여 서 있었다.

"…"

그는 얼굴이 백지장처럼 하얀 선비였다. 어찌나 창백한지 어둑한 숲에서도 선명히 보일 정도였다. 그는 온몸이 피로 얼룩져 있었고, 발을 디딘 얇은 나뭇가지는 사람이 올라가 있음에도 조금의 휘어짐도 없었다. 그 같은 괴이한 광경에 군졸들은 화들짝 놀라 창칼을 집어 들었다.

"웬 놈이냐!"

그러자 선비가 떨리는 목소리로 입을 뗐다.

"저는 전라도의 유생 송 아무개입니다… 부디 이곳 골짜기의 나무를 베지 말아 주십시오…"

자신을 귀신이라 이르니 군졸들은 등골이 오싹하였다. 하지만 그 말투가 차분하고 그윽한 것이 적의가 없어 보이니, 잠시 망설이다 그에게 물었다.

"우리는 왜적을 맞아 싸울 배를 만들고자 하는 것이오. 어찌 나무를 베지 말란 것이오?"

그러자 선비가 슬픈 목소리로 답했다.

"지난날 왜놈들이 들이닥치는 바람에 저와 제 가족들을 처참한 죽임을 당했습니다. 이후 혼백이 되어 떠돌며 의지할 곳을 찾다, 이윽고 이곳 한산섬에 이르게 되었지요…"

그때 살짝 안개가 걷히며 다른 나무들 위에 또 다른 사람들의 형체가 나타나기 시작했다. 그들은 선비와 마찬가지로 모두 온몸이 피로 얼룩져 있었다. 선비는 시꺼먼 피눈물을 흘리며 말을 이었다.

"…이곳에 이르러, 저희는 이 계곡의 나무에 의지하고 하고 있습니다. 나무를 베어 가시면 저희가 의지할 곳이 사라집니다… 부디 다른 곳의 나무를 베어 주시지요…"

그들은 모두 왜군에게 죽임을 당한 백성들의 귀신이었던 것이었다. 이를 들은 군졸들은 하나같이 몹시 안타까워하며 그들과 함께 눈물을 흘렸다. 그러고는 선비에게 약속했다.

"알겠소이다… 이곳의 나무는 베지 않을 테니 부디 편안히 쉬도록 하시오."

그러자 선비와 다른 혼령들은 군졸들에게 고개 숙여 감사의 마음을 전하고는 다시 안개 속으로 그 모습을 감추었다. 군졸들은 약속대로 계곡을 떠나 다른 곳으로 향했다.

임진왜란 때 억울하게 목숨을 잃은 사람들이 죽어서도 머물 곳을 찾지 못하고 이순신 장군이 머물던 한산도의 나무에 의지하고 있었던 것이었다. 이후 그들이 다시 나타났다는 이야기는 전해지지 않는다. 다만 안타깝게도 이순신 장군은 원균의 모함으로 한산도를 떠나게 되었고, 원균이 칠천량 해전에서 크게 패함으로써 한산도의 통제영은 왜군에게 점령되어 파괴돼 버리고 말았다.

전쟁이 끝난 후 그들은 비로소 평안을 얻을 수 있었을까? 그들의 혼백은 아직 한산도의 숲에 머물고 있을까?

죽은 딸을 위한
영혼결혼식

먼 옛날 경기 땅에 덕쇠라는 이름을 가진 도공이 있었다. 그는 질그 릇을 구워 내다 파는 일을 업으로 삼았는데 밤에는 그릇을 굽고 낮에 는 장에 내다 팔며 눈코 뜰 새 없이 일했으나, 먹여 살릴 자식들이 많 아 항상 빠듯한 살림에 시달리곤 하였다. 하지만 곁에서 묵묵히 그를 돕고 힘이 되어 주는 아내가 있었기에 고된 하루하루였지만 행복한 나 날을 보내고 있었다.

그러던 중 여느 날과 같이 질그릇을 팔러 장터에 나갔는데 건너편 골목에 본 적 없는 노인이 서성이는 것이 보였다. 지팡이와 점 통을 들 고 있는 것으로 보아 그는 맹인 점쟁이인 듯했다.

'저 자리는 손님이 잘 들지 않는 곳인데…'

장에 나온 것이 처음인지 그는 사람이 잘 가지 않는 곳에 자리를 펴더니 더듬더듬 도구들을 늘어놓기 시작했다. 덕쇠는 노인에게 자리를 옮기라 충고할까 잠시 고민하였지만, 곧 손님들이 몰려와 까맣게 잊게 되었다.

해가 기울고 장사를 접을 때가 돼서야 노인의 모습이 다시 눈에 들어왔다. 그날따라 장사가 잘되었던 덕쇠와 달리 노인은 종일 손님 한 명 받지 못한 듯 보였다. 덕쇠는 마음 한편에 불편함을 느끼며 노인에게 다가가 먹을 것을 건네었다.

"어르신, 그곳은 썩 좋은 자리가 아닙니다. 다음부터는 제가 있던 곳 옆에 자리를 잡으시지요."

노인은 그의 말이 끝나기도 전에 덥석 준 것을 받아먹더니 허연 눈으로 덕쇠의 얼굴을 빤히 쳐다보았다. 고맙다는 인사 한마디 없이 음식을 받아먹고 노려보기까지 하니 언짢지 않을 수 없는 일이었다. 더는 말하지 않고 뒤를 돌아 집으로 돌아가려 하는데, 등 뒤로 노인이 중얼거리는 소리가 들려왔다.

"…곧 새장가를 가겠구먼…"

뒤를 돌아보니 노인은 아직도 덕쇠를 빤히 바라보고 있었다.

"저에게 하신 말씀입니까?"

노인은 그가 서 있는 쪽을 가만히 응시하며 계속해서 중얼거렸다.

"부인이 온몸에 금줄을 두르고 있는 것이, 장가를 들면 큰 부자가 되겠어."

"자리가 문제가 아니라 어르신 신통력이 문제였나 봅니다. 하루 벌어 겨우 하루를 먹고 사는 마당에 어찌 또 다른 처를 들이게 된다는 말입니까?"

노인은 더 이상 아무 말이 없었다. 그는 덕쇠가 준 것을 마저 먹어 치우더니 자리를 털고 일어나 그대로 저자 밖으로 사라져 버렸다.

이후 노인은 장터에 모습을 드러내지 않았다. 덕쇠는 처음엔 노인의 말을 헛소리로만 여겼으나 시간이 지날수록 자꾸만 머릿속에 맴돌았다.

'곧 새장가를 가겠구먼… 장가를 들면 자네도 부자가 되겠어.'

그러던 어느 날 하루는 일을 마치고 집에 들어갔는데 이전엔 보이지 않던 것들이 눈에 들어왔다. 밤낮을 가리지 않고 일했건만 변변찮은 세간 살림 하나 없이 부랑자 마냥 사는 집안의 모습이었다. 그리고 그 안에 있는 아내의 모습을 보니 이전의 아름다웠던 모습은 간데없고 얼굴에 주름만이 깊어가고 있었다.

'새장가를 들면 새 부인도 맞이하고 부자도 될 텐데, 나는 왜 이 여인을 붙잡고 살며 이리 고생해야 한단 말인가…?'

시간이 지날수록 그 생각은 온 마음에 불길처럼 번지기 시작했다. 나중에는 삶이 고되고 힘들 때마다 속으로 아내를 탓하기에 이르렀다. 얼굴을 보고 있기만 해도 원망스러운 마음이 들고 작은 허물에도 화가 치밀어 오르니, 자기도 모르게 상처되는 말을 내뱉기 일쑤였다.

노인의 말은 하루하루 그를 심란하게 만들었다. 어느새 덕쇠는 새장가들 날만을 기다리며 일과 가정에 소홀해지기 시작했다.

그러던 어느 날 장사를 마치고 집에 돌아가는데 수풀 너머 무언가가 부스럭대는 소리가 들렸다. 범이라도 숨은 것은 아닌가 걱정하며 서서히 발걸음을 늦추는데 뒤에서 웬 보자기가 그의 얼굴을 감쌌다.

"누구시오!"

이어서 풀숲에서 사람들 여럿이 나와 일제히 달려드는 소리가 들려왔다. 그들은 덕쇠의 입을 막고 몸을 들어 올리더니 어딘가로 급히 데려가기 시작했다.

괴한들은 한참이 지나고 나서야 얼굴을 가린 보자기를 벗겨 주었다. 덕쇠가 막힌 숨을 몰아쉬며 주변을 둘러보니, 그곳은 대궐만 한 기와집 안이었는데, 사방에 몽둥이를 든 노복들이 서 있고 대청 위에서 누군가가 그를 내려다보고 있었다. 그는 고을에서 제일가는 갑부인 김 대감이었다.

"대감! 제가 죄를 지은 것이 없는데 어찌 이러십니까?"

그제야 보니 집안의 분위기가 심상치 않았다. 뜰 아래의 험악한 분위기와 달리 대감의 집 안은 오색 장식으로 가득하고 대청 위에는 병풍과 함께 화려한 혼례상이 차려져 있었다. 덕쇠가 어리둥절해하는데 대감이 가만히 입을 열었다.

"자네, 오늘 밤 내 딸과 혼인해야겠네."

"…!"

덕쇠는 문득 노인의 말이 떠올랐다.

'…곧 새장가를 가겠구면. 장가를 들면 자네도 부자가 되겠어.'

쭉 고대해 온 일이긴 했지만, 신랑감을 이런 식으로 납치해 데려온다니 미심쩍은 마음을 거둘 수 없어 그는 거절하였다.

"혼인이라니요, 저는 이미 아내와 자식이 있는 몸입니다!"

그러자 대감은 그 말에는 대꾸는 하지 않고 말을 이었다.

"오늘 밤 순순히 혼례를 올린다면 많은 재물을 줄 것이나, 거절한다면 살아서 집에 돌아가지 못할 것이다."

그러고는 가만히 손을 들어 노복들에게 덕쇠를 매질하게 하니, 덕쇠는 끝내 고통을 이기지 못하고 급히 소리쳤다.

"분부대로 하겠습니다…!"

대감집 사람들은 덕쇠에게 신랑 옷을 입히고는 신부가 있는 방으로 들여보냈다. 방 안쪽에는 곱게 차려 입은 신부가 있었는데, 신랑을 기다리다 잠이 들었는지 먼저 자리에 누워 있었다. 덕쇠가 어색하고 민망하여 가만히 서서 어찌할 바를 몰라 하는데, 문 뒤에서 집안사람들이 속삭였다.

"무엇 하는 게냐? 어서 들어가지 않고! 신부의 족두리를 내리고 옷고름을 풀어야지!"

이에 덕쇠는 떠밀리듯 신부에게로 가 그녀를 조심스레 흔들어 깨웠다.

"이보시오… 잠깐 일어나 보시겠소. 일어나 보…"

덕쇠는 놀라 숨이 멎는 듯하였다. 손에 닿은 신부의 몸이 얼음장처럼 차가웠던 것이었다. 황급히 팔을 뻗어 등불로 얼굴을 비춰 보니 얼굴에

분칠이 된 어린 여인의 시체였다. 덕쇠는 기절초풍하며 급히 방 밖으로 나가려 하였다.

"이보시오…! 저 여인은 이미 죽지 않았소! 어서 문을 열어 주시오!"

문은 굳게 잠겨 있었다. 덕쇠가 문을 부수고 나가려 하자 노복들이 문 앞에 가까이 다가오더니 차갑게 말했다.

"너는 이미 저분과 부부의 연을 맺었다. 어서 돌아가 신부의 족두리를 내리고 옷고름을 풀거라."

"어찌 시체와 하룻밤을 보내라는 것이오…! 제발 문을 열어 주시오!"

그러자 노복 중 한 사람이 성을 내며 칼을 들어 올렸다.

"썩 들어가지 못하겠느냐! 명에 따르지 않는다면 죽음뿐이다!"

노복들이 금방이라도 그를 칼로 내리칠 듯하니 덕쇠는 따를 수밖에 없었다. 두려움에 혼이 나갈 듯하였으나, 결국 강요에 못 이겨 덜덜 떨리는 손으로 시체의 족두리를 내리고 옷고름을 푼 뒤 그 방에서 밤을 지새웠다.

날이 밝자 비로소 방문이 열리더니 노복들이 들어와 신부의 시신을 꺼내 어딘가로 데려가고는 덕쇠를 대감 앞에 데려갔다. 대감은 넋이 나간 듯한 덕쇠에게 그제야 사정을 말해 주었다.

"내 늦은 나이에 얻은 아이라 곱게 키웠건만, 내 딸은 몹쓸 병에 걸려 며칠 전 열여섯 이른 나이에 그만 숨을 거두고 말았다네. 장례를 치르려 하는데 무당 하나가 찾아와 이렇게 말하는 것이 아닌가?

"어젯밤, 이 집에서 젊은 여인 한 분이 돌아가시지 않았습니까?"

"그렇소만… 무슨 일이오?"

"절대 이대로 장례를 치르시면 안됩니다…! 이 집 앞을 지나는데 강한 원기가 느껴졌습니다. 이대로 장례를 치른다면, 그분은 원귀가 되어 영원히 이승을 떠돌게 될 것입니다."

"그렇다면 이를 어찌해야 한단 말이오?"

"홀몸으로 세상을 떠나기 싫은 것이니 장례를 치르기 전 혼례를 치러 주셔야 합니다."

"이미 죽은 아이인데, 누구와 짝을 맺어 준단 말이오…?"

"…따님을 산 사람과 맺어 주셔야 합니다."

그래서 신랑감을 찾아보았지만, 누구도 나서는 이가 없었네. 하지만 무당이 말하길 사흘이 되기 전 빨리 혼례를 치러야 한다기에, 하는 수 없이 어젯밤 급하게 아무나 데려오게 하였는데 그게 바로 자네였네."

말을 마친 대감은 눈물을 흘리며 약속한 재물을 덕쇠에게 건네주고는 말을 이었다.

"자네 덕에 내 딸은 이제 한을 풀었을 걸세… 내 몹쓸 짓인 걸 알면서도 어쩔 수가 없었네. 죽은 내 딸 아이를 불쌍하게 여겨 어제 일을 너무 괘념치 말아 주게나…"

꿈에 그리던 새장가를 가고 부도 얻게 된 덕쇠였으나 집에 돌아가는 길, 그의 마음속에는 자괴감만이 가득했다. 본디 가진 것에 만족하지 못하고 존재하지도 않는 것을 탐하다 화를 당한 기분이었다. 못 본 지 하루 밖에 되지 않았지만, 덕쇠는 아내가 사무치게 그리웠다. 발걸음을 재촉해 집에 도착하자마자 그는 부인을 붙잡고 한참을 통곡하고는 받은 재물로 식구들의 배를 넉넉히 채운 뒤 아내와 잠자리에 들었다.

그토록 원망했던 아내와 집이었지만 어제의 일을 치르고 나니 그리 행복할 수가 없었다. 그동안 모질게 군 것이 미안했던 덕쇠는 사과하고자 옆자리에 누운 아내를 불렀다.

"부인…"

그러자 부인이 역시 잠이 들지 못했는지 덕쇠를 향해 슬며시 고개를 돌렸다.

"…!"

하지만 부름에 고개를 돌린 얼굴은 아내의 것이 아니었다. 이는 어젯밤 혼례를 올린 대감의 죽은 딸이었다.

"내 아내를 어디로 데려간 것이냐…! 재물을 도로 가져가도 좋으니 내 아내를 돌려 다오!"

그러자 귀신이 낮은 목소리로 대답했다.

"오해 마십시오, 서방님. 저와 혼례를 올려 주신 덕에 저는 한을 풀고 저승에 갈 수 있게 되었습니다. 마지막으로 감사의 말씀을 올리고 또한 부탁드릴 것이 있어 찾아왔을 뿐입니다."

"부탁이라니…?"

"비록 저는 혼령이지만 우리는 부부의 연을 맺었습니다. 마지막으로 저를 위해 제를 지내 주신다면 저승에서도 그 은혜를 잊지 않겠습니다."

귀신은 자리에서 일어나 덕쇠에게 절을 올리더니 홀연히 사라져 버렸다. 깜짝 놀라 정신을 차려 보니 덕쇠는 산기슭에 누워 있었다. 집에 돌아가던 중 정신을 잃고 쓰러진 것이었다. 정신을 차리고 보니 그의 앞에는 갓 만든 듯한 봉분이 쌓여 있었다. 비석을 보니 다름 아닌 어제 혼례를 올렸던 죽은 대감집 딸의 묘였다.

'혼례 후 하룻밤을 함께한 것도 인연이라고 이리 소중히 여기는데…'

귀신 부인의 말에 부부의 인연의 소중함을 깨달은 덕쇠는 집에 돌아가 아내에게 그간의 일을 사과하였다. 이후 이전처럼 그녀를 무척이나 아끼며 다정하게 대해 주었고, 다시 행복한 삶을 찾게 되었다. 또한 귀신 부인의 마지막 부탁을 잊지 않고 정성을 다해 제를 올려 주었다. 혼례 이후 대감에게 받은 재산으로 가난에서 벗어나 가족들과 더불어 부족함 없는 삶을 누렸다고 한다.

이후 귀신 부인이 묻힌 이 산은 부부 사이의 도와 덕을 가르쳐 준 산이라 하여 '도덕산'이라 불리게 되었다. 이 산은 현재 경기도 광명시에 있다.

어머니의
목숨값

· 술 귀신 이야기 ·

홀어머니를 모시고 사는 농부 한 사람이 있었다. 그는 어머니를 봉양하는 데 있어 물불을 가리지 않는 효자였다. 매일 이른 새벽에 일어나 작은 짐승들을 사냥해 어머니에게 아침 반찬을 올리는가 하면, 한겨울이면 자신은 얼음장 같은 바닥에서 자면서도, 어머니가 누운 바닥만큼은 밤새 온기가 떨어지지 않도록 신경 썼다. 한번은 모친이 몸져 눕자 자기 살을 찢어 그 피를 입에 흘려 넣은 적도 있었다. 그러한 지극한 효심에 사람들은 하나같이 그를 대단하게 여겼다.

"하늘이 낸 효자로구나. 증자(공자의 삼천 제자 중 가장 효심이 깊었다고 전해지는 인물)가 살아 돌아와도 저리는 못할 것이다…"

하지만 그런 정성이 무색하게 그의 어머니는 어느 날 몹쓸 병에 걸려 다시 일어나기 어려운 지경에 이르렀다. 병세가 어찌나 심한지 이번엔 입에 피를 흘려 넣어도 어찌할 수 있는 수준이 아니었다. 이에 농부는 동과 서로 바쁘게 뛰며 이름난 의원을 찾아다녔으나 이상하게도 아무도 그 병을 아는 이가 없었다. 온갖 좋다는 약도 구해 써 보았으나 어머니의 병은 좀처럼 나아질 기미가 보이지 않았다.

그러던 어느 날 먼 길을 떠났다 돌아온 벗이 농부의 소식을 듣고는 찾아와 말했다.

"얼마 전 산 너머 고을을 지나다 그곳에 용한 의원이 있다고 들었네. 그리로 찾아가 보는 것은 어떤가?"

벗의 반가운 소식에 농부는 한 줄기 빛을 본 듯했다. 더 생각할 것도 없이 벗에게 모친을 부탁한 뒤 산 너머 고을로 길을 떠났다.

얼마 후 벗이 이른 의원의 집에 도착한 농부는 어머니의 증세를 설명하며 처방을 구했다. 하지만 의원은 낯빛을 굳히며 짧게 답할 뿐이었다.

"난 모르는 병이외다. 돌아가시오."

이전에 가본 곳들과 다를 바 없는 반응이었으나 먼 길까지 와 빈손으로 돌아갈 수는 없었기에 농부는 포기하지 않고 의원에게 재차 청했다.

"비슷한 병이라도 있을 것 아니오? 좋은 약재라도 있으면 좀 내어 주십시오."

"아무리 좋은 약재를 쓴다 한들 소용없을 것이오. 어서 돌아가시오."

한참 실랑이를 벌이는데 문득 창문 쪽에서 누군가의 시선이 느껴졌다. 그곳을 보니 창문 틈새로 머리를 풀어 헤친 남자가 섬뜩한 웃음을 지으며 그를 빤히 바라보고 있었다.

"하하…"

"…저 사람은 누구요?"

농부가 물으니 의원은 슬쩍 창문 쪽을 보더니 급히 농부의 등을 떠밀었다.

"동네 광인이오. 신경 쓸 것 없소이다."

약방에서 내쫓긴 농부는 허망한 마음으로 집으로 향했다. 고개를 떨군 채 우울하게 길을 걷고 있는데 고을 외곽의 좁은 길에 이르러 누군가 그의 앞을 가로막았다. 고개를 들어보니 다름 아닌 아까 창문 틈새로 웃고 있던 광인이었다. 그는 아까처럼 히죽대며 농부를 빤히 바라보고 있었다.

"하하…"

안 그래도 기분이 언짢던 차에 자신을 비웃듯 쳐다보니 농부는 화가 치밀어 광인을 밀쳐 버렸다.

"썩 꺼지거라!"

광인은 이에 아랑곳하지 않고 농부의 옷깃을 붙잡더니 말했다.

"저들이 거짓말하는 것을 왜 몰라? 병을 알면서도 모르는 척하고 있던데?"

그러더니 우스워 죽겠다는 표정으로 품에서 무언가를 꺼내더니 농부의 손에 쥐여 주었다.

"이걸 한번 보여 줘 봐."

광인은 그 말을 끝으로 미친 듯이 웃으며 숲속으로 모습을 감추었다. 그가 건넨 것을 살펴보니 마른 핏덩이같이 생긴 물건이었는데, 이리저리 뜯어 보아도 도무지 무엇인지 알 수 없었다. 하지만 광인이 한 말을 미루어 보아 약재와 관련된 물건임은 틀림없어 보였다. 농부는 지푸라기라도 잡는 심정으로 광인의 말에 따라 물건을 들고 의원의 집을 다시 찾아갔다.

"내 모른다고 하지 않았소!"

의원은 농부가 또다시 온 것을 보자 벌컥 성을 내었다. 그런데 농부가 손에 쥔 물건을 보더니 문득 성내기를 멈추고는 좌우를 살핀 뒤 그를 급히 집 안으로 들였다. 의원은 문을 굳게 닫고 숨을 죽여 말했다.

"이미 알고 있는 듯하오만, 나라고 그것을 어떻게 구하겠소? 모친 일은 안됐소만 단념하는 것이 좋을 것이오."

'이 자가 무언가 알고 있는 것이 분명하구나!'

농부는 짐짓 아는 체하며 물었다.

"어찌 그러겠소? 사정을 좀 봐주시오."

그러자 의원은 다시 낯빛을 바꾸더니 농부를 크게 꾸짖었다.

"산 사람의 간을 어찌 구한단 말인가!"

'…간이라니?'

농부는 놀라 자기도 모르게 그만 들고 있던 물건을 떨어트려 버렸다. 의원은 그제야 농부가 전혀 몰랐음을 깨닫고 한숨을 내쉬며 말했다.

"이미 안 것을 어찌겠소? 다만 그 물건은 말라서 약으로 쓸 수가 없으니 모친이 먹게 하지 마시오."

그러고는 농부를 급히 집 밖으로 쫓아냈다.

"오늘 당신과 나는 본 적이 없는 것이오."

농부는 집으로 돌아오는 내내 고민 또 고민하였다. 방법을 알게 된이상 가만히 있을 수도, 그렇다고 산 사람을 죽여 약을 얻어낼 수도 없는 노릇이었다.

'차라리 모르는 게 나았을 것을⋯!'

그런데 그의 어머니는 집을 비운 사이 병세가 더욱 심해져 이젠 숨조차 제대로 쉬지 못하는 지경에 이르러 있었다. 농부는 죽어 가는 어머니를 끌어안고 눈물을 흘리며 결심했다.

'그깟 게 뭐라고 망설인단 말인가!'

굳게 마음을 먹은 농부는 날카로운 칼을 챙겨 인적 드문 산길로 향했다. 그리고 수풀에 몸을 숨기고 사람이 오기만을 기다리는데, 하늘이 그런 그를 말리기라도 하듯 한참이 지나도록 사람이 나타날 기미가보이지 않았다. 하지만 농부는 굳은 결심으로 사람이 나타날 때까지몇 날 며칠을 같은 자리에서 기다렸다.

사흘째가 되던 날 저녁, 마침내 멀리서 사람이 걸어오는 소리가 들려왔다. 눈을 찡그려 다가오는 이를 보니 허름한 차림의 선비였다. 농부는 숨을 가다듬고 선비가 가까이 오길 기다렸다. 그가 지척에 이르자 재빨리 달려 나가 칼을 잡은 두 손을 힘껏 뻗었다.

"윽!"

선비는 일격에 목을 찔려 비명 한 번 질러 보지 못하고 그대로 숨이 끊어져 버렸다. 농부는 손에 묻은 피를 보며 온몸을 벌벌 떨면서도 선비의 간을 꺼내기 위해 그의 배를 갈랐다.

'미… 미안하오…'

'부스럭'

그런데 그때 산기슭에서 또다시 누군가 다가오는 소리가 들렸다. 농부가 놀라 보니 무당 하나가 길가로 내려오고 있었다. 마침 산에 있는 신당에서 내려오는 길인 듯했다. 농부는 황급히 선비의 시체를 숨기려 했으나 이미 길바닥에 피가 흥건한데다 무당은 이미 너무 가까이에 있었다. 무당은 농부의 수상한 움직임을 보았는지 그를 향해 외쳤다.

"이보시오! 무슨 일이 났…"

죽은 선비의 시체와 피범벅이 된 농부를 본 무당은 말하기를 멈추고 급히 산 아래로 달리기 시작했다. 농부는 순간 등줄기가 서늘해지는 듯했다.

'저 자가 고을에 이 사실을 알리기라도 하면…!'

농부는 잠시 망설이다 또다시 칼을 집어 들고 무당을 쫓아갔다.

"으아악!"

잠시 후 농부는 선비와 무당의 시체를 끌어다 인적 드문 곳의 나무 아래 두고서는 어린아이처럼 통곡하였다.

"미안하오…! 미안하오!"

그러고는 배를 마저 갈라 간을 꺼낸 뒤 그들의 시체를 묻어 두고는 급히 산 밑으로 내려갔다.

집에 이르니 어머니의 병세가 더욱 심해져 사경을 헤매고 있었다. 농부는 급히 가져온 간을 달여 모친의 입에 흘려 넣었다. 그러자 가쁘던 어머니의 숨이 점차 가라앉더니 이내 정신을 차렸다.

"신기하게도 몸이 가볍구나… 무슨 약이기에 이리 약효가 좋단 말이냐?"

어머니의 병세는 날이 갈수록 차도를 보였지만 농부는 도무지 참담한 마음을 추스를 길이 없었다. 얼마 전 일이 머릿속에서 떠나질 않았기 때문이었다. 어머니의 병세가 어느 정도 가라앉자 가진 돈을 털어 귀한 음식을 준비한 뒤 선비와 무당을 묻었던 숲속을 찾았다. 그리고 그곳에서 작은 제를 올렸다.

'나를 용서해 주십시오…'

"하하!"

귀에 익은 목소리에 농부는 화들짝 놀라 급히 자리에서 일어났다. 소리가 들려온 곳을 보니 웃음소리의 주인은 다름 아닌 지난날 마주쳤던 광인이었다. 그는 농부를 손가락질하며 숨이 넘어갈 듯 웃어댔다.

"지가 죽여 놓고 지가 제사를 지내면 그게 무슨 소용이람! 피범벅이되어 헐떡이는 꼴이 우습기 그지없더구나…!"

광인이 농부가 한 일을 모두 본 듯하니 농부는 몹시 당황했다.

'저놈이 떠벌리면 무당을 죽인 보람도 없어진다…'

그는 근처에 돌 하나를 슬며시 집어 들고는 서서히 광인에게로 다가갔다.

"우하하!"

그런데 그때 광인이 문득 땅에 엎어지더니 기이한 행동을 하기 시작했다. 미친 듯이 몸에 흙을 뿌려대며 서럽게 울부짖는 것이었다. 농부는 그런 광인을 보며 고민했다.

'설사 사실을 말한다 해도 이런 자의 말을 누가 믿겠는가…'

그의 행동을 보니 아무리 사실을 떠벌린다 해도 믿을 사람이 없을 듯한 데다, 이미 사람을 둘씩이나 죽인 그였기에 또 한 번 사람을 해치는 것이 달갑지 않았다. 농부는 고민하다 끝내 들어 올리려던 돌을 내려놓고 몸을 돌려 고을로 돌아가려 하였다. 그런데 등 뒤로 광인의 또렷한 목소리가 들려왔다.

"이봐, 어딜 가나?"

놀라 뒤를 돌아보니 광인은 엎드린 채 고개만을 들어 웃음기 없는 얼굴로 농부를 쏘아보고 있었다.

"내가 다 알고 있어, 널 가만두지 않을 거야."

그러더니 다시 미친 듯이 웃으며 선비와 무당이 묻힌 무덤을 파헤치는 것이었다. 농부는 급히 내려놓은 돌을 집어 들고선 광인에게로 달려들었다.

"으아아악!"

잠시 후 농부가 집에 돌아오자 그의 어머니는 아들의 안색을 살피며 걱정하였다.

"얼굴빛이 안 좋구나. 무슨 일로 그리 몸을 떠는 게냐?"

"별일 아닙니다. 걱정하실 것 없습니다."

이후 농부는 괴로운 마음에 다시는 세 사람이 묻힌 무덤을 찾지 않았다. 사람을 죽인 죄책감도 죄책감이었지만 한편으로 드는, 더 이상 비밀을 아는 이가 없다는 안도감이 더욱 그를 괴롭혔다.

'내가 무슨 짓을 벌인 것인가…!'

괴로움에 몸서리치던 어느 날, 농부가 밤늦도록 이 생각 저 생각에 잠을 이루지 못하고 있었다. 그런데 문득 집 밖에서 기이한 기척이 느껴지더니 문살에 사람의 그림자가 비쳤다.

"누구시오!"

그 순간 돌연 문이 활짝 열리더니 쏟아지는 달빛 사이로 정체불명의 형체들이 드러났다. 그들은 다름 아닌 지난날 농부가 죽였던 세 사람이었다.

"…!"

귀신들은 방 안에 천천히 들어오더니 농부와 그의 어머니가 누운 자리를 둘러쌌고 농부는 기절초풍하며 급히 엎드려 용서를 빌었다.

"면목이 없습니다. 지은 죄를 잘 알고 있으니 벌을 달게 받겠습니다. 허나 제 어머니는 죄가 없으니 부디 어머니의 목숨만은 살려 주십시오…"

세 귀신은 잠시 대답이 없더니 그중 하나가 입을 열었다.

"두려워할 것 없소. 우린 당신에게 인사를 하러 온 것뿐이오."

뜻밖의 대답에 농부가 어리둥절하며 고개를 들어보니 화가 가득할 것으로 생각했던 그들의 표정은 예상과는 달리 한없이 온화하였다.

"당신이 우리를 죽인 것은 분명 용서받지 못할 일이지만, 그 의도가 나쁘지 않은 것을 알고 있소. 게다가 이제 우린 모두 좋은 곳으로 가게 되었으니 더 이상 당신을 탓할 이유도 없소. 어렵게 얻은 명이니 어머니를 잘 모시도록 하시오."

농부는 감격하여 눈물을 흘리며 연거푸 감사의 뜻을 표했다. 귀신들은 고개를 끄덕이더니 하나둘 집 밖으로 나갔다. 그러다 그중 하나가 걸음을 멈추더니 무언가 생각난 듯 덧붙였다.

"지난번 제사상은 잘 먹었소. 그 값으로 무덤가에 선물을 두고 왔으니 그것을 취하도록 하시오."

그가 말을 마치자 문은 저절로 닫혔고 농부는 잠에서 깨어났다. 모두 한바탕 꿈이었다.

"무덤가에 선물을 두고 왔다니…?"

꿈에서 본 귀신들의 태도가 자못 부드러웠으나 농부는 두려움이 남아 차마 그들이 준 것을 보러 갈 엄두가 나지 않았다. 하지만 며칠이 지나도 별일이 없고, 어머니의 병 또한 계속해서 나아지니 그의 의심도 서서히 걷히기 시작했다. 농부는 또다시 귀한 음식들을 준비하여 늦은 밤 홀로 무덤가로 향했다.

그곳에 이르니 과연 무덤 위에 못 보던 것이 있었다.

'저게 무엇인가…?'

그것은 본 적 없는 기다란 풀이었는데 그 끝에 작은 열매들이 다닥다닥 붙어 있는 것이 그 생김이 벼와 흡사했다. 그 열매를 조금 떼어 먹어 보니 알이 실한 것이 꽤 먹을 만하였다. 농부는 기이하게 여기며 귀신들에게 제사를 올리고 그 열매를 따서 집으로 가져갔다.

가져온 씨알을 뜰에 뿌려 놓으니 풀은 무럭무럭 자라 열매를 맺었고, 농부는 그때마다 수확하여 독 여러 개에 담아 두었다. 그렇게 심고 기르기를 반복하니 농부의 집은 먹을 것이 넉넉해져 금세 살림이 풍족해졌고 농부는 이를 귀신들의 선물이라 여겼다.

"참으로 너그러운 귀신들이로다…"

그러던 어느 날 한번은 열매를 모아둔 독 하나를 잊고 먹지 않은 것이 생각났다. 뒤늦게 독을 열어 보니 이미 물이 가득 고여 있고 열매들이 모두 삭아 있었다.

"이런, 상해 버렸구나…"

아쉬워하며 그것을 내다 버리려 하는데, 독 안에서 풍겨오는 냄새가 자못 묘한 데가 있었다. 독을 엎으려던 것을 멈추고 그것을 조금 찍어 먹어 보니 입안에 그 묘한 향이 퍼지는 것이 먹어 본 적이 없는 맛이었다.

"기이한 일이구나. 이 또한 귀신들의 선물인가…!"

농부는 뜻밖의 수확에 기뻐하며 같은 방식으로 그 기이한 음식을 여러 항아리에 만들어 놓았다.

얼마 후 어머니의 병이 완전히 낫자 농부는 매우 기뻐하며 고을 사람들을 모아 잔치를 벌였다.

"어머니도 쾌차하시고 살림도 풍요로워졌으니 이런 경사가 어디 있겠나?"

그는 상다리가 휘어지도록 음식을 마련하여 사람들을 대접하였고 고을 사람들은 모두 이를 축하해 주었다. 그렇게 웃고 떠들며 분위기가 무르익어갈 때쯤, 농부는 문득 얼마 전 알게 된 기이한 음식이 생각났다.

'옳지, 그것을 맛보게 해 줘야겠다.'

기이한 음식을 담아 놓은 항아리 두어 개를 가져와 사람들에게 나누어 주었다.

"이게 무엇인가?"

"맛이 묘한 것이 먹을 만 하다네. 어서 먹어 보게."

고을 사람들은 처음 보는 음식에 다들 머뭇거리다 이내 한 입을 먹어 보더니 맛이 좋다며 너도나도 이를 받아 가기 시작했다.

"맛만 묘한 것이 아니라 기분도 묘해지는구면."

그런데 그렇게 모두 한 잔씩을 마시니 기이한 일이 벌어졌다. 잔치로 시끌벅적하던 농부의 집이 금세 조용해진 것이었다. 떠들썩하던 사람들이 갑자기 글방 서생이라도 된 양 은근한 목소리로 이야기를 나누니 농부는 모든 것이 기이하게 여겨졌다.

'실로 귀신의 기운을 가지고 있는 음식이로구나!'

궁금함이 일은 농부는 담아 놓은 그 음식을 모두 꺼내 왔다.

"자, 마음껏 들게!"

그러자 사람들은 기뻐하며 앞다투어 이를 받아서 먹기 시작했다. 그러던 중 한 사람이 문득 자리에서 일어나더니 이상한 몸짓을 하기 시작했다.

"하하!"

제자리에서 발을 구르며 뜀을 뛰어대고 중간중간 고함치고 노래까지 불러대는 것이 괴이하기 짝이 없는 모습이었다. 그뿐만이 아니었다. 다른 이들도 하나둘 자리에서 일어나 같은 행동을 하는 것이었다. 그들은 해괴한 몸짓과 함께 독에 든 음식을 물처럼 마셔대기 시작했다. 조금 전까지만 해도 점잖게 앉아 있던 이들이 그리 돌변하니 농부는 무언가 모를 섬뜩함을 느꼈다. 그들의 몸짓은 전에 본 적이 있는 것이었다. 이는 굿판에서 무당들이 추는 춤과 같은 것이었다. 생각이 거기까지에 이르자 농부의 머릿속에 무언가가 스쳐 지나갔다.

"아까의 점잖은 모습은 선비와 같고… 그다음은…"

그때, 어디선가 괴성이 들려왔다. 농부가 놀라 소리가 나는 쪽을 보니 한 사람이 자리를 박차고 일어나 마당으로 뛰어들고 있었다. 그는 흙바닥에 엎어지더니 이내 미친 듯이 웃어대기 시작했다.

"우하하!"

그러고는 농부를 보면서 중얼거리며 무언가를 파내려는 듯 바닥의 흙을 이리저리 헤집는 것이었다.

'절대 너를 가만두지 않을 것이다…!'

"…!"

농부는 그제야 모든 것이 귀신의 짓이었음을 깨닫고, 사람들에게서 급히 음식을 거두려 했다.

"그만하면 되었네! 어서 이리 주게!"

하지만 사람들은 그를 거칠게 밀치며 독 안에 든 음식을 계속해서 입안에 퍼부어댔다. 그리고 그에 따라 점점 더 해괴한 짓을 하기 시작하는데, 어떤 이는 울고 어떤 이는 웃으며, 어떤 이는 상을 뒤집어엎고 물건을 부수는 것이 마치 미친 사람들과 같았다. 그들은 정신없이 그릇과 세간 살림을 서로에게 집어 던졌고 곧 큰 싸움으로 번졌다. 서로의 살을 물어뜯고 목을 졸라대는 광경이 마치 지옥도를 보는 듯 끔찍하니 농부는 집을 빠져나가고자 노모를 들쳐 업었다. 그리고 서둘러 집 밖으로 향하는데 뜰을 지나는 중 어떤 이가 농부를 가리키며 소리쳤다.

"내가 그냥 넘어갈 줄 알았더냐!"

그러자 사람들은 서로 싸우기를 멈추더니 벌떼처럼 농부에게 달려들었다. 그들은 등에 업힌 노모를 뜯어내고는 두 사람을 마구잡이로 매질하기 시작했다. 몸이 약한 농부의 노모는 곧 숨이 끊어져 버렸고, 농부도 피투성이가 되어 숨만 겨우 붙어 있는 지경에 이르렀다. 고을 사람들은 뒤집힌 눈으로 그를 보며 미친 듯이 웃어대더니 앞다투어 그의 목을 조르기 시작했다.

"피범벅이 되어 헐떡이는 꼴이 우습기 그지없구나…!"

"윽…"

농부의 숨마저 끊어지자 고을 사람들은 다시 서로 뒤엉켜 싸우기 시작했고 얼마 지나지 않아 대부분이 농부와 같이 죽어 버렸다. 그리고 남은 자들 또한 마신 것을 모두 토해 내고는 쓰러져 죽어 버리니, 농부의 집에 남은 것은 산처럼 쌓인 시체들과 음식이 담겨 있던 항아리뿐이었다.

나쁜 일을 하면 반드시 나쁜 결과가 따른다고 했던가, 농부가 한 일이 그랬다. 선한 의도로 시작한 일이라도 그 방법이 선하지 않았으니 그가 한 일은 그저 악행이었을 뿐이었고 끝내 그 대가를 치르게 된 것이었다.

이후 귀신이 농부에게 준 풀과 그것으로 만든 음식은 계속해서 전해지게 되는데 귀신이 남긴 풀은 '밀'이라, 그것으로 만든 기이한 음식은 '술'이라 불리었다. 술에는 농부에게 죽은 세 사람의 혼이 깃들여져 있어 한 잔을 마시면 선비처럼 점잖아지고, 두 잔을 마시면 흥에 겨워 무당처럼 춤을 추고 노래하며, 석 잔을 마시면 광인처럼 마음속에 있는 광기가 솟아오르게 된 것이라 전한다.

불상 속에 숨겨진
조선을 멸망시킬 예언서

　동서고금을 막론하고 세상엔 수많은 예언서가 존재해 왔다. 그 예언서는 오래전에 쓰였음에도 훗날 그 내용이 실제로 들어맞는 경우가 있어 기이함을 자아내곤 한다. 16세기 노스트라다무스가 쓴 《제세기》는 몇백 년 후인 프랑스 대혁명과 히틀러의 등장 등을 예언했고, 당나라 때 쓰인 《추배도》는 중국 최초의 여황제 측천무후의 등장과 2차 대전 때 일본의 패망 등을 예언한 것으로 유명하다.

　예언서의 등장은 시대와 지역을 가리지 않아 조선시대도 예외는 아니어서 조선 전기 도사라 불리었던 남사고가 쓴 《격암유록》, '이씨가 망하고 정씨가 나라를 세운다'는 내용의 《정감록》 등이 조선시대에 나타나기도 하였다. 그런데 같은 시기 조선의 존망을 예언했던 잘 알려지지 않은 비서가 하나 있었으니, 세상에 나오면 조선을 멸망시킬 것이라 알려졌던 선운사 마애불 안의 비서다.

조선 후기 이서구라는 양반이 있었다. 한번은 그가 전라감사에 부임하게
되었는데 그곳에서 기이한 소문을 듣게 되었다.

'선운사의 미륵 속의 복장 속에는 신기한 비결이 들어 있는데, 그것이 세상
에 나오면 조선은 망할 것이다.'

평소 호기심이 많았던 이서구는 소문을 듣고 그것을 꼭 두 눈으로 확인하고
싶었다. 곧장 소문의 선운사로 향했는데, 그곳에는 과연 높게 솟은 암벽에 다
섯 장은 되어 보이는 거대한 마애불(노출된 바위 면에 조각된 불상)이 조각되어
있었다. 고개를 들어 자세히 살펴보니, 석불 한가운데에 희미하게 복장의 흔
적이 보였다. 복장이란 불상을 만들 때 보화나 서책을 넣는 것으로, 소문의 비
서는 그곳 안에 있을 듯 보였다. 이서구는 불상에 사다리를 대고 마애불에 올
랐다.

잠시 후 복장의 흔적에 이르러 살펴보니 그곳 아래쪽엔 손이 들어갈 만한
작은 구멍이 나 있었다. 손을 넣어 뒤적여 보니 과연 잡히는 것이 있었다. 그
것은 언제 쓰였는지 알 수 없는 낡은 서책 한 권이었다. 소문에 이른 기서를
손에 넣었다는 생각에 이서구는 들뜬 마음으로 책의 겉장을 넘겨보았다. 그
리고 소스라치듯 놀라 하마터면 책을 떨어뜨릴 뻔하였다. 비서의 첫 장에는
이런 내용이 적혀 있었다.

전라감사 이서구가 열어 보다

그때 돌연 마른하늘에 벼락이 내려치기 시작했다. 이서구는 온몸의 털이
곤두서는 듯하였다.

"이것은 감히 봐서는 안되는 것이다!"

그는 더 이상 그것을 넘겨보지도, 감히 가져가지도 못하고 다시 석불의 복장 안에 이를 넣어 두고는 허겁지겁 산 아래로 내려갔다.

이서구(1754~1825)는 조선 후기에 실재했던 기인으로 전해지는 인물이다. 그는 천문에 능해 종종 미래의 일을 예측하는 등 신통력을 보였다고 전해지는데 그런 그조차 마애석불의 비서는 감히 가져가지 못했다는 것이다. 그 비서의 정체는 과연 무엇이었을까?

비서가 들어 있던 선운사 마애석불의 유래를 살펴보면 삼국시대로 거슬러 올라간다.

6세기 백제 27대 임금 위덕왕은 검단이라는 이름난 선사에게 그곳 암벽에 불상을 조각해 달라 부탁한다. 검단 선사는 이를 승낙하고 거대한 마애석불을 만들었다. 이 전설에 따르면 비서는 천년이 넘는 세월 동안 석불 안에 잠들어 있었다.

비밀에 싸인 마애석불의 비서에 관해 전해지는 이야기는 이서구의 일화뿐만이 아니다. 그가 마애불을 다녀간 지 70여 년이 지난 어느 날 손씨 성을 가진 사내 하나가 수십 명을 대동하여 선운사를 찾았다. 그들은 마애불 속 비결에 관한 이야기를 듣고 온 듯했다. 승려들은 수십 년 전의 일을 알고 있었기에 재앙이 닥칠까 두려워 하나같이 그들을 말렸다. 하지만 사내는 결연이 외쳤다.

"벼락이라면 이미 이서구가 맞았으니 걱정할 것이 없다!"

그는 막아서는 승려들을 제압하고는 마애불에 오르기 시작했다. 그리고 석불의 복장을 도끼로 부수고 그 속에서 비서를 꺼내었다. 과연 이번에는 벼락이 치지 않았다. 사내는 이서구가 차마 읽지 못했던 뒷장을 넘겨 읽어 보고는 비서를 들고서 산 아래로 유유히 사라졌다.

그리고 2년 뒤 그의 이름은 조선 팔도에 널리 퍼지게 되니, 동학 농민 운동의 지도자 손화중(1861~1895)이었다. 썩어 빠진 세상을 바꾸고자 했던 그가 마침 비결에 대한 소문을 듣고 마애불의 복장을 열어 그것을 꺼내 간 것이었다.

동학의 접주가 마애불의 비서를 손에 넣었다는 소문은 날개 돋친 듯 퍼져 나갔다. 수많은 사람이 그와 뜻을 함께하겠다며 동학도에 가담하기 시작했다. 조선을 멸망시킨다는 비서를 손에 넣어서인지 백산에서 봉기한 동학 세력의 기세는 파죽지세와 같았고, 관군을 맞닥뜨려 승리를 거두고 금세 전주성까지 함락시켰다. 전주성은 호남의 요충지이자 조선 왕가의 정신적 고향이기도 했기에 큰 사건이 아닐 수 없었다. 동학군은 금세라도 한양에 올라가 부패한 지배층을 타도하고 새로운 세상을 열 것만 같았고, 비결의 예언은 사실이 되는 듯했다.

그러나 예상과는 달리 일은 순탄치 않게 흘러가기 시작했다. 위기감을 느낀 조정이 어리석은 선택을 하고야 만 것이었다. 동학군을 관군으로 진압하기 어렵다고 판단한 조정이 청나라에 파병을 요청했다. 청나라군은 기다렸다는 듯 조선 땅을 밟았고, 이어서 일본군 또한 톈진 조약을 빌미로 피 한 방울흘리지 않고 조선 땅에 들어왔다.

두 나라는 각자의 땅이 아닌 조선 땅에서 자신들의 이권을 둔 전쟁을 벌이기 시작했고, 조선은 그렇게 침략자들의 각축장이 되어 버렸다. 동학 농민군은 그들과 죽기로 싸웠으나 우금치와 태인에서 크게 패하여 끝내 산화하였고, 손화중 또한 붙잡혀 전봉준과 함께 참형을 당하게 되었다.

그렇게 마애불 안에 숨겨져 있다던 비서의 비밀은 자취를 감추어 수수께끼로 남게 되었다. 다만 슬프게도 그 예언은 그대로 이루어지게 되어, 조선은 끝내 역사의 뒤안길로 사라지게 되었다. 하늘의 뜻은 이미 정해졌으나 그 방식을 정하는 것은 사람의 몫이었다.

선운사 마애불 안에 숨겨져 있었다는 비밀의 문서, 과연 그 안에는 어떤 내용이 담겨 있었을까? 혼탁하던 시대 고통받던 민중들이 만들어 낸 이야기였을까? 아니면 지금도 이 땅 어딘가에 숨겨져 있을까?

전라북도 고창군에 있는 선운사 마애불에는 현재에도 복장의 흔적이 남아있다.

사도세자를 미치게 한 금지된 책

· 옥추경 ·

조선 후기 영조가 다스리던 시대 조선 왕가에 끔찍한 일이 벌어진다. 임금이 장성한 세자를 뒤주에 가둬 죽인 것이었다. 아버지가 아들을 죽인 이 끔찍한 사건은 영조의 지나친 질책과 그로 인해 생겨난 세자의 광증과 비행 혹은 노론의 음모가 그 원인인 것으로 알려져 있다. 그런데 사도세자의 아내 혜경궁 홍씨의 회고록《한중록》에는 이와 관련한 기이한 이야기가 기록되어 있다.

사람들이 그 사건에 대해 이렇다 저렇다 하는데, 모두 허무맹랑한 것이다. (중략) 영조께서 자식 사랑을 더 하지 못하였으나 나중엔 어쩔 수 없었다. 세자의 병환이 깊어져 왕실의 존망이 위급했기 때문이다. 세자의 증세는 열여덟이 되시던 해 나타나기 시작해 이듬해에 이르러 고치기 어려운 병이 되었으니… 그저 그 책이 원수로다!

영조는 나이 마흔을 넘겨 아들 하나를 얻게 되었다. 첫아들이 세상을 떠난 뒤 7년 만에 어렵게 얻은 아들이니만큼 영조는 아이를 몹시 아꼈다. 아들이 갓 돌을 지났을 때쯤 세자에 책봉하고 밤을 새워 가며 장차 아이가 읽을 책을 직접 옮겨 적을 정도였다. 그도 그럴 법한 것이 아들이 몹시 총명하여 넉 달 만에 걸음마를 떼고, 여섯 달 만에 아버지의 부름에 답할 정도였기 때문이었다.

"이 아이는 장차 성군이 될 것이다."

하지만 무엇이든 그 정도가 지나치면 오히려 부족한 것만 못한 법, 영조의 과한 기대는 세자에게 독이 되었다. 세자는 총명한 것과는 별개로 어려서부터 공부보다는 무예나 그림 그리기를, 딱딱한 유교 경전보다는 도교와 불교의 경문과 잡서 보기를 더 즐겨하였다.

숱한 어려움 끝에 왕위에 오른 영조의 눈에는 그런 세자의 모습이 아니꼽을 수밖에 없었다. 그러다 보니 영조는 세자를 심하게 다그치곤 하였는데 그 방법이 자못 심한 데가 있었다. 얼굴을 맞대고 좋게 타이르는 법은 없고 항상 멋대로 하게 두었다가 꼭 사람들이 많은 자리에서 이를 언급하며 망신을 주는 것이었다.

"세자가 가지고 노는 것을 가져오라. 다들 이것을 보거라. 이따위 것이나 가지고 놀고 있으니 어찌 내가 걱정하지 않을 수 있겠느냐?"

영조는 따뜻하게 보듬어 주는 일 한번 없이 심하게 다그치기만 하니 세자는 점점 부왕을 두려워하게 되었다. 대답이 점점 느려지고 쭈뼛거리게 되니 영조는 영조대로 그런 모습을 더욱 못마땅하게 여기게 되는 악순환이 연속되어 부자 사이 감정의 골은 나날이 깊어져만 갔다.

영조는 세자가 성년이 되자 대리청정하게 하였는데, 그로 인한 꾸중은 더욱 심해졌다. 정사를 보다 영조에게 조언이라도 구할라치면 그것도 스스로 못하냐며 꾸중하였고, 스스로 결정하면 허락도 받지 않고 멋대로 결정하였다 꾸중하니 세자로서는 하루하루가 곤혹스러울 수밖에 없었다. 그러다 영조는 눈이 오고 가뭄이 드는 천재지변조차 세자 탓으로 돌리기 시작했다.

"백성들이 추위에 떨고 굶주리는 것은 다 세자의 덕이 엷음에 하늘이 노하셨기 때문이다!"

모든 허물을 세자에게 뒤집어 씌우니 세자는 극심한 압박감을 느껴 천둥과 번개가 치거나 날씨가 좋지 못한 날에는 몹시 근심하게 되었다.

"아, 아바마마께서 나를 불러 질책하실 것이다…! 이를 어찌한단 말이냐!"

영조의 다그침이 심해지고 하루하루 힘이 들수록 세자는 평소 즐겨보던 경문 잡서에 더욱더 기대게 되었다. 밤을 새워 주문을 읽고 공부하며 궁을 드나드는 점쟁이를 불러 경을 읽히기도 하였다.

'나의 이름을 부르면 도움을 받으리니…'

그렇게 세자가 도교 경전과 주문서에 빠져 있던 어느 날 예사롭지 않은 책 한 권을 접하게 되는데, 바로 《옥추경》이라는 경문이었다.

'항상 잊지 않고 읽어라. 몸에 붙은 귀신들이 벌벌 떨며 달아날 것이며, 소원하는 바 또한 반드시 이루어질지어다.'

《옥추경》은 남송 시기에 쓰인 것으로 추정되는 도교의 경전으로 '뇌성보화천존'이라는 천둥 신의 가르침을 설파하는 내용을 담고 있다. 이 책에서 '보화천존'은 다섯 가지 우레를 이용해 악을 처단하며, 어려움에 부닥쳤을 때 이

경전을 읽으면 신들이 가서 도움을 준다고 이르고 있다. 이러한 내용을 가진 《옥추경》은 재앙과 질병, 귀신을 쫓는 굿에서 두루 읽히곤 하였는데, 예로부터 그 영험함을 인정받아 '귀신을 뼈까지 녹여 버릴 수 있는 경전', '천리 안의 귀신들을 모두 움직일 수 있는 경전'이라 불리기도 하였다.

그 명성이 어찌나 대단한지 명나라에서는 보화천존의 생일에 맞춰 성대한 제사를 올리곤 하였으며, 조선에서도 도교 기관인 소격서에서 정식으로 읽히곤 하였다. 조선 중기에 소격서가 폐지되면서 그 공식적인 쓰임은 멈추었으나 민간과 절에서는 계속해서 읽히며 그 명맥이 이어지고 있었다.

"이 책을 읽으면 귀신을 부릴 수 있다 하니 한번 읽어 보자…"

사도세자는 그날부터 홀린 사람처럼 《옥추경》을 읽기 시작했다. 밤이고 낮이고 《옥추경》에만 몰두하니, 마치 미친 사람과도 같았다.

'항상 잊지 않고 읽어라. 몸에 붙은 귀신들이 벌벌 떨며 달아날 것이며, 소원하는 바 또한 반드시 이루어질지어다.'

궁인들은 그를 몹시 근심하였다. 그가 《옥추경》에 몰두할수록 행동이 이상해졌기 때문이다. 하루는 비가 내리고 천둥이 치던 밤중에 세자의 방에서 기이한 소리가 들려왔다.

"보화천존이 보인다… 두렵구나… 두려워…!"

이후 세자는 완전히 변해 버렸다. 음식을 먹는 것부터 행동거지까지 마치 다른 사람과 같았다. 특히나 《옥추경》의 '옥'자와 '추'자 두 글자를 몹시 두려워하였는데 단옷날 영조가 내린 팔찌 형태의 구급약인 옥추단을 차지 못할 정도였다.

"저하, 전하께서 옥추단을 내리셨사옵니…"

"닥쳐라! 어디서 그딴 말을 지껄이는 것이냐! 썩 치우지 못할까!"

나중에는 하늘을 몹시 두려워하고 '우레 뢰(雷)'자, '벼락 벽(霹)'자도 도 꺼리기 시작했는데, 이전에도 아버지의 꾸중에 대한 압박으로 천둥을 두려워하긴 했지만, 그 정도가 몹시 심해져 비할 바가 되지 못했다.

세자는 천둥이 치는 날이면 방 안에서 귀를 막고 엎드려 벌벌 떨다가 천둥이 그친 뒤에야 일어나곤 하였다.

"내, 내가 엎드려 숨은 것을 부왕께 알리지 마라!"

이러한 증세는 날이 갈수록 심해져 나중에는 고치기 어려울 지경에 이르렀고 끝내 이전과는 차원이 다른 일들을 저지르기 시작했으니 바로 까닭 없이 사람을 죽이는 것이었다.

세자는 어느 날부터 옷 입는 것을 꺼리더니 나중에는 옷 한 번 입고자 불을 지르며 귀신에게 제사를 지내곤 하였다. 그러다 한번은 후궁인 경빈 박씨가 옷시중을 들고 있었는데 그만 세자의 광증이 도져 버렸다.

"이, 이따위로 밖에 못 하느냐!"

세자는 돌연 크게 성을 내고는 박씨를 마구잡이로 때리기 시작했다. 그가 평소 사랑하는 후궁을 별다른 이유 없이 한동안 사정없이 매질한 것이다. 피투성이가 된 박씨는 끝내 숨이 끊어져 버렸다. 하지만 이미 실성해 버린 세자는 그러고도 모자랐는지 갓 돌이 지난 자신과 박씨 사이의 아들을 칼로 베고 물에 던져 버리기까지 하였다.

세자의 만행은 이것이 끝이 아니었다. 시중을 드는 내시들을 무자비하게 구타하는 것은 예삿일이고, 항상 내인들을 때려 피투성이로 만든 채 곁에 두곤 하였다. 광증이 오를 때마다 사람을 죽였는데, 궁 안에서 그의 손에 죽은 이가 100여 명에 달할 정도였다. 한번은 김환채라는 내시의 목을 쳐서 그것을 들고 궁 안을 활보하며 궁인들에게 내보인 적도 있었다.

세자의 패악질이 극에 달하던 어느 날 한번은 수구문을 통해 성안에 들어오더니 경희궁을 향하며 말했다.

"칼을 차고 가서 어떻게 해 버리고 싶구나…! 병화로 어떻게든 하련다…!"

당시 수구문은 성안에서 죽은 시체가 밖으로 나가는 문이었다. 또한 경희궁은 영조가 있던 곳으로 병화, 즉 '전쟁으로 인한 화'로 어떻게 하겠다는 것은 아버지 영조를 해 하겠다는 것이나 다름없는 말이었다.

'항상 잊지 않고 읽어라. 몸에 붙은 귀신들이 벌벌 떨며 달아날 것이며, 소원하는 바 또한 반드시 이루어질지어다.'

이날 세자의 행동은 진짜 습격으로 이어지진 않았으나 세자가 반역을 꾀했다는 소문은 금세 궁에 퍼졌고, 영조가 눈감아 줄 수 없는 일이 되어 버렸다. 이틀 후 세자를 불러 평민으로 강등시키고 뒤주에 가두니 바로 '임오화변'이었다.

세자가 뒤주에 갇힌 채 더위와 굶주림에 시달리며 여드레가 되는 날, 세자가 그토록 두려워하던 천둥과 번개가 치기 시작했다. 그리고 비가 그친 뒤 좌우의 사람들이 뒤주를 흔들어 보니 아무런 움직임도 느껴지지 않았다. 이에 뒤주를 열어 보니 세자는 싸늘한 주검이 되어 있었다.

이 사건 이후 《옥추경》은 금서가 되었다. 하지만 민간과 절에서는 알게 모르게 사용되며 여전히 귀신을 쫓고 소원을 비는데 읽히곤 하였으며, 그 명맥은 지금까지 이어졌다. 전해지는 말에는 도적 몇 이서 사도세자의 묘를 도굴한 적이 있었는데 그곳에《옥추경》이 함께 묻혀 있었다고도 한다.

사도세자가《옥추경》을 읽으며 빌고 또 빌었던 것은 무엇이었을까?
그를 미치게 한 것은 그의 소원이 아니었을까?

셋

중국 괴담

욕심과
인간

모란등롱

· 밤마다 나타나는 등불을 든 여자 ·

원나라 시대 말 해적 방국진(1319~1374)이 항주를 점령하고 있을 시기 명주(현 저장성 닝보시) 땅 어느 언덕 기슭에 교씨 성을 가진 청년이 살고 있었다. 그는 몇 년 전 아내가 젊은 나이에 세상을 떠난 뒤 그 충격에서 헤어 나오지 못해 바깥출입을 끊고 홀로 우울한 나날을 보내고 있었다.

하루는 대문가에 서서 멍하니 언덕 아래를 내려다보는데 사람들 여럿이 등불을 들고 즐겁게 노니는 것이 보였다. 명주에는 매년 정월대보름마다 귀족, 천민 할 것 없이 모두 등롱(등불을 켜서 어두운 곳을 밝히는 데 쓰는 기구)을 들고나와 함께 노니는 풍습이 있었는데, 오늘이 그날인 듯했다.

'벌써 대보름인가 보구나…'

사람들이 웃고 떠드는 모습을 바라보니 교생은 오랜만에 울적함에서 벗어나는 듯했다. 기분이 좋아진 그는 사람 구경이나 하자 싶어 몇 년 만에 집을 나섰다.

북적이는 저잣거리를 지나며 형형색색의 등롱을 구경하다 보니 어느덧 밤이 깊었다. 사람들이 하나둘씩 사라지고 북새통을 이루던 길가도 한적해지니 교생 또한 아쉬운 마음을 뒤로하고 집으로 발걸음을 옮겼다. 집이 있는 언덕을 향해 걸어가는데 언덕 기슭을 지날 때쯤 멀리 등롱 빛 하나가 보였다.

'아직 돌아가지 않은 사람이 있나 보구나.'

마침 돌아가기 아쉬웠던 차에 집 근처에 사람이 보이니, 교생은 반가운 마음이 들어 오랜만에 다른 이와 말이나 섞어볼까 하는 생각에 불빛을 향해 발걸음을 재촉했다.

불빛에 다가가 보니 등롱 빛의 주인은 두 명의 여인이었다. 시녀로 보이는 한 사람이 모란 장식 등롱을 손에 들고 길을 인도하고 있고, 지체 높아 보이는 다른 여인이 그 뒤를 따라 걷고 있었다. 그런데 그 두 번째 여인의 걸음걸이가 자못 간드러지고 옷차림 또한 화려한 것이 우아한 자태가 아닐 수 없었다. 슬며시 궁금한 마음이 든 교생은 짐짓 아닌 체 그녀를 앞지르며 그 모습을 살펴보았다.

그녀의 얼굴을 본 교생은 순간 마음이 떨리고 입술이 바짝 말라붙는 듯하였다. 그녀는 만고절색이 따로 없는 미인이었다. 교생은 그녀를 더 보고 싶은 마음이 주체가 되지 않아 그녀를 몰래 곁눈질하며 앞서 거니 뒤서거니 하며 그녀의 곁을 맴돌았다.

'내 저리 아름다운 여인은 처음 보는구나…'

그렇게 넋을 잃은 채 수십 보를 걸어가는데, 앞서 나가던 여인이 돌연 걸음을 멈추더니 교생을 돌아보며 말했다.

"달빛 아래서 만나 이리 함께 걷게 되었으니 우연은 아니겠지요?"

꿈인지 생시인지 아름다운 여인이 자신에게 추파를 던지는 듯하니 교생은 속으로 뛸 듯이 기뻤다. 하지만 떨리는 마음을 추스르며 예를 갖춰 답했다.

"원소제(중국에서 대보름 날 즐기는 등불 축제)를 즐기고 돌아가시는 길인가 봅니다. 저는 이 근처에 사는 교 아무개라 합니다."

여인은 생긋 웃으며 화답하고는 물었다.

"즐겁게 노닐다 보니 멀리 온 것도 잊었지 뭐예요. 집은 아직 멀었는데 벌써 힘이 드는군요. 근방에 사신다면 혹 근처에 쉬어갈 만한 곳을 아십니까?"

"이곳은 오가는 사람이 드물어 주민들만 있을 뿐 따로 쉬어갈 만한 곳은 없습니다."

그러자 여인은 고개 숙여 사례하고는 다시 몸을 돌려 가던 길을 걷기 시작했다. 교생은 잠시 망설이다 여인에게 말했다.

"멀지 않은 곳에 제집이 있으니 괜찮으시면 잠시 머물다 가시지요."

여인은 교생을 돌아보고는 시녀와 마주 보며 미소를 짓더니 부끄러운 듯한 말투로 말했다.

"금련아, 이분 앞에 등불을 비추어 드리거라."

교생은 기쁜 마음을 감추려 애쓰며 그들을 자기 집으로 안내했다. 그는 시녀에게 쉴 곳을 내어 주고는 여인을 자신의 방으로 데려갔다.

"이곳이 제일 좋은 방이니 편히 쓰도록 하십시오."

그러자 여인은 감사를 표하고는 말했다.

"생각해 보니 제 이름을 알려 드리지 않았군요. 저는 봉화주판의 딸로 성은 부요, 이름은 숙방입니다. 부친께서 돌아가신 뒤 가세가 기울어 고향을 떠나 이곳에 자리를 잡고 시녀와 함께 호수 서쪽에 살고 있답니다."

미모 못지않게 목소리와 말씨 또한 곱기 그지없으니, 교생은 더욱더 그녀에게 빠져 정신이 혼미해지는 듯했다. 두 사람은 단둘이 마주 앉아 한참이나 즐겁게 이야기를 나누었고, 마침내 서로에게 끌려 하룻밤을 함께 보내게 되었다.

이후 숙방은 밤마다 모란 장식의 등롱을 들고서 교생의 집을 찾아왔고 밤새 지극한 정을 나누다가 해가 뜰 때쯤 돌아가곤 하였다. 교생은 밤에는 그녀와 달콤한 시간을 보내고 낮에는 그녀를 그리며, 지난 우울한 몇 년이 아깝지 않을 정도로 행복한 나날을 보냈다.

그런데 보름쯤 지나고 숙방과 작별한 뒤 잠자리에 들려 하는데 대문 밖에서 누군가 부르는 소리가 들려왔다.

"이보게, 교생! 어서 문을 열어 보게!"

처가 세상을 떠난 뒤 도통 이웃들과 왕래가 없던 터라 낯선 부름에 의아해하며 교생은 문을 열어 보았다. 그를 찾아온 이는 이웃집에 사는 노인이었는데, 무슨 일인지 얼굴이 새하얗게 질려 있었다.

"이 이른 시간에 무슨 일이십니까?"

노인은 묻는 말에는 답하지 않고 대뜸 되물었다.

"자네… 밤마다 무얼 하는 겐가?"

노인이 간밤에 자기 집을 엿본 것이 분명했다. 교생은 노기 서린 말투로 답했다.

"내가 뭘 하든 노인장이 무슨 상관이시오? 신경 쓰지 마시오."

그러고는 문을 닫으려 하는데 노인이 급히 그의 옷자락을 붙잡았다.

"이거 왜 이러시오?"

"…내 며칠 동안 자네의 행동거지가 이상하여 어젯밤 몰래 자네 방을 들여다보았네… 그런데 괴이한 행동을 하고 있던데…!"

노인은 교생의 얼굴을 뜯어보더니 떨리는 목소리로 물었다.

"혹시 무얼 하는 건지 모르는 겐가…?"

무언가 이상함을 느낀 교생은 닫으려던 문을 놓고선 되물었다.

"무얼 하는지 모르다니, 그게 무슨 말입니까?"

노인은 잠시 뜸을 들이다, 조심스레 입을 뗐다.

"어젯밤… 얼굴에 분을 칠한 시체를 밤새 껴안고 있지 않았나…!"

"…!"

"자네 얼굴을 한번 보게."

놀란 교생이 황급히 집 안에 들어가 물동이에 얼굴을 비추어 보니,

과연 그의 얼굴은 언제 변했는지도 모르게 양 볼과 눈두덩이가 움푹 파이고 눈에는 생기가 없는 것이 마치 죽은 사람처럼 변해 있었다.

'…시체라니…?'

조금 후 노인이 그를 뒤따라와 말했다.

"내 일찍이 듣기로, 귀신에게 원기를 빼앗기면 산 사람이 죽은 사람처럼 되고 죽은 사람이 생기를 얻는다고 하더군. 목숨이 위험하니 당장 그만두는 것이 좋을 걸세."

교생은 그 길로 호수 서쪽으로 달려갔다. 숙방이 스스로 사는 곳이라 말했던 곳이었다. 그곳에 도착하여 집집이 돌며 숙방을 아는 이를 찾았지만, 기이하게도 그녀를 아는 이가 아무도 없었다.

'어떻게 이럴 수가…'

둑이며 다리 밑이며 사람이 들어갈 만한 곳이라면 빠짐없이 둘러보았지만, 그녀의 흔적조차 찾을 수 없자 교생은 마음이 심란해져 갔다. 이윽고 해가 넘어가도록 그녀를 찾지 못하자 몸과 마음이 지칠 대로 지친 그는 집에 돌아가기 전 쉬어갈 만한 곳을 찾았다. 그러던 중 호숫가에서 높다란 사찰 대문이 보였다.

호심사 湖心寺

교생은 그곳으로 들어가 행랑에서 잠시 고단함을 달랬다. 그런데 마루 끝자락의 어둑한 방 하나가 눈에 들어왔다. 방 안은 어두웠지만, 반쯤 열린 문틈 사이로 무언가 눈에 익은 것이 보였다. 교생은 몸을 일으켜 조심스레 방 쪽으로 다가가 보았다. 방 안의 벽에는 모란 장식이 된 등롱이 걸려 있었다.

"이건…"

떨리는 손으로 조심스레 방문을 마저 열어 보니, 등롱 아래에는 짚으로 만든 인형이 걸려 있었는데 몸통에 낯익은 이름이 쓰여 있었다.

'금련'

어디서 들어본 듯한 이름에 교생은 무언가 모를 불길함을 느끼며 그 아래를 보았다. 그곳에는 관 하나가 놓여 있었다. 그 위에 글씨를 본 교생은 머리털이 곤두서는 듯하였다.

'봉화주판 부씨의 딸, 숙방의 관'

다름 아닌 숙방의 관이었다. 교생은 온몸에 소름이 끼쳐 비명조차 지르지 못하고 그대로 사찰을 뛰쳐나왔다. 곧 숙방이 찾아올 시간이었던 지라 교생은 감히 집으로 돌아가지 못하고 이웃 노인의 집으로 가 몸을 숨겨 줄 것을 청했다. 그러고는 낮에 있었던 일을 자세히 말하니 노인이 잠시 고민하다 말했다.

"하루야 이렇게 보낸다지만, 매일 숨어 다닐 수는 없는 노릇이지 않은가? 내 듣기로 현묘관(현 쑤저우시에 있는 도교 사원)에 위법사라는 도인이 있는데, 부적으로 주에서 제일가는 이라 하네. 그를 찾아가 귀신을 쫓을 부적을 구해보는 것이 어떤가?"

교생은 노인의 말을 옳게 여겨 동이 트길 기다렸다가 현묘관이 있는 소주로 향했다.

얼마 후 현묘관에 이르니 법사는 교생을 보자마자 놀란 기색으로 말했다.

"자네, 얼굴에 요기가 가득하구먼."

교생은 그의 신통력이 보통이 아님을 알고 엎드려 절하며 사정을 자세히 일렀다. 법사는 이야기를 가만히 듣더니 붉은색 먹으로 부적 두 장을 써서 교생에게 건넸다.

"한 장은 방문 위에, 한 장은 침상 위에 붙이게."

교생이 흐느끼며 감사를 표하니 도인이 덧붙였다.

"명심하게. 앞으로 절대 그 사찰 근처에 가서는 안되네."

그날 밤 도사가 이른 대로 집안에 부적을 붙이고는 집 밖을 주시하며 숙방이 오는지를 살폈다. 그리고 자정쯤 이르렀을 때 담벼락 밖에 불빛 하나가 서서히 다가오는 것이 보였다. 불빛은 대문 가까이에 이르더니 움직이기를 멈추었다. 그리고 문을 잡아당기는 소리가 들려왔다.

덜컹!

문이 열리지 않자 등불의 주인은 여러 번 문을 잡아당기는 듯하더니 거칠게 흔들어대기 시작했다.

쾅! 쾅! 쾅!

교생은 두려움에 정신이 혼미하여 두 눈을 질끈 감았다. 잠시 후 문 흔드는 소리가 멎었다. 눈을 떠 보니 담벼락 너머의 불빛은 다시 왔던 길을 돌아가고 있었다. 이후 숙방은 다시 집에 찾아오지 않았고 교생은 놀란 가슴을 쓸어내리며 겨우 두려움에서 벗어나 안심할 수 있었다.

그러던 어느 날 그가 곤수교라는 다리 근처에 사는 벗을 만나게 되었는데, 시간 가는 줄 모르고 회포를 풀다 밤이 깊어서야 집으로 돌아가게 되었다. 몸은 고단하기 그지없었으나 일찍이 호심사 근처에 가지 말라 했던 법사의 말이 생각나 그는 만취한 몸을 이끌고 길을 돌아 집으로 향했다.

먼 길을 돌아가니 한참 지나서야 집에 도착할 수 있었다. 고개를 숙인 채 비틀대며 대문을 열고 들어가려 하는데 문안에서 문득 여인의 목소리가 들려왔다.

"어찌 이제야 오십니까?"

교생이 깜짝 놀라 고개를 들어보니 그가 이른 곳은 다름 아닌 호심사 앞이었다. 문안에서는 숙방의 시녀 금련이 그를 내다보고 있었다. 교생이 그녀를 보자 금련은 팔을 뻗어 교생의 옷깃을 부여잡았다.

"참으로 박정하십니다. 어찌 그동안 단 한 번 발길을 하지 않으셨습니까? 아씨께서 나리를 오래도록 기다리셨으니 어서 안으로 드시지요."

교생은 두려움에 감히 이를 거부하지 못하고 그녀를 따라 문안으로 들어갔다.

등롱을 든 금련은 그를 행랑 끝의 방으로 인도했다. 교생이 식은땀을 흘리며 그녀를 따라 방 안에 들어가니 숙방이 그를 기다리고 있었다. 그녀는 이전과 다를 바 없는 아름다운 자태로 그를 보며 원망스러운 빛을 내비쳤다.

"어찌 이제야 저를 찾아오신 겝니까?"

교생이 두려워 감히 아무런 말도 하지 못하고 있으니 숙방이 탄식하며 말을 이었다.

"우리는 서로 모르는 사이였으나 우연히 한 등불 아래에 서게 되었고, 저는 낭군님의 마음에 감동하여 낭군님을 온몸으로 섬기게 되었습니다. 이후 밤마다 낭군님을 찾아갔지만 단 한 번 박정하신 법이 없으셨지요. 그런데…"

숙방은 자리에서 일어나 서서히 교생에게로 다가왔다. 그녀의 눈에는 새빨간 피눈물이 그렁그렁 맺혀 있었다.

"어찌 요망한 도사의 말만을 믿고 영영 발걸음을 끊고자 하셨습니까?"

그러고는 돌연 교생의 몸을 끌어안았다.

"이, 이러지 마시오. 당신은 이미 죽지 않았소…!"

그때 숙방 뒤로 놓인 그녀의 관이 저절로 열렸다. 숙방이 피눈물을 떨구며 말했다.

"이리 다시 만나게 되었으니 어찌 놓아드릴 수 있겠습니까?"

그러고는 교생이 무어라 답하기도 전에 숙방은 일순간에 그의 몸을 관 속으로 끌고 들어갔다.

"으아아악!"

한참이 지나도록 교생이 집에 돌아오지 않자 이웃집 노인은 불길하게 여겨 그의 행방을 수소문하였다. 그러다 일찍이 교생이 말했던 숙방의 관이 있던 방이 떠올라 급히 호심사로 가 보았다. 그곳에서 교생이 있을 만한 방을 샅샅이 뒤져 보니 과연 행랑 끝 쪽 방에 놓인 관 뚜껑 틈새에 교생의 옷자락이 끼어 있었다.

노인이 놀라 사찰의 승려를 불러 관을 열어 보게 하니 그 안에는 교생이 일그러진 표정으로 다른 시체 한 구와 부둥켜안은 채 죽어 있었다. 뼈만 앙상하게 남은 교생과 달리 그를 안고 있는 여인의 시체는 그 얼굴이 살아 있는 듯 생생하였다. 이를 본 호심사의 승려가 깊이 탄식하며 말했다.

"이 분은 봉화주판 부씨의 딸로 열일곱의 나이로 세상을 떠났는데, 부씨 집안이 몰락해 북쪽으로 떠나면서 딸의 주검을 이곳에 맡겼습니다. 하지만 그 후로 소식이 끊어진 지가 12년이나 되었지요. 사찰 사람들도 저분의 관이 있는 것을 한참이나 잊고 있었습니다. 이렇게 귀신이 되어 괴변을 일으킬 줄 누가 알았겠습니까?"

귀신이 또 다른 이에게 해를 끼칠 것을 염려한 노인과 승려는 교생과 숙방을 관에서 꺼내어 성 밖에 가져다 장사를 치르고 사람의 발길이 닿지 않는 곳에 묻었다.

하지만 이후 명주에서는 달빛이 비치는 않는 구름 낀 밤이면 교생과 숙방이 모란등롱을 켜 들고 길을 거니는 모습이 보이곤 했다. 그리고 그들을 본 사람들은 빠짐없이 이유 모를 무거운 병을 얻었는데, 그때마다 이들에게 제사를 올린 후에야 병에서 벗어날 수 있었다고 한다.

이 이야기가 전해지는 명주는 현 저장성 닝보시로 그곳에는 실제로 큰 호수와 호수 가운데 위치한 사찰이 있다.

창귀의
숲

강성하던 당나라는 8세기에 이르러 안·사의 난으로 크게 몰락하기 시작했다. 반란군과 위구르의 원군은 당의 온 국토를 황폐화시켰고, 난이 일어난 8년 동안에만 당시 당나라 인구의 7할에 해당하는 무려 약 3,600만 명 백성들이 목숨을 잃었다. 난이 진압된 이후에도 환관과 절도사들이 갖은 횡포를 부리니, 수많은 농민은 고향을 떠나 산속으로 흩어졌다.

이 시기에 성정이 담백하기로 유명한 마증이라는 거사가 있었다. 그는 어지러운 세상에 염증을 느껴 재산을 모두 정리한 뒤 하인 하나만을 대동하여 좋은 산천을 찾아 천하를 유람하였다. 그렇게 몇 년을 보내니 험준한 산도 쉽게 오를 수 있게 되었고, 들짐승과 마주쳐도 잘 대처할 수 있는 재주가 생겼다.

그러던 어느 날 괴상한 꿈 하나를 꾸게 되었다. 불교의 나한(부처님의 가르침을 듣고 깨달은 성자)인 빈두루가 나타나 그에게 알 수 없는 말을 하는 것이었다.

"남쪽의 불이 이는 봉우리에서 나를 찾아라."

그는 처음에는 헛꿈으로만 여겼으나, 꿈이 몹시 생생한데다 이후로도 같은 꿈을 계속 꾸게 되니 가볍게만은 여기지 못하게 되었다. 그러다 상중이라는 땅을 지나던 중 축융봉이라는 곳에 아름다운 사찰이 있다는 말을 듣게 되었다.

그는 봉우리의 이름을 듣고 문득 빈두루의 말이 떠올랐다. 축융은 중국의 전설에서 전하는 남쪽과 불을 상징하는 신의 이름으로 꿈에서 빈두루가 말한 곳과 비슷했기 때문이었다. 게다가 그 봉우리에 사찰까지 있다고 하니, 그는 그곳에 마땅히 가 볼 만하다 여겼다.

그는 인근 마을 사람들에게 가는 길을 물었다. 하지만 이상하게도 마을 사람들은 하나같이 길을 알려 주지 않으려 했다. 그가 알려 주지 않는 이유를 묻자 마을 사람 하나가 말했다.

"그곳엔 갈 생각을 하지 않는 것이 좋습니다. 축융봉의 사찰이 아름답기로 이름이 높은 것은 사실이나 그곳에는 요망한 범이 하나 사는데, 어찌나 사나운지 그 봉우리에 갔다가 놈에게 잡아먹힌 사람만 족히 수십은 됩니다. 함부로 들어갔다가는 살아 돌아오기 어려울 것이오."

마증이 말했다.

"그런 것이라면 걱정 없소. 천하의 산천을 두루 누비기를 여러 해, 산마다 범은 있으나 내가 해를 당한 적은 없소이다."

그러자 마을 사람은 고개를 저으며 말했다.

"저 산의 범은 보통 범이 아니외다. 요사스러운 재주를 가진데다 창귀들 또한 여럿 거느리고 있어, 당신의 재주가 아무리 뛰어난들 소용이 없을 것이오."

이 소리를 들은 마증이 물었다.

"창귀가 무엇이오?"

그러자 주민이 답답하다는 듯 말했다.

"창귀는 범의 종노릇을 하는 귀신인데, 범에게 잡아먹힌 사람은 저승에 가지 못하고 모두 창귀가 된다오. 놈들은 요망한 술수로 산을 넘는 사람들을 유인하여 저들의 주인에게 먹이로 바친다오."

마증은 주민의 괴이한 이야기에 두려움이 생기면서도 한편으로는 꿈의 내용을 확인하고 싶은 마음이 더욱 강해졌다.

"범과 창귀가 아무리 모질다고 한들 산 아래의 감투 쓴 자들만 하겠소? 난 괜찮으니 어서 알려 주시오."

마증이 확고하게 나오자 마을 사람은 어쩔 수 없다는 듯 멀리 떨어진 봉우리 하나를 가리키며 말했다.

"저기 보이는 것이 축융봉이오. 그 꼭대기에 오르면 사찰이 나올 것이오."

마증은 마을 사람에게 사례한 뒤 곧바로 길을 나섰다. 산길을 조금 지나 축융봉에 이르니 그 기운이 몹시 묘했다. 하지만 이상하게도 마을 사람의 말과는 달리 호랑이는커녕 작은 짐승 하나 눈에 띄는 것이 없었다.

그가 하인과 함께 좌우를 번갈아 살피며 조심스럽게 산길을 오르니 오래지 않아 사찰 하나가 나왔다. 절은 작지만 정갈하고 자못 엄숙하였는데 높은 불탑 하나와 불당이 세워져 있었다. 그는 인기척을 내어 보았지만, 절에는 아무도 없는지 나와 보는 사람이 없었다.

마증은 불당으로 가 그 안을 들여다보았다. 불당 안에는 과연 꿈에서 보았던 빈두루 상이 모셔져 있었다.

"…간밤에 꿈자리가 좋더니, 오늘 귀한 손님이 오셨군요."

갑작스러운 말소리에 마증이 뒤를 돌아보니 노승이 서 있었다. 그는 눈이 온 듯 하얗게 센 눈썹을 가지고 있었는데, 나이에 맞지 않게 커다란 몸집을 가지고 있었다. 마증이 인사를 하며 하루 묵어갈 것을 청하자 노승이 말했다.

"머물다 가시는 것은 좋으나 마침 양식이 떨어져 두 분의 몫은 사 오셔야 할 듯합니다. 번거롭겠지만 하인을 시켜 마을에서 죽과 소금을 사 오도록 해 주시겠습니까?"

마증은 노승의 말에 승낙하여 하인을 산 아래로 내려보내고는 자신은 불당에 들어가 빈두루 상의 이곳저곳을 살펴보았다. 하지만 특별한 점을 찾지는 못하였다. 마증은 허탈해하며 하인이 오기만을 기다렸다.

그런데 이상하게도 하인은 날이 저물도록 돌아오지 않았다. 슬슬 걱정되기 시작하던 찰나, 누군가 급히 뛰어 올라오는 소리가 들려왔다. 마증이 나가 보니 뛰어 올라오는 사람은 그의 하인이 아닌 허름한 차림의 남자였다. 그는 마증을 발견하고는 숨을 헐떡이며 물었다.

"혹시 사내놈 하나가 이리로 오지 않았소?"

"보지 못했소. 댁은 누구시오?"

그러자 남자가 말했다.

"나는 산을 떠돌며 사는 마소(馬沼)라는 사람입니다. 조금 전 아들과 어둑한 숲을 지나다 요사스러운 범 하나를 만났는데, 놈이 사람을 잡아 먹는 것을 보고, 정신없이 도망치다 그만 아들과 떨어지게 되었소."

마증은 산에서 범이 나왔다는 말에 깜짝 놀라 그에게 물었다.

"이 산에서 범이 나왔단 말이오? 범에게 해를 당한 자의 차림새가 어떠하였소?"

마소는 대답하려다 마증 뒤의 무언가를 보더니 말하기를 멈추었다.

"새로운 손님이 오셨습니까?"

말소리에 마증이 뒤를 돌아보니 언제 왔는지 노승이 서 있었다. 마증이 말했다.

"제 하인이 한참이나 돌아오지 않는데, 산에서 범을 만난 것은 아닌지 걱정입니다."

그러자 노승이 얼굴에 옅은 노기를 띠며 말했다.

"이 산에는 호랑이는커녕, 승냥이 한 마리도 없습니다. 산 아래 사람들이 하는 망령된 소문을 믿지 마십시오."

그러고는 소매를 떨치고 불탑 안으로 들어가 버렸다. 스님이 사라지자, 마소가 나지막이 말했다.

"저 자가 그 호랑이입니다."

마증이 놀라 물었다.

"그게 무슨 말이오?"

"조금 전 저 자의 입가에 묻은 피를 보지 못했습니까?"

하인은 끝내 돌아오지 않았고, 날이 완전히 저물자 마증은 마소를 조용히 불당으로 불러 빗장을 굳게 걸어 잠그고는 물었다.

"아까 본 사람에 대해 자세히 말해 보시오."

마소의 말을 들어보니 잡아먹힌 사람의 차림새가 마증의 하인과 같았다. 마증이 충격에 휩싸여 말을 잇지 못하는데 마소가 이어 말했다.

"놈은 그 사람을 잡아먹은 뒤 가죽을 벗고 승복으로 갈아입었습니다. 아까 그 노승은 호랑이가 사람으로 둔갑한 것이 분명합니다."

마증이 혼란스러워 어찌할 바를 모르고 있는데 돌연, 밖에서 으르렁거리는 소리가 들려왔다.

"…!"

매우 놀란 마증이 문틈 사이로 밖을 보니 커다란 호랑이 한 마리가 불당으로 다가오고 있었다. 호랑이는 이내 불당의 문으로 달려들더니 머리로 문을 들이받았다.

쿵!

마증은 기절초풍하며 문에서 떨어졌고, 범은 몇 차례나 들이받으며 문을 부수려 들었다. 마증과 마소는 몸이 굳고 정신이 아찔하여 아무것도 할 수 없었다. 그런데 그때, 마증의 머릿속에 과거 꾸었던 꿈의 내용이 생각났다.

"남쪽의 불이 이는 봉우리에서 나를 찾아라."

마증은 덜덜 떨리는 손으로 향을 피워 꽂고는 지푸라기라도 잡는 심정으로 빈두루 상을 향해 절을 올리며 빌었다.

'저를 이곳으로 인도하셨으니 어려움을 해결할 방법을 알려 주십시오.'

그가 여러 번 절을 올리자 마소도 그의 옆으로 다가와 함께 빈두루 상을 향해 절을 올렸다. 그러자 갑자기 빈두루 상에서 목소리가 들려왔다.

"인인(寅人)으로 하여금 우물의 난간을 넘어뜨리게 하라. 특진(特進)의 쇠뇌가 연못(沼)에 닿으면 장군의 심장을 쏠 수 있으리라."

이 소리에 마증과 마소는 몹시 놀랐지만, 호랑이가 아직 문을 부수려 하기에 절하며 빌기를 멈추지 않았다.

그러자 무슨 일인지 호랑이가 문 들이받기를 멈추었다. 조심스레 밖을 보니 호랑이는 사라지고 없었다. 한숨 돌린 마증은 마소에게 말했다.

"형의 말대로 늙은 중이 범으로 변한 것이 분명한 것 같소."

그러자 마소가 다급하게 말했다.

"무슨 영문인지는 모르겠으나 놈이 물러갔으니 이 틈에 얼른 산 아래로 몸을 피합시다."

그러자 마증이 고개를 저으며 말했다.

"어제 내 하인이 당하는 것을 봤다고 하지 않았소? 섣불리 이곳을 떠난다면 꼼짝없이 놈의 먹잇감이 될 것이오."

그러고는 잠시 생각하더니 이어 말했다.

"조금 전 빈두루 상에서 난 기이한 말소리가 들리지 않았소? 그 말을 따라보는 것은 어떠시오?"

이에 두 사람은 머리를 맞대고 빈두루 상이 한 말의 의미에 대해 의논하기 시작했다.

"인인(寅人)은 호랑이가 변한 사람을 뜻하는 것이고, 우물의 난간을 넘어트리라는 것은 놈을 우물에 떨어트리라는 것이 아니겠습니까? 마침 이 사찰에는 우물이 있으니 내일 놈이 중으로 변해 있을 때 유인하여 없애는 것이 좋겠소."

그렇게 두 사람은 계책을 짠 뒤 혹여나 범이 다시 나타날까 하는 마음에 뜬 눈으로 주변을 살피며 밤을 지새웠다.

날이 밝자 누군가 불당의 문을 두드렸다.

"젊은이들 일어나 죽을 드시오."

그제야 두 사람은 조심스레 밖으로 나와 보았다.

다행히도 간밤에 나타난 호랑이는 보이지 않고 노승만이 있을 뿐이었다. 두 사람은 짐짓 아무 일도 없는 듯 노승에게 인사를 한 뒤 어디서 구했는지 모를 죽에 대해서는 한마디도 묻지 않고 노승이 사라지기만을 기다렸다가 은밀히 계책을 짰다.

"어둑한 숲과 밤에만 호랑이가 나오는 것으로 보아 놈은 어두운 곳에서만 범으로 변하는 것 같소. 지금은 노승의 모습을 하고 있으니 내가 그를 우물로 유인하겠소."

그러고는 우물가 근처를 얼쩡거리다 갑자기 소리치며 노승을 불렀다.

"스님! 이곳에 사람이 떨어져 있습니다."

이를 들은 노승이 우물가로 다가왔다. 그리고 노승이 우물 안을 들여다보자 두 사람은 일제히 노승을 밀쳐 그를 우물 속으로 떨어트렸다.

노승은 어두운 우물 속으로 들어가자 본 모습을 드러냈다. 놈은 머리에 하얀 터럭이 나 있는 범이었다. 놈은 거칠게 앞발을 휘두르며 우물 벽을 타고 올라오려 했다. 이를 보고 놀란 두 사람은 우물가 옆의 큰 바위를 들어 올려 범의 머리 위로 떨어트렸다. 바위에 맞은 범은 크게 포효하며 깊은 우물 아래로 떨어졌다.

"놈이 언제 다시 올라올지 모르니 어서 산에서 내려갑시다."

두 사람은 범이 금세 따라올까 두려워 올라왔던 길이 아닌 다른 길을 통해 산 밑으로 내려갔다.

그렇게 얼마나 내려갔을까, 한 계곡에 이르러 누군가 그들을 불러 세우는 목소리가 들려왔다.

"멈추시오!"

두 사람이 고개를 들어 소리가 나는 곳을 보니, 사냥꾼 하나가 높은 울타리 위에서 그들을 바라보고 있었다.

"그 앞에는 내가 설치한 함정이 있으니 더는 나아가지 마시오."

마중이 외쳤다.

"우리는 지금 범에게 쫓기고 있소이다. 서둘러 산을 빠져나가야 하오."

그러자 사냥꾼이 말했다.

"이 길로 산을 내려가려면 한참은 돌아가는 것이라 오늘 안으로 내려갈 수 없을 것이오. 일단 이곳으로 올라와 하루 몸을 숨기고 가시오."

두 사람은 사냥꾼의 말을 옳게 여겨 나뭇가지를 붙잡고 울타리 위로 올라갔다. 그런데 그때 울타리 아래서 익숙한 목소리가 들려왔다.

"나리! 올라가시면 안 됩니다."

소리가 나는 쪽을 내려다보니 그 자리에는 그의 하인이 있었다.

"여기 있었구나! 어찌 된 일이냐?"

하인이 말했다.

"저 요망한 놈의 말에 혹하시면 안 됩니다. 저 자는 지나가는 사람을 유인해 해치는 도적입니다."

그러자 함께 올라가던 마소가 말했다.

"저 자의 말을 듣지 마시오. 어제 범에게 잡아먹히는 것을 내 두 눈으로 똑똑히 보았소."

"어서 올라오시오!"

마증은 마음속에 깊은 의심이 일어 울타리를 마저 오르지도 다시 내려가지도 못하게 되었다. 그때 하인이 말했다.

"범이라니, 저 자의 말은 거짓입니다. 이 산에는 짐승이 없다고 어제 노승께서 말씀하시지 않았습니까?"

"…!"

마증은 순간 모골이 송연하여 급히 울타리 위로 올라갔다.

"…그 이야기를 할 때 너는 이미 절에서 내려간 지 오래였다! 네놈의 정체는 무엇이냐?"

그러자 하인은 말없이 숲속으로 사라져 버렸다.

"저놈은 창귀요. 범을 죽이기 전까지 저런 놈들이 끊임없이 나타날 것이오."

마증은 숨을 고르고는 사냥꾼에게 물었다.

"선생은 어떤 연유로 이런 깊은 산 속에 계십니까?"

사냥꾼이 이를 갈며 말했다.

"이 산의 요망한 범에게 내 처자식을 모두 잃었소이다. 놈의 사지를 찢어 죽이고자 쇠뇌를 설치하고 기다리고 있었소."

'…특진의 쇠뇌가 연못에 닿으면 장군의 심장을 쏠 수 있으리라…'

그 말을 듣고 무언가 생각이 난 마증은 사냥꾼에게 물었다.

"선생의 함자가 어떻게 되시오?"

"내 이름은 진(進)이고 성은 우(牛)씨요."

마증은 속으로 생각했다.

'특진(特進)과 우진(牛進)의 글자가 서로 비슷하니, 빈두루가 말한 특진은 필시 이 사람을 가리키는 것이겠구나.'

생각을 마친 마증은 사냥꾼에게 그간 있었던 일은 설명해 주는 한편, 마소에게 자신이 생각한 바를 말해 주었다.

"여기서 말하는 장군이 어제 보았던 요망한 범을 이르는 것 같으니, 이 분의 쇠뇌를 이용하면 놈을 잡을 수 있을 것 같소."

그러자 사냥꾼이 물었다.

"그 말에 따르면 내 쇠뇌가 연못에 닿아야 하는데, 이런 가파른 산속에서 연못을 어떻게 찾는단 말이오?"

두 사람이 이리저리 생각하며 의논하고 있는데, 이상하게도 마소는 아무런 말도 하지 않았다. 마중이 그의 얼굴을 보니, 그의 낯빛이 아주 좋지 못했다.

"왜 그러시오?"

그때 울타리 아래에서 사람들의 웃음소리가 들리기 시작했다. 이 소리에 아래를 내려다보니 이 깊은 산 속에 어찌 들어왔는지 수많은 사람이 줄지어 걸어오고 있는데, 그 수가 족히 수십은 되어 보였다.

그들은 남녀노소가 고루 섞여 춤을 추고 노래하고 있었는데, 기이하게도 그중엔 승복을 입은 자들이 많았다. 그들은 울타리 아래에 이르자 대뜸 큰 소리를 성을 내며 아우성쳤다.

"어떤 놈이 감히 우리 장군 앞에 이런 것들을 펼쳐놓은 것이냐!"

그러고는 일제히 함정으로 달려들어 설치된 쇠뇌를 모두 발사시키고는 깔깔대며 숲으로 사라졌다. 마중은 쇠뇌가 모두 발사된 것을 보고 조급해하며 사냥꾼에게 말했다.

"창귀들이 우리를 봤으니 머지않아 범이 이쪽으로 올 것이오. 그 전에 어서 쇠뇌를 준비합시다."

세 사람은 급히 내려가 다시 쇠뇌를 설치했고, 서둘러 울타리 위로 올라갔다. 그런데 그때 어디선가 사람의 목소리가 들려왔다.

"아버지! 아버지!"

마소가 화들짝 놀라 올라가기를 멈추고 소리가 나는 곳을 찾으며 말했다.

"어제 잃어버린 내 아들의 목소리요⋯! 아들아! 아들아! 이쪽으로 오너라!"

하지만 그의 아들은 마소의 소리를 듣지 못하였는지 목소리는 점점 멀어져만 갔다. 마소는 급히 울타리 밑으로 내려가려 했다. 마증이 그를 붙잡으며 말했다.

"아까 있었던 일을 잊었소? 이는 창귀의 소행일 것이오."

마소가 팔을 거칠게 뿌리치며 말했다.

"이거 놓으시오!"

"내 아들이 범에게 잡아먹힐 수도 있단 말이오!"

그러고는 마증의 손을 뿌리치고 울타리 아래로 내려갔다. 그때 머리가 하얀 범이 뛰쳐나와 마소의 목덜미를 물었다.

"악…!"

범은 그의 목을 문 채 그의 몸을 사정없이 휘둘러 댔다. 마소는 힘겹게 발버둥쳤지만 빠져나올 수 없었고 그의 숨은 점점 끊어져 갔다. 사냥꾼이 쇠뇌를 쏘려 했으나 쇠뇌를 다시 설치한 바람에 화살이 더 이상 남아 있지 않았다. 마증과 사냥꾼은 어찌할 바를 몰라 하며 그저 범이 장치를 건드리기만을 기다렸다.

하지만 이미 창귀들이 그 위치를 알려 주었는지 범은 그 근처를 아슬아슬하게 피해 움직일 뿐이었다. 마증은 빈두루의 말을 필사적으로 되뇌며 머리를 쥐어짰다.

'특진의 쇠뇌가 연못에 닿으면 장군의 심장을 쏠 수 있으리라.'

"연못에 닿으면… 연못에 닿으면…!"

그때 마소가 힘겹게 팔을 뻗더니 쇠뇌가 이어진 장치를 건드렸다. 그러자 수많은 쇠뇌가 범과 마소의 몸에 날아와 꽂혔고 범은 굉음을 내며 쓰러졌다. 마소 또한 범과 함께 온몸에 화살이 박혀 그 자리에서 숨이 끊어졌다. 마증은 그제야 빈두루의 말을 이해했다.

"마소(馬沼)의 이름인 '소(沼, 연못 소)'가 연못을 뜻하는 글자이니, 그의 몸에 쇠뇌가 닿아야 마침내 범이 죽는 것이었구나…"

그때, 어디선가 슬피 통곡하는 소리가 울려왔다.

"흑…흑…"

아까 보았던 사람들의 무리가 범의 사체를 둘러싸고 모여 앉아 구슬피 울고 있는 것이었다.

"누가 우리 장군님을 죽였단 말이냐!"

이를 본 마증은 몹시 노하여 그들을 보고 크게 꾸짖었다.

"너희를 대신해 범을 죽여 복수하였거늘, 감사하지는 못할망정 슬퍼하며 통곡하다니 어찌 이리도 어리석은 것이냐!"

그러자 그들이 일제히 울타리 위의 마증을 올려다보았다. 그러더니 이내 통곡을 멈추고 그에게 절하며 말했다.

"선생의 말씀을 들으니 비로소 정신이 들었습니다. 이제 이 간사한 범에게서 벗어날 수 있게 되었습니다."

그러고는 그들은 앞다투어 범의 사체에 침을 뱉고 욕설을 퍼붓고는 서서히 어딘가로 사라졌다.

범은 개를 먹으면 취하고 사람을 먹으면 조화를 부릴 수 있게 된다. 범이 처음 사람을 잡아먹으면 그 창귀는 '굴각(屈閣)'이 되어 사람을 범에게로 유인하고, 두 번째로 사람을 먹으면 그 창귀는 육혼이 '이올(彝兀)'이 되어, 높은 곳에서 사냥꾼의 움직임을 살펴 범을 위해 함정과 쇠뇌를 부순다. 범이 세 번째로 사람을 먹으면 그 창귀는 '육혼(鬻渾)'이 되는데, 육혼이 된 창귀는 자신이 아는 사람들의 이름을 모조리 범에게 알려 준다.

●《호질(虎叱)》중에서

++ 외전 ++

창귀의 깃발

조선시대 날랜 장사 한 사람이 있었다. 그는 호랑이를 잡는 부대인 착호갑사 출신으로 일찍이 수많은 호랑이를 잡은 것으로 이름이 높았다. 그는 용맹함을 인정받아 중국으로 가는 사신 일행의 호위를 맡게 되었는데, 한번은 압록강 인근 폐사군에 이르러 잘 곳을 찾지 못하고 숲에서 하룻밤 묵게 되었다.

먼 길을 걸어온 터라 사신단의 벼슬아치들은 고단함을 이기지 못하고 금세 잠이 들어 버렸다. 하지만 장사는 그럴 수 없었다. 옛 착호갑사 때의 경험으로 언제든 범의 습격받을 수 있단 경계심이 있었기 때문이었다. 그는 몸만 비스듬히 누인 채 잠에 들지 않고 주변 소리에 귀를 기울였다.

하지만 졸음 앞에는 장사가 없다고 했던가, 한양부터 육칠백 리를 걸어온 터라 그도 오래지 않아 쏟아지는 잠을 이기지 못했다. 그렇게 그는 자기도 모르는 새 스르르 눈이 감겨 버리고 말았다.

바스락…

얼마나 지났을까, 머리 위로 느껴지는 괴이한 기운에 그는 놀라 잠에서 깨었다. 그의 얼굴에는 알 수 없는 한기가 쏟아져 내리고 있었다. 그 같은 불길한 기운에 살며시 실눈을 떠 위를 바라보니, 놀랍게도 그의 얼굴 위에 여인이 서 있었다.

"…!"

정체불명의 여인은 희미한 듯 희미하지 않은 묘한 푸른빛을 광채를 띠고 있었다. 그녀는 섬뜩한 눈길로 한참이나 장사를 빤히 내려다보더니 소매에서 살며시 하얀 깃발 하나를 꺼냈다. 그리고 그의 머리맡 바닥에 꽂아 넣더니 곧바로 자리를 떠나 버렸다.

인적 드문 산길에 여인이 홀로 돌아다니는 것도 모자라, 그 같은 알 수 없는 행동까지 하니 장사는 몹시 괴이하게 여겼다. 그녀가 두고 간 깃발을 살펴보았지만 끝내 그것이 무엇에 쓰는 물건인지 알아낼 수 없었다. 다만 꺼림칙한 마음을 지울 수 없어 그것을 부러뜨려 바깥쪽에 묻어 버렸다.

그러고선 다시 자리로 돌아와 조금 전의 기이한 여인을 떠올리며 자리를 뒤척이는데, 곧 익숙한 숨소리가 들려왔다.

크르릉…

범의 낮은 울음소리였다. 장사는 반사적으로 몸을 일으키며 병기를 더듬어 찾았다. 그런데 무슨 일인지 자기 전 분명 머리맡에 놓았던 칼이 손에 잡히질 않았다. 범의 숨소리는 계속해서 가까워져 왔고, 장사는 끝내 병기를 찾지 못하고 범이 오기 전 몸을 다시 뉘었다.

'이를 어찌한다…'

범은 이내 그들이 자는 곳에 다다랐다. 장사는 눈앞이 캄캄해지는 듯하였다. 아무리 조선 제일의 호랑이 사냥꾼인 그일지라도 놈을 달려들기 전 병기를 찾지 못한다면 속수무책으로 먹잇감이 될 것이 뻔했다.

그런데 무슨 조화일까. 무언가를 찾는 듯 한참을 둘러보던 호랑이는 돌연 몸을 돌리더니 숲속으로 들어가 버렸다. 장사는 어리둥절해하며 슬며시 고개를 들어 놈의 뒷모습을 바라보았다.

그리고 그는 순간 온몸의 털이 곤두서는 듯하였다. 돌아가는 호랑이의 몸에는 아까 보았던 여인과 같은 희미한 형체의 사람들이 무수히 달라붙어 있었다. 아까 보았던 여인은 창귀였던 것이었다.

호랑이에게 잡아먹혀 놈의 종이 된 그녀는 주인의 동족을 무수히 죽여 온 장사를 알아보고, 주인에게 그 위치를 알리고자 병기를 치우고 머리맡에 깃발로 표시해 둔 것이었다.

야차를 보았다

· 세상에 홀로 남겨진 선비 ·

　당나라 말기 장씨 성을 가진 선비가 있었다. 그는 오래도록 과거 공부를 하였으나 번번이 낙방하여 나이가 들도록 벼슬에 오르지 못했다. 한번은 그가 예전부터 알고 지내던 우승유(779~849)라는 관료가 이궐 땅의 현위에 올랐다는 소식이 들려왔다. 장생은 크게 탄식하며 생각했다.

　'내 평생 이뤄 놓은 것 하나 없이 글만 읽는 동안 우공께서는 어두운 세월을 뒤로하고 마침내 공명을 이루어 가시는구나. 내 소식을 들었으니 비루하지만 직접 우공을 뵈어 내 문장을 보여 드리고 싶구나.'

　장생은 정성껏 글을 지어 챙기고는 우공에게 벼슬자리를 부탁하기 위해 그가 있는 이궐 땅으로 향했다.

그렇게 길을 나아가다 중간쯤 이르렀을 때 돌연 천둥소리가 들리더니 폭우가 쏟아지기 시작했다. 장생은 소나기인가 싶어 급히 가까운 나무 아래로 들어가 비가 그치기를 기다렸으나 비바람은 더욱 거세져만 갈 뿐 다시 맑아질 기미가 보이지 않았다.

'이거 낭패로구나…'

하늘에 구멍이라도 난 듯 비는 계속해서 쏟아져 내렸고, 시간이 흘러 날이 저물 때가 되어서야 비로소 먹구름이 서서히 걷히기 시작했다. 장생은 그제야 그늘 밖으로 나왔다. 그런데 날이 이미 어두워진 데다 객점까지의 거리도 한참이나 남아 있어 그는 하는 수 없이 나무 아래서 하룻밤 노숙하기로 하였다. 장생은 종복을 시켜 그늘과 조금 떨어진 곳에 말과 나귀를 매어 두고 나무 아래에 자리를 펴고 누웠다. 딱딱한 흙바닥이었으나 종일 달려온 고단함 때문인지 장생은 머리를 누이자마자 정신없이 잠에 빠져들었다.

얼마나 지났을까, 그는 어디선가 들려오는 이상한 소리에 잠에서 깨어났다. 무언가를 게걸스럽게 먹는 소리였는데, 가만히 귀를 기울여 보니 그 소리는 그늘 밖에 말을 묶어둔 자리에서 들려오고 있었다.

'저놈이 양식을 훔쳐 먹고 있구나.'

장생은 소리의 주인이 자신의 종복이라 생각하여 살며시 고개를 돌려 종복의 자리를 바라보았다. 하지만 종복은 자리에 그대로 누워 정신없이 자고 있었다. 이상함을 느낀 장생이 조심스럽게 몸을 일으켜 소리가 나는 쪽을 보니, 그곳에는 형체 하나가 장생의 말을 잡아먹고 있었다. 정체불명의 형체는 이내 말을 모두 먹어 치웠는지 쥐고 있던 뼈를 바닥에 내팽개치고는 자리를 옮겨 그 옆의 나귀를 잡아먹기 시작했다.

그때 안개가 걷히며 달빛에 형체의 모습이 드러났다. 형체는 족히 몇 장은 되어 보이는 커다란 몸집과 입 밖으로 솟은 날카로운 이빨을 가지고 있었는데, 그 생김새가 마치 야차와 같았다. 놈은 맨손으로 나귀의 살을 발라 먹으며 추잡한 소리를 멈추지 않았다. 장생은 끔찍한 광경에 손발이 떨리고 오금이 저려와 감히 손끝 하나 움직이지 못한 채 풀숲에 가만히 누워 놈이 사라지기만을 기다렸다.

그런데 어느 순간 야차의 살점 씹는 소리가 멈췄다. 장생이 조심스레 고개를 들어보니 놈은 쭈그려 앉은 채 무언가를 찾는 듯 주위를 두리번대고 있었다. 그러고는 이내 긴 팔을 뻗더니 종복의 다리를 잡아 끌어갔다. 야차는 종복의 두 다리를 잡아 찢고는 앞서와 마찬가지로 게걸스럽게 살을 뜯어 먹기 시작했다.

장생은 기절초풍하며 급히 자리에서 일어나 그늘 밖으로 달려 나갔다. 그러자 이를 본 야차 또한 재빨리 몸을 일으켜 그를 뒤쫓기 시작했다.

"하하하… 게 섯거라, 이놈!"

놋그릇이 깨지는 듯한 끔찍한 목소리로 고함치며 장생을 쫓아왔고, 장생은 두려움에 떨며 온 힘을 다해 달음박질쳤다.

장생이 죽기 살기로 일 리쯤을 도망치니 야차의 목소리가 점차 멀어지기 시작했다. 장생은 달리기를 멈추지 않으면서도 급히 주변을 살피며 숨을 만한 곳을 찾았다. 그때 저 멀리 무덤가 옆에 서 있는 여인이 보였다.

'이 근처에 사람 사는 곳이 있나 보구나.'

장생은 여인이 있는 쪽을 향해 있는 힘껏 달리며 외쳤다.

"이보시오! 근처에 몸을 숨길만 한 곳이 있소?"

여인은 갑자기 자신을 부르는 소리에 놀란 듯 보였으나 장생이 급박하게 사정을 이야기하니 이내 한 무덤을 가리키며 말했다.

"이곳은 오래된 무덤으로 그 안이 비어 있습니다. 뒤쪽에 파인 구멍으로 들어가 몸을 피하시지요."

뒤에서는 야차의 목소리가 점점 가까워져 왔고, 장생은 앞뒤 가릴 것 없이 여인이 알려 준 구덩이 속으로 몸을 던졌다.

구덩이 속은 좁은 입구와는 달리 안이 넓게 파여 있었는데 그 밑바닥이 생각보다 깊었다. 바닥에 닿은 장생은 위를 향해 급히 소리쳤다.

"낭자도 얼른 들어와 몸을 피하시오! 놈이 곧 따라붙을 것이오!"

하지만 여인은 대답이 없었고 더 이상 구덩이 위에 그 모습이 비치지 않았다. 장생은 무언가 이상함을 느꼈지만, 야차가 소리를 듣고 다가올까 두려워 더 이상 외치기를 멈추고 숨을 죽인 채 구덩이 밖의 소리에 귀를 기울였다.

야차는 장생을 놓친 듯 구덩이 위에서 그 모습이 비치지 않았고, 고함 또한 점점 멀어져 갔다. 그렇게 급한 일을 넘긴 장생은 그제야 다른 걱정이 되기 시작했다. 구덩이 안으로 들어오는 것은 쉬웠으나, 굴이 깊어 도저히 혼자서 빠져나갈 방도가 없었기 때문이었다. 구덩이는 무덤으로 쓰였던 곳이라 그런지 지독한 시체 썩는 냄새로 가득했다. 장생은 혼미해지는 정신을 가까스로 다잡으며 구덩이를 빠져나갈 방법을 궁리하였다.

얼마나 지났을까, 구덩이 위에서 사람들의 발소리가 들려오기 시작했다. 장생이 귀를 기울여 보니 다가오는 사람들의 수가 족히 열댓 명은 되는 듯했다. 그는 구덩이 위로 소리쳐 도움을 요청할까 하였으나 아까 보았던 여인에 이어 한밤중에 무덤가를 찾는 것이 몹시 수상하여 숨을 죽인 채 그들의 말소리를 가만히 들어보았다.

"따라오는 자가 없는지 확인했나?"

"걱정하지 말게. 누가 이런 깊은 밤에 무덤가로 오겠나?"

그때 구덩이 아래로 커다란 물건 하나가 떨어졌다.

쿵!

물건에서는 지독한 피비린내가 풍겨 왔고, 이를 수상하게 여긴 장생은 어둠 속에서 팔을 뻗어 그것을 더듬어 보았다.

"…!"

장생은 순간 구역질이 올라와 스스로 입을 틀어막았다. 그 물건은 목이 잘려 나간 사람의 몸뚱이였다. 뒤이어 서너 구의 시체와 잘린 목이 구덩이 속으로 연이어 떨어져 들어왔다. 장생은 숨을 죽인 채 위에서 나는 소리에 귀를 기울였다.

"오늘 얻은 재물은 모두 여기서 나누어 갖도록 하지."

그러고는 한 명씩 이름을 부르며 재물과 옷가지를 나누는 소리가 들려왔다.

'무덤이 아니라 강도들이 시체를 숨기는 곳이었구나…!'

그들은 재물을 나누며 서로의 몫을 두고 실랑이를 벌이다 조금 후 하나둘씩 자리를 떠나기 시작했다. 그들의 발소리가 완전히 사라진 뒤 달빛에 의지해 구덩이 안을 자세히 살펴보니 굴 안은 온통 시체들로 가득했다. 조금 전 던져진 시체들뿐만 아니라 장생이 여태껏 딛고 있던 바닥 또한 오래된 시체들이 쌓여 만들어진 것이었다.

'이런 천인공노할 놈들을 보았나…!'

장생은 이런 비참하고 끔찍한 광경에 화가 치밀어 올라 구덩이를 빠져나간 후 그들을 모두 잡아들일 요량으로 아까 들었던 이름들을 하나하나 되뇌기 시작했다.

날이 밝자 마침내 구덩이 위에서 사람들의 말소리가 들려오기 시작했다.

"핏자국이 있는 곳을 찾아라!"

장생이 그들이 하는 이야기를 들어보니, 그들은 강도를 쫓는 무리인 듯해 보였다. 강도가 아님을 확인한 장생은 안심하여 구덩이 위를 향해 크게 소리쳤다.

"살려 주시오! 여기 산 사람이 묻혀 있소!"

그러자 그들 중 하나가 장생의 목소리를 들었는지 구덩이 밑을 내려다보았다. 그러고는 일행을 부르며 외쳤다.

"여기에 시체들과 강도 한 놈이 떨어져 있다!"

그러자 사람들이 일제히 몰려와 구덩이 아래를 내려다보더니 삽을 가져와 무덤을 파헤치기 시작했다. 그들은 장생을 끌어올리고는 시체들을 수습하는 한편, 그를 추궁하기 시작했다.

"네가 가진 것이 없는 것을 보니 필시 훔친 재물을 두고 싸우다 구덩이 속으로 밀쳐진 것이렷다. 말해라, 다른 놈들은 어디 있느냐?"

그러자 당황한 장생이 급박하게 말했다.

"난 도적이 아니오!"

그러고는 어제 자신이 겪은 이야기를 그들에게 모두 들려주었다.

"야차에, 야밤에 만난 여인이라… 네놈이 살고 싶어 헛소리를 잘도 지어내는구나. 이놈을 당장 끌고 가라!"

당황한 장생은 크게 소리치며 자신의 결백을 주장했으나 사람들은 끝내 그의 말을 믿지 않았다. 오히려 그들은 괘씸하다는 듯 장생을 거칠게 다그치며 관아로 끌고 가 곤장 수십 대를 치고는 포박하여 짐승 끌 듯 현으로 압송해 갔다.

만신창이가 된 장생이 저잣거리를 가로질러 끌려가고 있는데, 사람들 사이로 낯익은 얼굴이 보였다. 그는 다름 아닌 어젯밤 몸이 찢겨 죽은 그의 종복이었다.

'네가 어떻게…!'

또한 어찌 된 일인지 분명 야차에게 잡아먹혔던 말과 나귀도 그의 손에 멀쩡히 붙들려 있었다.

"나리! 이게 어찌 된 일입니까?"

"너야말로 어떻게 살아난 것이냐? 어제 분명 야차가 너를 찢어 죽이지 않았더냐?"

"야차라니… 그게 무슨 말씀이십니까? 일어나 보니 자리에 계시지 않기에 마을로 와 나리를 찾고 있었습니다."

종의 말을 들은 장생은 혼란에 휩싸여 더 이상 억울함을 호소하지도 못하였고, 현에 도착한 뒤에는 체념한 채 죽기만을 기다리게 되었다.

그날 밤 누군가 옥에 찾아와 장생을 불렀다.

"자네, 어쩌다 이 지경이 되었나?"

장생이 고개를 들어보니 그를 찾아온 사람은 현위에 부임했던 우공이었다.

"우공! 억울합니다. 저는 강도가 아닙니다!"

체념했었던 장생은 우공만큼은 자신의 이야기를 믿어줄 것으로 생각하여 눈물을 흘리며 그에게 그간 겪은 일을 하나도 빠짐없이 고했다. 우공은 잠시 고민하더니 말했다.

"나도 자네가 그런 극악무도한 짓을 했으리라 생각지는 않네. 하지만 자네가 그 구덩이에서 나온 것을 본 자가 많으니, 사람들은 자네의 말을 믿지 않을 걸세…"

그때 장생은 문득 무언가가 떠올라 급히 우공에게 말했다.

"그 강도들이 물건을 나누기 전 서로의 이름을 부르는 것을 들었습니다. 제가 그 이름들을 기억하고 있으니, 그 자들을 색출해 조사해 보시지요!"

그러자 우공은 장생의 이야기를 그럴듯하다고 여겨 그를 믿어 보기로 하였다. 우공은 즉시 현령을 찾아가 장생을 보증서며 그의 형을 보류시킨 후 장생이 알려 준 이름들을 가지고 현을 샅샅이 수색하기 시작했다. 얼마 지나지 않아 과연 같은 이름들을 가진 자들이 잡혀 들어왔고, 그들은 심문이 시작되자 이내 서로를 고발하며 끝내 모든 것을 자백하였다.

장생은 마침내 누명을 벗고 풀려나게 되었고 장생 덕분에 흉악한 강도들을 일망타진한 우공은 장생을 높이 치하하며 그를 자기 집으로 불러 후하게 대접해 주었다.

그날 밤 그간 몸과 마음이 몹시 지쳤던 장생은 침소에 들자마자 정신없이 잠에 빠져들었다.

"그간 고초가 참 많으셨습니다."

깊은 잠이 들어 있던 장생은 별안간 들려오는 목소리에 잠에서 깨어났다. 눈을 떠 보니 그의 앞에 여인이 서 있었다.

"누구시오…!"

울먹이는 그녀의 얼굴을 보니 낯이 익었다. 그녀는 무덤가에서 보았던 여인이었다.

"얼마 전 저는 강도떼를 만나 억울한 죽임을 당하였습니다. 놈들은 영악하여 외진 곳에 제 주검을 숨겨 두었고, 저는 원통함에 못 이겨 차마 마음 편히 저승에 갈 수 없었습니다. 그러다 며칠 전 나리께서 근처를 지나가시기에 감히 하찮은 재주로 나리에게 헛것을 보게 하여 무덤가에 이르게 한 것입니다."

그러더니 눈물을 흘리며 말을 이었다.

"그간 얼마나 고초가 심하셨습니까… 나리 덕분에 저는 편히 저승에 갈 수 있게 되었습니다."

여인은 거듭 절을 올려 사례하더니 홀연히 사라져 버렸다. 장생이 정신을 차려 보니 모두 한바탕 꿈이었다.

두 개의 몸을 가진
아내

· 천녀이혼 ·

당나라 시대의 형주 땅에 장일이라는 관리가 있었다. 그에게는 눈에 넣어도 아프지 않을 막내딸 천랑이 있었는데, 일찍이 다른 자식들을 모두 앞세웠던 그였던지라 하나 남은 딸에 대한 그의 사랑은 무척이나 각별했다. 게다가 딸의 외모가 비할 데 없이 곱고 마음씨 또한 비단결과 같았으니 장일은 더더욱 딸을 아끼고 사랑하였다.

그리 애지중지하는 딸이다 보니 장일은 총명한 사내아이가 있으면 딸의 신랑감으로 눈여겨보곤 하였다. 그런 그가 옛날부터 마음속으로 점찍어 놓은 이가 하나 있었으니 바로 자신의 외조카 왕주라는 이였다. 왕주는 어려서부터 머리가 명석하고 용모 또한 단정한 것이 자신의 귀한 딸과 잘 어울리겠다는 생각이 들었던 것이었다. 장일은 왕주를 만날 때마다 입버릇처럼 이렇게 말하곤 했다.

"훗날 너를 내 딸과 꼭 혼인시켜 주겠다."

그런 장일의 말이 사랑의 씨앗이 되었는지 두 사람은 자라면서 서로 연정을 품는 사이가 되었다. 대놓고 말하지는 않았으나 혼인할 날만을 오매불망 기다렸다. 하지만 시간이 지나 두 사람이 성년이 되었을 때쯤 정작 이야기를 꺼냈던 장일은 이를 까맣게 잊고 있었다.

하루는 그의 막료 한 사람이 집에 찾아온 적이 있었는데, 우연히 천랑의 모습을 보고는 한눈에 반해 청혼했다.

"살면서 이토록 아름다운 여인은 본 적이 없습니다. 부디 따님과 혼인하게 해 주십시오."

그는 젊고 장래가 유망한 이였기에 장인은 크게 기뻐하며 흔쾌히 허락하였다. 뒤늦게 천랑이 혼인한다는 소식을 들은 왕주는 약속을 어긴 장일에 대한 원망과 다시는 천랑을 볼 수 없다는 절망감에 눈앞이 캄캄해지는 듯했다.

그는 사무치는 비통함에 어찌할 바를 몰라 하다 차마 천랑이 다른 사내와 혼인하여 사는 것을 볼 수 없어 고향을 떠나기로 마음먹었다. 마침 도성에서 이부의 관리 선발이 있다고 하니 그는 떠날 결심을 하고 장안으로 향하는 배에 몸을 실었다.

그날 저녁 왕주는 천랑을 그리워하며 밤이 깊도록 잠을 이루지 못하고 있었다. 뱃전에서 하염없이 눈물만 흘리고 있는데 문득 강가의 언덕 쪽에서 급한 발소리가 들려왔다. 소리가 나는 곳을 보니 머리가 어지러이 풀어 헤쳐진 여인 하나가 배 쪽으로 달려오고 있는 것이었다. 그녀는 다름 아닌 천랑이었다. 왕주는 깜짝 놀라면서도 뛸 듯이 기뻐하며 천랑을 배 위에 올려 주곤 어찌 된 일인지를 물었다. 그러자 천랑이 흐느끼며 답했다.

"자나 깨나 당신을 그리워했어요. 우리의 정이 이렇듯 두터운데 어찌 부친께서 이 마음을 빼앗을 수 있겠어요?"

그녀는 왕주가 장안으로 떠났다는 말을 듣고서 그 길로 몰래 집을 빠져나와 뱃길을 따라 달려온 것이었다. 왕주는 천랑과 부둥켜안고는 기쁨의 눈물을 흘렸다.

"아무도 우리를 모르는 곳으로 갑시다."

두 사람은 혹여나 누가 알아볼까 싶어 장안으로 향하던 길을 촉 땅으로 틀었다. 그리고 그곳에서 조촐하게 혼례를 올리고는 자리를 잡고 함께 살기 시작했다. 5년이 넘도록 두 사람의 마음은 변치 않았다. 그리고 그들은 떡두꺼비 같은 아들을 둘씩이나 얻고 오순도순 행복한 시간을 보냈다.

그런데 하루는 이상하게도 천랑의 표정이 어딘가 어두웠다. 왕주가 그 까닭을 물으니 천랑이 울음을 터트리며 말했다.

"지난날 당신을 놓칠 수 없어 아버지를 떠났지만, 이렇게 평생 소식을 끊고 살아갈 것을 생각하니 막막합니다. 길러 주신 은혜를 저버리고 하늘 아래 무슨 낯으로 살아갈 수 있겠어요?"

이야기를 들은 왕주 또한 마음이 편치 못했다. 왕주는 잠시 생각하다 그녀에게 말했다.

"이제 우리 사이에 아이도 생겼고, 시간도 꽤 흘렀으니 그만 장인을 찾아가 봅시다. 사정을 말씀드리면 틀림없이 우리를 용서해 주실게요."

그리하여 두 사람은 그날로 살림을 정리하고는 배를 타고 떠났던 형주 땅으로 다시 향했다. 이윽고 그곳에 도착하자 왕주가 배에서 내릴 채비를 하며 천랑을 안심시켰다.

"내가 먼저 아버님을 만나 뵙고 사정을 말씀드릴 테니, 당신은 배에서 잠시 기다리고 있으시오."

그러고는 홀로 장일의 집으로 향했다.

"이게 얼마 만인가? 어서 들어오게."

뜻밖에도 장일은 왕주를 반갑게 맞이해 주었다. 딸이 왕주와 도주했다는 사실을 꿈에도 모르는 듯했다. 왕주는 더욱 마음이 불편하여 잠시 뜸을 들이다 이내 엎드려 절을 올리며 사정을 고했다.

"사실 천랑이 사라진 까닭은 저와 함께 도주했기 때문입니다. 저희 두 사람은 어릴 적부터 연모하는 사이로 도무지 떨어져 살 수가 없어, 어른의 뜻에 거스르게 된 것입니다. 부디 노여움을 푸시지요."

그런데 장일은 왕주의 말을 도저히 믿을 수 없다는 눈치였다.

"내 딸과 함께 도주했다니 그게 무슨 말인가?"

왕주가 덧붙였다.

"천랑과 저는 촉 땅에서 5년간 혼인 생활을 했습니다. 천랑은 지금 함께 타고 온 배에서 기다리고 있습니다."

그러자 장일의 얼굴에 알 수 없는 두려움이 번지기 시작했다.

"그러니까 그게 대체 무슨 소리란 말인가?"

그러더니 급히 천랑이 쓰던 방으로 향하기 시작했다. 왕주가 어리둥절해하며 그를 따라가 보니 침상 위에는 여인이 누워 있었는데, 그녀는 다름 아닌 천랑이었다.

"내 딸은 알 수 없는 병에 걸려 의식을 잃은 지 5년이나 되었네…!"

장일은 섬뜩해 하며 하인 하나를 보내 배에 천랑이 있는지를 알아오게 하였다. 하인이 그곳에 이르니 배에는 또 다른 천랑이 타고 있었다. 그녀는 하인을 알아보고는 환한 얼굴로 물었다.

"아버지는 잘 계시느냐?"

하인은 놀라 그대로 집으로 달려가 이를 고했다. 장일과 왕주가 섬뜩하여 자리에 붙은 듯 가만히 서 있는데, 문득 침상 쪽에서 기척이 느껴져 왔다. 조심스레 고개를 돌려 보니 의식을 잃고 누워 있던 천랑은 어느샌가 몸을 일으켜 그들을 보고 서 있었다.

"…!"

장일과 왕주는 겁에 질려 숨조차 쉬지 못했다. 그런데 더욱 기이한 것은 천랑의 행동이었다. 그녀는 아무렇지 않은 듯 화장하고 옷을 갈아입더니, 돌연 집 밖으로 나가 버리는 것이었다. 장일과 왕주는 좀처럼 떨어지지 않는 발걸음을 떼어 조심스레 그녀를 따라가 보았다. 잠시 후 그녀가 이른 곳은 다름 아닌 왕주와 천랑이 타고 온 배가 있는 곳이었다.

그녀는 점차 배에 다가갔고, 그러자 또 다른 천랑 또한 배에서 나오더니 그녀에게로 가까이 가기 시작했다. 두 천랑은 천천히 발걸음을 옮겨 서로에게로 점점 가까워지다 이윽고 나루터에서 마주치게 되었는데, 약속이라도 한 듯 포옹하며 서로의 몸을 포개었다.

그러자 기이한 일이 일어났다. 서로의 몸이 맞닿자 두 사람의 치마와 저고리가 겹치는 듯하더니, 푸른빛과 함께 하나의 몸으로 합쳐지는 것이었다.

왕주와 장일은 눈을 의심하며 이 놀라운 광경을 멍하니 바라보았다. 이윽고 하나의 몸이 된 천랑은 가만히 그들을 돌아보았는데, 그녀는 기쁨에 찬 표정으로 눈물을 흘리고 있었다.

"이제야 돌아오게 되었군요."

그녀는 왕주와 떨어질 수 없어 귀신으로나마 그와 함께하다 고향에 돌아와 비로소 몸으로 돌아온 것이었다.

이후 두 사람은 정식으로 혼인하여 40년이 넘도록 해로하였고, 천랑이 귀신이었을 때 낳은 두 아들은 훗날 효렴으로 급제하여 각각 높은 자리에 올랐다.

이 기이한 일은 장씨 집안 안에서 비밀에 부쳐졌는데 훗날 집안사람 하나가 진현우라는 이에게 전하였고, 그가 자신의 책《이혼기》에 기록하여 후대에 전해지게 되었다. 이 이야기는 〈천녀이혼〉이라는 극으로 쓰이기도 했는데, 훗날 영화 〈천녀유혼〉의 제목 유래가 되기도 하였다.

악귀에게
영혼을 판 선비

· 적정자 ·

중국 당나라 시대 낙양 땅에 모영이라는 사내가 있었다. 그는 부유한 집안의 자식으로 어릴 적부터 모자람 없이 자랐으나 성년이 되기전 알 수 없는 병으로 양친을 모두 여의게 되었다. 그의 아버지는 이름깨나 있는 고관이었으나 생전 쌓은 덕은 그 위치에는 미치지 못했는지 그가 죽은 뒤 아무도 그의 어린 아들을 맡아 돌보려 하지 않았다.

또한 사람들은 모씨 집안의 권세가 끝났음을 알고 하나둘 그의 집안에 발걸음을 줄이며 연을 끊어 갔다. 그중에는 모영과 혼담을 나누던 집안도 있었는데, 그들조차 모영의 부친이 죽기가 무섭게 파혼의 뜻을 전해 오니 모영은 어린 나이에 세상에 홀로 남겨지게 되었다. 그는 눈물을 삼키며 속으로 다짐했다.

"내 하루빨리 출세하여 반드시 이 수모를 씻으리라."

그러고는 그날로 집을 떠나 천하의 명사들을 찾아다니며 과거 공부를 시작했다. 하지만 당시 진사시는 '나이 오십에 붙어도 이르다'라는 말이 있을 정도로 매우 어려운 시험이었기에, 오기로 주워들은 글 몇 자로 합격할 수 있는 것이 아니었다. 그는 시험마다 번번이 고배를 마셨고, 그때마다 이를 갈고 다시 공부에 몰두하였으나 몇 해가 지나도 달라지는 것은 없었다. 처음 몇 번 낙방할 때까지만 해도 마음을 다잡았던 그였지만 공부를 시작한 지 10년이 다 되어가도록 아무런 성과를 내지 못하니 그의 마음속에는 점차 조바심이 일기 시작했다.

"벌써 여러 해가 지났는데 어찌 다음 시험을 또다시 기다린다는 말인가…"

하루는 그와 같은 스승 밑에서 수학하는 두생이라는 벗이 찾아와 그에게 말했다.

"내 이번에 현령과 연이 닿아 작은 선물과 함께 글을 올리기로 했네."

모영이 놀라 물었다.

"선물이라면, 뇌물을 바친다는 말인가?"

그러자 두생이 얼굴에 약간의 노기를 띠며 말했다.

"뇌물이라니, 당치 않네. 선물은 자리를 만들 뿐이고 당연히 실력이 있어야 등용될 수 있네."

그러고는 노기를 거두며 말했다.

"자네는 글재주가 빼어나니 분명 좋을 자리를 얻을 수 있을 걸세. 생각이 있다면 말하게. 내 자네에 대해서도 말해 놓을 테니."

모영은 순간 혹하였으나 뇌물로 관직을 사는 것이 못내 마음에 걸려 쉽사리 결정하지 못하였다. 그렇게 선뜻 대답하지 못하고 고민하는데 두생이 그를 충동질했다.

"언제까지 때를 기다릴 것인가? 혹여나 그때가 오지 않는다면 그때는 어쩔 생각인가?"

집에 돌아온 모영은 깊은 고민에 빠졌다.

'옛말에 불의로 얻은 부귀는 뜬구름과 같다고 하였다. 그런 방법으로 출세한다면 어찌 하늘 아래 고개를 들고 살 수 있겠는가?'

하지만 두생의 말이 도무지 머릿속에서 지워지지 않았다.

'언제까지 때를 기다릴 것인가? 혹여나 그때가 오지 않는다면 그때는 어쩔 셈인가?'

모영은 밤새 고민하다 다음 날 아침 결국 돈 한 꿰미와 잘 닦은 글 하나를 챙겨 두생을 찾아갔다.

"잘 부탁하네…"

뇌물과 글을 전한 모영은 편하지 않은 마음으로 두생이 좋은 소식을 들고 오기만을 기다렸다. 그런데 며칠이 지나도 그에게서는 아무 소식도 들려오지 않았다. 이상함을 느낀 모영은 직접 두생을 찾아가 보았다.

"이보게, 저번 일은 어찌 되었는가?"

그러자 두생이 난처해하며 답했다.

"내 안 그래도 자네를 찾아가려 했네. 현령께서 말씀하시길 자네의 솜씨는 높이 사나 당장은 남은 자리가 없으니 조금 기다리라 하셨네. 자리가 나는 대로 반드시 자네를 부르겠다고 하셨으니 조금만 기다려보게."

이야기를 들어보니 두생은 그의 글이 고관의 눈에 띄어 괜찮은 자리를 얻게 되었으나, 모영은 그러지 못했다는 것이었다. 모영은 눈앞이 캄캄해졌다.

"이대로 끝낼 수는 없다."

그러고는 조바심을 이기지 못하고 관직을 얻고자 온 낙양을 돌며 사방에 뇌물을 뿌리기 시작했다. 하지만 의롭지 못한 길이라고 꼭 쉬운 것만은 아니듯 좀처럼 좋은 자리를 얻지 못하였다. 이따금 말단직을 제안받기도 하였으나, 관직을 얻고자 평생을 보낸 모영에게 그런 자리가 성에 찰 리 없었다.

그는 들어온 한직들은 모두 마다하며 더 높은 자리를 얻고자 점차 더 많은 사람에게 더 많은 뇌물을 뿌리니, 몇 년이 채 지나지 않아 물려받은 재산 대부분을 탕진하게 되었다. 하지만 그런데도 그는 멈추지 못하였고, 마침내 책 한 권, 붓 한 필조차 남기지 못하고 길거리에 나앉는 신세가 되었다.

폐인이 된 모영이 저잣거리를 전전하던 어느 날 그의 뒤에서 귀에 익은 목소리가 들렸다.

"이보게, 모영 아닌가?"

뒤를 돌아보니 그는 다름 아닌 두생이었다. 그는 이전과 다르게 화려한 옷차림에 귀한 말을 타고 있었는데, 몇 년 사이 크게 출세했는지 신수가 훤해 보였다. 모영은 그런 그에게 차마 자신의 초라한 모습을 보일 수 없어 모른 척 지나가려 하였다. 하지만 두생은 끝끝내 그를 따라와 옷깃을 붙잡고 아는 체를 하였다.

"이게 얼마 만인가?"

"…그러게 말일세."

두 사람은 오랜만에 이야기를 나누게 되었는데, 두생은 모영의 몰골을 보고는 이내 상황을 짐작했는지 그의 두 손을 잡으며 말했다.

"내 일찍이 자네의 재주를 범상치 않게 여겼네. 좋은 날이 올 테니 너무 상심치 말게나. 혹시 머무를 곳이 없다면, 우리 집에 방이 남으니 그곳에 머무르는 것이 어떤가?"

모영은 참담했으나 달리 방도가 없었기에 그의 말을 따를 수밖에 없었다.

"고맙네… 내 당분간 신세를 좀 지겠네."

"들어오게나."

집에 도착하자 두생은 모영에게 머물 방을 내어 준 뒤 곧바로 아내를 불러 먹을 것을 내오게 하였다. 눈앞에 갖가지 귀한 음식들이 차려지니 몇 년 동안이나 제대로 먹지 못한 모영은 눈이 휘둥그레져 부끄러움도 잊은 채 음식을 마구 집어 먹기 시작했다.

그런데 음식을 입에 넣으며 두생 곁에 서 있는 그의 아내를 보니 어딘가 낯이 익었다. 그녀는 다름 아닌 과거 모영과 혼담을 나누던 여인이었다. 모영은 손이 떨리고 눈앞이 아찔하여 음식이 더 이상 목구멍으로 넘어가지 않았다. 몇 년 사이 그의 얼굴이 몰라보게 상했기 때문인지 그녀는 다행히 모영을 알아보지 못했으나, 그것으로 모영의 참담함이 덜어지지는 않았다.

그는 손에 쥔 음식을 내려놓고 조용히 두생에게 사례한 뒤 도망치듯 방으로 돌아갔다.

'아내도, 관직도, 저놈이 더러운 수로 내 것을 모두 빼앗아 가는구나…!'

방으로 돌아온 모영은 분을 삭이지 못하고 속으로 두생에게 온갖 욕과 저주를 퍼부었다. 하지만 잠시 후 마음이 조금 가라앉으니 이내 그를 원망할 수 없음을 깨달았다. 두생이 제 아내와 모영이 과거 혼담을 나누었다는 사실을 알았을 리 만무한 데다, 뇌물로 관직을 얻은 것도 자신과 함께한 일이기 때문이었다. 그리고 무엇보다 두생은 유일하게 그에게 은혜를 베푼 사람이기도 했다. 모영은 눈물을 흘리며 탄식했다.

'스스로 떳떳하기라도 했다면 이렇듯 괴롭지는 않았을 것을, 조바심에 눈이 멀어 어리석은 짓을 벌이는 바람에 이제는 부끄러워 남을 탓할 수도 없구나…'

그러고는 다짐했다.

'남에게 빌어먹는 한이 있더라도, 내 다시는 그같이 부끄러운 짓을 벌이지 않으리라.'

마음을 고쳐먹은 모영은 다시 과거 공부를 시작했다. 아무것도 없이 벗에게 의탁하여 지내는 것이 못내 껄끄럽고 그의 아내를 볼 때마다 가슴이 찢어질 듯 괴로웠으나, 그는 오로지 상황을 바꿔 보겠다는 일념 하나로 수없이 마음을 다잡으며 공부에 매진하였다. 그리고 얼마 뒤 다시 한번 과거를 보게 되었지만 또다시 낙방하였다.

'하늘이 날 버렸구나…'

도저히 두생의 집에 다시 돌아갈 엄두가 나지 않았던 그는 가진 것을 모두 털어 술을 쏟아붓고는 정처 없이 길을 걷기 시작했다. 비틀거리며 한참을 걷다 해가 저물 때쯤 그는, 성 밖의 교외에 이르러 끝내 취기를 이기지 못하고 그대로 길바닥에 쓰러져 버렸다.

얼마나 지났을까, 모영은 바닥에서 느껴지는 한기에 정신이 들었다. 이미 날은 저문 지 오래였고, 주변을 둘러보아도 어떤 인기척도 느껴지지 않았다.

'너무 멀리 와 버렸구나…'

그렇게 생각하며 몸을 일으키는데 그의 앞에 땅 위로 촘촘히 솟아오른 무언가가 보였다. 그가 달빛에 의지해 형체를 자세히 들여다보니 그것은 사람의 해골이었다. 한동안 길에 묻혀 있었던 시체는 며칠 전 내린 비 때문인지 땅 위로 그 몸을 반쯤 드러내고 있었다. 모영은 몹시 놀랐으나 이내 마음속에 측은한 마음이 일었다.

'길바닥에 버려진 꼴이 꼭 나와 같구나… 그대는 어떤 일이 있었기에 이곳에 이리 누워 있는 것이오?'

그러고는 손수 진흙 속에서 뼈를 꺼내어 길옆 수풀 속에 묻어 주었다.

'이제 편히 잠드시오…'

그러고는 왔던 길을 따라 집으로 돌아가 지친 몸을 뉘었다.

"나리, 나리!"

모영은 누군가 그를 부르는 소리에 잠에서 깨어났다. 눈을 떠 소리가 나는 곳을 보니 그곳에는 사내 하나가 서서 그를 빤히 바라보고 있었다. 스무 살 남짓 되어 보이는 피골이 상접한 남자는 다 떨어진 옷을 걸치고 허리에 낡아빠진 검 하나를 차고 있었는데, 어둠 속에서 스스로 빛을 내는 것이 사람이 아닌 듯 보였다. 모영은 놀라 소스라치며 소리쳤다.

"누구시오!"

그러자 사내가 두 손을 모으며 답했다.

"저는 적정자라고 합니다. 간밤에 공께서 묻어 주신 사람이지요."

사내는 스스로 귀신임을 밝히니 모영은 간담이 서늘하여 더는 말을 이을 수 없었다. 그러자 귀신이 그에게 넙죽 절을 올리며 말했다.

"두려워하실 필요 없습니다. 선생의 깊은 은혜에 감사 인사를 드리러 왔을 뿐입니다."

모영은 멍하니 그를 바라보다 물었다.

"어떤 사연이길래 그곳에 버려져 있던 것이오?"

귀신이 답했다.

"소인은 살아 생전 이 지역의 흉악한 도적으로, 재물을 얻고자 무고한 사람들의 목숨을 쉬이 취하곤 했습니다. 그러던 어느 날 얻은 재물을 두고 무리와 다툼을 벌이게 되었는데, 그때 그만 죽임을 당하고 길에 버려지게 된 것이지요. 아무도 제 몸을 수습해 주지 않으니 오랜 시간 사람들의 발에 밟히게 되었는데, 간밤에 선생께서 구해 주시어 이

300

렇게 그곳에서 벗어날 수 있게 된 것입니다."

모영이 말했다.

"그대가 비록 생전에 추악한 짓을 저질렀다고는 하나, 이렇게 찾아와 사례를 하는 것을 보니 내가 마냥 괜한 일을 한 것 같지는 않구려. 이제는 다 잊고 편히 쉬도록 하시오."

그러자 사내가 말했다.

"소인이 비록 짐승처럼 살아왔으나, 받은 은혜를 마땅히 갚아야 한다는 것 정도는 알고 있습니다. 선생 덕분에 비참한 꼴을 면했으니, 어떻게든 보답하고 싶습니다."

모영이 의아하여 물었다.

"죽은 당신이 어찌 산 사람을 도울 수 있다는 말이오?"

사내는 미소를 띠며 답했다.

"제게 간단한 제사로 굶주림과 목마름에서 벗어나게만 해 주신다면, 바라시는 소원을 무엇이든 들어드리겠습니다. 그저 제 이름을 한 번 부르시고 원하시는 것을 말씀해 주시면 됩니다."

그러고는 갑자기 구름처럼 흩어지더니 이내 허공 속으로 사라져 버렸다. 모영이 놀라 정신을 차려 보니 이는 한바탕 꿈이었다.

"취기에 별 꿈을 다 꾸는구나…"

날이 밝은 뒤 정신이 돌아온 모영은 취기에서 벗어나자마자 잠시 잊고 있던 절망감에 다시금 휩싸였다. 그는 참을 수 없는 부끄러움에 더이상 두생과 그의 처를 볼 낯이 없어 집을 떠나고자 하였다. 하지만 막상 문 앞에 서니 좀처럼 발걸음이 떨어지질 않았다. 가진 것이 아무것도 없으니 이대로 나간다면 몸뚱이를 누일 집 한 칸 얻지 못하고, 이전처럼 거리에서 폐인으로 살아갈 것이 뻔했기 때문이었다. 모영이 문고리를 잡은 채 한숨만 내리 쉬고 있는데 불현듯 간밤의 꿈이 생각났다.

'제게 간단한 제사로 굶주림과 목마름에서 벗어나게만 해 주신다면, 바라시는 소원을 무엇이든 들어드리겠습니다.'

모영은 지푸라기라도 잡는 심정으로 몰래 부엌에 들어가 먹을 것을 훔친 뒤 귀신의 제사를 지내 주었다. 그러고는 허공에 나지막이 말했다.

"적정자, 난 천금을 원한다."

하지만 한참을 기다려 보아도 역시나 아무런 일도 일어나지 않았다. 모영은 허탈하여 이러지도 저러지도 못한 채 방에 틀어박혀 고민 속에 밤을 지새웠다.

다음 날 모영은 무거운 마음으로 침상 아래로 내려왔다. 그런데 무언가가 발아래 밟히는 것이었다. 밑을 내려다보니 본 적 없는 나무 상자 하나가 놓여 있었다. 의아해하며 조심스레 상자를 열어 보니 그 안에는 천금이 들어 있었다.

"정말 괜찮겠나?"

"괜찮네. 내 염치없이 오래도 머물렀네."

모영은 두생에게 사례한 뒤 집을 나와 간밤에 얻은 천금으로 교외에 큰 집을 얻었다. 한동안 그곳에 한가로이 머물며 필요한 것이 있을 때마다 적정자를 불러 채우게 하니, 그의 삶에는 조금의 부족함도 없었다. 그러나 몇 달이 지나자 그의 마음속에는 점차 공허함이 밀려오기 시작했다.

"내 일찍이 품은 뜻을 이루지 못하였으니 아무리 얻어도 속이 텅 빈 듯하구나…"

그러고는 잠시 고민하다 제사상을 준비한 뒤 적정자를 불렀다.

"적정자, 나는 벼슬을 원한다."

그러고는 그의 답을 기다리며 잠이 들었다.

다음 날 이른 아침부터 관리가 찾아와 말했다.

"현령께서 지난날 말씀드렸던 자리가 비었으니 관아로 등청하라십니다."

모영은 나는 듯 기뻐하며 또다시 적정자를 불러 만금을 얻은 뒤 그것으로 좋은 비단옷과 말을 장만하였다. 그러고는 약속한 날 한껏 치장하고는 관아로 향했다. 그런데 성곽에 이를 때쯤 한 노인이 길바닥에 주저앉아 서럽게 울부짖는 것이 보였다. 어찌나 서럽게 우는지 모영은 측은한 마음이 들어 차마 그냥 지나치지 못하고 그에게 다가가 물었다.

"노인장, 무슨 일이기에 그렇게 서럽게 우십니까?"

그러자 노인이 눈물을 훔치며 말했다.

"간밤에 내 평생 모은 돈 만금을 도둑맞았소. 사람이 오간 흔적이 없고 그 자를 본 자 또한 아무도 없으니 필시 그 귀신의 짓일 것이오."

"그 귀신이라니? 그게 무엇입니까?"

그러자 노인이 한숨을 쉬며 말했다.

"몇 달 전부터 낙양 땅에는 흉악한 도적놈 하나가 나타나기 시작했소. 놈은 하룻밤 사이에 천금이나 만금씩 재물을 훔쳐 가는데, 기이하게도 아무런 흔적도 남기지 않는다오. 밤마다 눈에 불을 켜고 집을 지켜도 재물이 어느 순간 온데간데없이 사라져 버리니 놈이 귀신이 아니면 무엇이겠소?"

이야기를 들은 모영은 무언가 꺼림직하였으나 당장은 등청하는 일이 급하여 노인을 뒤로하고 다시 말을 달려 관아로 향했다.

현령은 그를 반갑게 맞이하며 말했다.

"잘 와 주었네. 지난날 성의에 답하지 못한 것이 못내 마음에 걸렸는데, 이런 식으로나마 답하게 되었구먼."

의아한 모영이 물었다.

"이런 식으로라니요? 그간 관아에 무슨 일이 있었습니까?"

하지만 현령은 손을 내저을 뿐 대답하지 않았다. 무언가 이상함을 느낀 모영은 현령에게 사례하고 물러난 뒤 지나가는 관리를 불러 물었다.

"이보시오. 없던 자리가 어찌 갑자기 나게 된 것이오?"

관리는 잠시 망설이더니 작은 목소리로 답했다.

"며칠 전 전임 현위가 글쎄… 하룻밤 사이 영문도 없이 갑자기 죽어 버렸다지 뭡니까."

모영은 등골이 서늘해지는 듯했다. 그길로 말을 달려 집으로 돌아가 방문을 굳게 잠근 뒤 허공에 소리쳤다.

"적정자! 적정자! 이 돈을 어디서 가져온 것이냐?"

하지만 집안에는 아무런 대답도 들려오지 않았다. 모영은 덜덜 떨리는 손으로 급히 귀신의 제사상을 준비하였다. 그때 허공에서 사내의 목소리가 들려왔다.

"그게 무슨 말씀이십니까?"

모영이 외쳤다.

"네가 가져온 돈 말이다! 성안에 든다던 도적이 네놈이냐? 또 전임 현위를 죽인 것도 네놈 짓이냐?"

그러자 적정자가 갑자기 모영 앞에 그 모습을 드러냈다. 그런데 그의 모습이 이전과는 달리 피골이 상접하던 그의 얼굴에는 어느새 살이 올라 윤기가 흐르고 있었고, 차림새 또한 흰 비단옷에 큰 칼을 찬 귀족의 차림으로 바뀌어 있었다. 적정자는 모영에게 다가오더니 차갑게 웃으며 말했다.

"그토록 기쁨을 누리시더니 이제 와 그것이 중요해졌습니까?"

그러고는 야차 같은 얼굴을 드러냈다. 두려움을 느낀 모영은 그를 꾸짖으려 한 것도 잊고 더는 말을 잇지 못했다. 그러자 적정자가 말을 이었다.

"마땅히 잃는 자가 있어야 얻는 자 또한 있는 것이거늘, 어찌 이제 와 이를 시비하려 하십니까? 저는 원하시는 것을 드렸을 뿐이니 그리도 싫으시다면 다시 제자리에 되돌려 놓겠습니다."

"…!"

역시나 모영은 감히 무어라 답하지 못하였다. 하지만 이번에는 꼭 두려움 때문만은 아니었다. 모영이 한참을 머뭇거리자, 적정자는 이내 비릿한 미소를 짓더니 허공 속으로 사라져 버렸다.

'이제 와 돌아갈 수는 없다…'

모영은 성안에서 서럽게 울던 노인과 영문도 모르고 죽었을 전임 현위를 생각하니 죄책감에 숨이 막히는 듯하였다. 하지만 그간 얻은 것을 모두 포기할 생각을 하니 비참하던 지난날이 생각나 차마 그럴 수는 없었다. 모영은 한참을 고민하다 마음을 다잡고 결심했다.

'지난날 남에게 빌어먹는 한이 있더라도 부끄러운 짓만은 벌이지 않겠다 맹세하였다. 그런데 또다시 옳지 못한 방법으로 욕심을 좇았으니 이런 일을 당하게 되는구나… 내 앞으로는 절대 반복하지 않으리라.'

다짐한 모영은 그 후로 더는 적장자를 불러내지 않았다. 허나 이미 늘어난 씀씀이는 하루아침에 줄일 수 있는 것이 아니었기에 얼마 지나지 않아 가지고 있던 재물 대부분을 탕진하게 되었다. 또한 시간이 지날수록 현위 자리도 점점 성에 차지 않으니 그의 마음은 점차 흔들렸다. 그는 성안의 고관들과 부자들을 볼 때마다 자기도 모르게 속으로 탄식하곤 했다.

"마음만 먹으면 저들을 발아래에 둘 수 있는 것을… 쉬운 방법을 두고도 평생 이리 살아야 하는 것인가…?"

그러던 어느 날 현령을 알현하러 관아에 갔다 우연히 두생을 마주치게 되었다. 출세한 벗을 본 두생은 그를 보며 크게 기뻐하였다.

"자네가 벼슬에 들었다는 소식은 들었네. 내 분명 그리될 줄 알았다네."

그러더니 모영에게 권했다.

"자네가 내 집을 떠난 지도 오래되었구먼, 오늘 이리 만난 김에 함께 내 집으로 가 지난날의 회포라도 푸는 것이 어떤가?"

모영은 옛 생각이 나 잠시 머뭇거렸으나 계속되는 두생의 권유에 못 이겨 이내 그러겠다고 하였다.

두생의 집에 도착하니 그의 아내가 모영을 반갑게 맞이해 주었다. 모영은 자신의 상황이 나아져서인지 이전과 다르게 그의 처를 똑바로 바라볼 수 있었는데, 이제야 보니 그 피부가 백옥과 같고 입술은 앵두 같이 붉은 것이 혼담을 나누던 십수 년 전과 다름없이 매우 아름다웠다. 모영은 두생과 이야기를 나누면서도 마음은 온통 그녀에게 빼앗겨 벗의 말이 도통 귀에 들어오지 않았다.

"자네, 무슨 생각을 그리하는가?"

"아, 아무것도 아닐세."

두생과 작별하고 집에 돌아온 뒤에도 모영의 머릿속은 온통 두생의 처에 관한 생각으로 가득했다. 그러다 자기도 모르게 방 한쪽에 놓인 제사상을 보며 생각하였다.

'이 집과 내 벼슬은 내 것이 아니었지만, 그 여인은 원래 내 처가 될 사람이 아니었던가…?'

하지만 얼마 전 스스로 한 다짐을 떠올리며 마음을 고쳐먹었다.

'아무리 욕심에 빠져 산다 해도, 어찌 은혜를 원수로 갚는다는 말인가?'

그러고는 억지로 눈을 감아 잠을 청하였다.

'덜거덕!'

얼마나 지났을까, 모영은 깊은 밤 집 밖에서 나는 소리에 잠에서 깨었다. 그가 급히 몸을 일으켜 들려오는 소리에 귀를 기울여 보니 누군가 담을 넘어 집 안으로 들어오는 듯하였다. 모영은 조심스레 검을 집어 들고는 침상 뒤에 숨어 도적이 방 안으로 들어오기를 기다렸다. 그리고 잠시 후 발소리가 가까워져 오더니 문이 열렸다. 그리고 고개를 내밀어 들어온 자를 본 모영은 순간 숨이 멎는 듯하였다. 그는 다름 아닌 두생의 처였다.

"…!"

그런데 그녀의 움직임이 매우 기이했다. 분명 두 발을 땅에 딛고 서 있긴 했지만 위태롭게 흔들리는 것이 마치 몸을 가누지 못하는 듯 보였다. 무언가 이상함을 느낀 모영은 모습을 드러내고 그녀에게 다가갔다.

"부인! 이곳엔 어쩐 일이오?"

그러자 그녀가 가만히 눈을 돌려 모영을 바라보았다. 그녀의 두 눈은 초점 없이 허공을 바라보고 있었는데, 모영이 다가가자 눈에 빛이 돌아오더니 모영을 보고서는 갑자기 주저앉아 울음을 터트렸다.

"꿈에서 칼을 찬 사내가 나타나 나를 들쳐업고 어딘가로 데려갔는데, 정신을 차려 보니 이곳에 와 있었습니다."

'이놈이… 이제는 멋대로 일을 저지르는구나…!'

모영은 화가 치밀어 올랐으나 일단은 부인을 진정시키려 그녀를 부축하여 일으켜 세웠다. 그런데 막상 그녀를 가까이 보니 마음속에 참아 온 욕망이 슬며시 고개를 들었다.

'이대로 돌려 보내고 싶지 않구나…'

그때 두생의 처가 애처롭게 부탁했다.

"이곳에 어떻게 오게 된 것인지 도통 기억이 나지 않습니다. 부디 저를 집으로 데려다주십시오."

부인이 그렇게 부탁하니 모영은 이내 정신을 차렸다.

'또다시 욕망에 못 이겨 돌이킬 수 없는 짓을 저지를 뻔했구나.'

그러고는 곧바로 여인을 말에 태워 두생의 집 앞에 데려다주었다. 집에 이르자 두생의 처가 말했다.

"오늘 일은 제가 무언가에 홀려 홀로 괴이한 짓을 벌인 것이니 염려하지 마세요."

그러고는 거듭 사례하고는 집 안으로 들어갔다.

잠시 후 집에 돌아온 모영은 허공에 적정자를 꾸짖었다.

"이놈! 어찌 시키지도 않은 일을 벌여 은혜를 원수로 갚으려 드는 것이냐?"

그러자 적정자가 모습을 드러냈다. 그런데 그의 모습이 또다시 이전과는 달랐다. 화려하던 옷은 어느새 헤져 있었고, 부드럽던 살갗도 이곳저곳이 썩어 문드러져 패인 채 뼈를 그대로 드러내고 있었다. 적정자는 끔찍한 몰골로 모영에게 다가와 죄를 빌었다.

"너무 노여워 마십시오. 지난번 선생께 무례하게 군 죄를 씻고자 보잘것없는 영험을 부려 여인의 마음을 읽었을 뿐입니다."

의아한 모영이 물었다.

"여인의 마음을 읽다니?"

"지난번 낙양에 가셨을 때 소인이 따라가 보니 그 여인이 남몰래 선생을 마음에 두고 있었습니다. 선생께서도 그 여인을 원하는 마음이 작지 않으니 기뻐하실 것으로 생각하여 여인을 데려온 것입니다."

모영은 적정자를 꾸짖어 물렸지만, 그 후로 그의 말이 머릿속에 맴돌아 도무지 다른 일이 손에 잡히질 않았다.

'그녀가 나를 기억했다는 것인가?'

그러다 문득 적정자를 만난 뒤 자신이 원한 것 중 유일하게 얻지 못한 것이 그녀라는 사실을 깨달았다.

"이대로 끝낼 수는 없다."

그러고는 제사상을 준비하여 적정자를 불렀다.

"적정자, 두생의 처를 데려오너라."

그날 밤 두생의 처가 지난번처럼 모영의 집 안으로 들어왔다. 정신이 든 그녀는 자신을 기다리고 있는 모영을 보고 소스라치듯 놀라며 소리쳤다.

"이제 보니 모두 당신의 짓이었군요!"

모영은 대답하지 않고 물었다.

"내 묻고자 하는 것이 있어 당신을 이리 불렀소. 나와의 인연을 기억하시오?"

그러자 두생의 처가 머뭇거리며 쉽게 입을 떼지 못하다 가만히 고개를 끄덕이며 말했다.

"어찌 잊었겠어요? 하지만 이미 다 지난 일입니다. 이제 와 뭘 어쩌겠다고 나를 이리 불러낸 것입니까?"

모영이 답했다.

"나와 함께 사는 것이 어떻소?"

두생의 처가 몹시 당황해하며 답했다.

"당신이나 나나 내 남편에게 받은 은혜가 얕지 않은데, 사람이 되어 어찌 그럴 수 있다는 말입니까? 내 남편이 빈털터리가 된 당신을 거두어 준 것을 잊었습니까?"

그 같은 말을 들으니 모영도 마음속에 일말의 양심이 남아 있었던지 부끄러움과 괴로움에 얼굴이 일그러졌다. 두생의 처는 멈추지 않고 그를 꾸짖었다.

"그 요사스러운 술법으로 나를 겁박한다 해도 절대 당신의 뜻에는 따르지 않을 것입니다!"

그러자 모영이 얼굴을 일그러트리며 끔찍한 미소로 말했다.

"내 뜻은 이미 정해졌소. 오늘 당신이 이곳에 돌아왔듯 지금 내 뜻에 따르지 않는다 해도 결국엔 나와 함께하게 될 것이오."

부인은 눈물을 보이며 애걸했다.

"예전의 당신은 옳고 그름을 분간할 줄도, 잘못을 부끄러워할 줄도 아는 사람이었습니다! 대체 어떤 악귀가 씌었길래 이리 무도한 짓을 벌인단 말입니까?"

하지만 모영의 뜻은 완고했다. 한참을 소리쳐 보아도 모영이 꿈쩍도 하지 않자 여인도 이내 체념한 듯 말했다.

"그렇다면 한 가지 부탁만 들어주세요."

"무엇이오?"

"남편과 마지막 인사라도 나눌 수 있도록 하루의 말미를 주세요."

이를 들은 모영은 씁쓸한 표정으로 말했다.

"당신이 나를 속이려 드는구려… 집에 돌아가 내 이야기라도 하려고 그러시오?"

하지만 부인은 포기하지 않고 매달리듯 청했다.

"이대로 떠난다면 평생 마음이 편치 않을 것입니다. 그래야 당신도 조금이나마 마음의 짐을 덜 수 있지 않겠습니까? 하늘에 맹세코 당신의 이야기는 하지 않겠어요!"

그녀가 애걸하니 모영의 마음도 조금씩 흔들리기 시작했다. 그 또한 두생을 배신하는 일이 기쁜 일은 아니었기 때문이었다.

'혹 도망친다 해도 적정자로 하여금 다시 데려오게 하면 그만이 아닌가…?'

모영은 고민하다 결국 승낙하였다.

"좋소, 이건 지난날 두생이 내게 베푼 은혜에 대한 마지막 답례요. 인사를 잘 마치고 반드시 돌아오시오."

"나리!"

모영은 적정자의 성난 목소리에 잠에서 깨었다.

"무슨 일이냐?"

"그 여인이 집에 돌아가 그간의 일을 모두 알린 모양입니다."

"두생이 도사를 불러온 집안에 부적을 붙이고 나를 사로잡으려 하고 있습니다."

"그렇다면 부인을 다시 데려올 수 없는 것이냐?"

"도사가 펼쳐 놓은 금법을 보니 다행히 북쪽 문의 힘이 약하였습니다. 지금 그곳을 통해 들어간다면 힘을 겨루어 볼 만 합니다. 제가 억지로라도 여인을 데려올 테니 다시는 돌려 보내서는 안 됩니다."

"알겠다."

모영이 그리하겠다고 말하니 적정자가 덧붙여 말했다.

"다만 제가 할 수 없는 일이 한 가지 있으니 선생의 작은 도움이 필요합니다."

"도움이라니?"

"어렵지 않은 일이니 능히 하실 수 있을 것입니다. 선생께서 직접 두생을 죽이셔야 합니다."

"두생을 죽이다니…?"

"도사가 부부의 혼을 한데 묶어 놓아, 저 혼자의 힘으로 여인을 데려오려 한다면 반드시 사로잡힐 것입니다. 다행히도 여인이 선생에 대해서는 말하지 않은 모양이니, 어렵지 않게 두생을 만날 수 있을 것입니다. 선생께서 먼저 놈을 죽이셔야 그다음 제가 여인을 데려올 수 있습니다."

모영은 그를 크게 꾸짖었다.

"이 못된 도적놈아! 사람 목숨을 가벼이 여기다 천벌을 받고도 아직도 그 버릇을 고치지 못하였구나! 그리고 이제는 나아가 나까지 끌어들이려 하느냐!"

그러자 적정자가 우레와 같은 목소리로 소리쳤다.

"다 네가 원한 일이 아니더냐! 너야말로 어찌 자신을 속이고 원을 들어준 나까지 욕보이려 드느냐? 원수를 죽이는 것이 무엇이 그리 마음이 쓰인단 말이냐!"

"원수라니…?"

"아직도 깨닫지 못하였느냐? 놈은 과거 너의 글을 훔쳐 벼슬에 오른 놈이다."

"…!"

'언제까지 때를 기다릴 것인가? 혹여나 그때가 오지 않는다면, 그때는 어쩔 셈인가?'

모영은 충격에 빠져 쉽게 헤어 나오지 못하였다. 그러자 적정자가 이내 목소리를 낮추고는 말했다.

"나리, 시간이 없습니다. 오늘이 지나면 모두 소용이 없어질 것이니, 서두르셔야 합니다."

"적정자… 그것이 사실이냐?"

"…이제 와 그것이 무엇이 중요하겠습니까?"

한편 두생은 초조한 마음으로 아내와 도사가 있는 방 앞을 서성이고 있었다.

'오늘 밤 반드시 귀신이 들이닥칠 것이니 나리께서는 절대 집을 떠

나서는 안 됩니다.'

"별 괴이한 일이 다 있구나…"

그때 집 밖에서 누군가 그를 급히 부르는 소리가 들려왔다.

"이보게 두생! 날세! 어서 문을 열어 보게!"

두생이 문을 열어 보니 그는 모영이었다. 두생이 의아하여 물었다.

"자네가 이 시간에 여긴 어쩐 일인가?"

모영은 새파랗게 질린 얼굴로 숨을 헐떡이며 말했다.

"자네에게 급히 알릴 것이 있어서 왔네."

그러고는 말없이 마당에 들어와 어딘가로 향했다. 두생은 이를 괴이해 하며 그를 따라갔다. 모영은 북쪽 문 앞에 이르러 발걸음을 멈추더니 두생을 돌아보며 가만히 말했다.

"이보게…"

그러고는 갑자기 칼을 뽑아 두생의 목을 찔렀다.

"윽!"

느닷없이 한 차례 세찬 바람이 몰아치더니 집안의 모든 불이 일시에 꺼져 버렸다. 놀란 두생의 집안사람들은 황급히 다시 불을 피워 집안을 밝혔다. 그런데 곳곳에 붙어 있던 부적들은 모두 사라지고 없었고, 마당에는 두생이 쓰러져 죽어 있었다.

도사와 부인이 들어간 방문을 열어 보니 도사는 온 구멍에서 피를 쏟은 채 죽어 있고 두생의 처는 어디론가 사라지고 없었다.

두생의 집안사람들은 그제야 모든 것이 조금 전 집에 들어온 모영의

짓임을 깨닫고 그를 관가에 고발하여 군졸들과 함께 그의 집으로 향했
다. 하지만 그곳에 이르니 모영의 집은 흔적도 없이 사라지고 없었다.
이후 낙양 땅에는 누구도 모영을 본 자가 없었다고 한다.

물귀신을
배반한 어부

· 육랑의 복수 ·

중국 명나라 시대 산동성 치천현에 허씨 성을 가진 어부가 있었다. 그는 고을 북쪽 강에서 물고기를 잡아 생계를 유지하곤 했는데, 어부들 사이에서 고기를 잘 잡기로 유명했다. 다른 이들이 모두 허탕을 치고 돌아가는 날에도 허씨만큼은 꼭 두어 마리씩은 챙겨가곤 하니 다른 어부들은 그의 비법을 궁금해하였다.

"오늘은 도통 고기들이 보이지 않던데, 자네는 어찌 그리 잘 잡는 것인가?"

허씨는 그럴 때마다 똑같은 답을 내놓곤 하였다.

"난 일이 끝나면 꼭 강변에 남아 홀로 술 한잔을 하곤 하네. 그때 마시기에 앞서 먼저 강물에 술을 뿌려 작은 제사를 지내곤 하지. 술을 언어먹은 물귀신들이 내게 보답하는 것이 아니겠나?"

허씨가 일하는 북쪽 강은 이따금 물살이 거세지는 덕에 고기들이 많이 흘러 들어와 어획이 잘 되는 곳이었으나, 같은 이유로 꼭 몇 년에 한 번씩은 사람이 빠져 죽는 곳이기도 했다. 허씨의 말은 물에 빠져 죽은 사람들에게 제사를 지내어 고기를 잘 잡게 된다는 말이었다.

'쳇, 알려 주기 싫으면 그만이지, 뭣 하러 저런 터무니 없는 소리를 지어낸단 말인가?'

어부들은 아무도 그의 말을 믿지 않았다. 하나같이 허씨가 헛된 짓을 한다며 이상하게 여길 뿐이었다. 하지만 허씨는 아랑곳하지 않고 일이 끝나면 꼭 강변에 남아 하던 대로 작은 제사를 지내고 홀로 술을 마시곤 했다.

"물귀신들이여… 술 한잔 하고 가시게나."

그러던 어느 날 밤 허씨가 여느 날과 같이 홀로 강변에 앉아 술을 마시며 낚싯대를 드리우는데 그날따라 이상하게도 고기가 전혀 잡히지를 않았다.

"이런 적이 없었는데…"

그러다 자시(23시~1시) 정도에 이르렀을 때쯤 문득 그의 뒤편에서 누군가가 다가오는 소리가 들려왔다. 허씨가 뒤를 돌아보니 멀리서 허름한 차림의 청년 하나가 그가 있는 쪽을 향해 천천히 걸어오고 있었다.

"고기는 좀 잡으셨습니까?"

허씨가 알겠다는 듯 말했다.

"내가 일전에 한 말을 듣고 온 모양이구려. 그런데 어쩐다, 오늘은 이상하게 그 방법이 먹혀들지 않소. 이거 미안하게 됐소. 나 때문에 공연히 허탕을 쳤…"

허씨는 더는 말을 잇지 못했다. 가까이 다가온 청년의 얼굴이 달빛에 서서히 드러나는데 그 생김이 사람의 것이 아니었기 때문이다. 청년은 종잇장과 같이 창백한 얼굴에 숯을 바른 듯한 검은 눈두덩이를 하고, 이마에는 끔찍하게 솟아오른 검은 핏줄 사이로 삿갓 모양의 흉터가 파여 있었다.

그의 생김이 흉측하기가 야차와 다름없으니, 허씨는 두려움에 온몸이 굳어 도망칠 생각조차 하지 못하고 가만히 그가 다가오는 것을 지켜만 보았다. 괴인은 계속해서 다가와 허씨가 앉은 곳에 이르더니 그의 옆에 자리를 잡으며 말했다.

"허탕일지 아닐지는 끝까지 봐야 아는 것이지요."

그렇게 본 적 없는 괴인과 나란히 낚싯대를 드리우게 된 허씨는 두려운 마음에 도통 낚시에 집중할 수 없었다. 한참이나 공포스러운 침묵 속에서 곁눈질로 괴인의 움직임만을 살피는데 괴인이 문득 입을 열었다.

"술이 있다면 좀 나눠 주시겠소?"

허씨는 덜덜 떨리는 손으로 주발을 꺼내 괴인에게 술을 따라 주었다. 그러고는 자신 또한 두려운 마음을 떨치고자 술을 들이켜기 시작했다. 그렇게 두 사람이 한 사람 몫을 나누어 마시니 허씨가 가져온 술은 금세 동이 나 버리고 말았다. 허씨는 어찌할 바를 모르고 괴인의 눈치를 살피는데 괴인이 갑자기 자리에서 일어나더니 허씨를 보며 말했다.

"여러 번 술을 얻어먹었으니, 이제 술값을 해야겠지요."

'여러 번 이라니…?'

괴인의 그 말에 허씨가 의아하여 두려운 것도 잊고 물었다.

"오늘이야 내가 술을 나누어 주었지만 여러 번이라니 그게 무슨 말이오?"

하지만 괴인은 물음에는 답하지 않고 대뜸 말했다.

"곧 고기들이 나타날 것이니 놓치지 말고 잘 잡으십시오."

그러더니 돌연 물속으로 몸을 던졌다.

허씨가 놀라 그가 떨어진 곳을 보니 괴인은 이미 칠흑 같은 강 속으로 사라진 뒤였다.

'이게 무슨 일이란 말인가…!'

그때 강 상류 쪽에서 이상한 소리가 들려오기 시작했다.

쏴아아아!

소리가 나는 쪽을 보니 허연 물결이 허씨 쪽으로 밀려오고 있는데, 그 모양이 심상치 않았다. 그것은 물고기 수백 마리가 수면 위로 펄떡이며 내려오는 모양이었다. 허씨는 이를 기이하게 여기면서도 괴인이 남긴 말이 생각나 홀린 듯 강물에 그물을 던졌다. 그러고는 끌어 올리고 다시 던지기를 반복하는데, 어찌나 고기가 많은지 그물을 잡아 당기는 팔이 남아나질 않을 지경이었다.

한참 동안을 닥치는 대로 잡아 올리니 고기들은 강가에 산더미처럼 쌓였고, 허씨가 힘에 부쳐 더 이상 잡아 올리지 못할 때쯤이 되자 고기

떼는 마치 이를 아는 듯이 강을 지나 사라져 버렸다. 그리고 잠시 후 물결이 다시 잔잔해지자 괴인의 몸뚱이가 수면 위로 불쑥 떠 올랐다. 허씨는 몹시 놀라 그대로 바닥에 엎드려 말했다.

"보통 분이 아님을 몰라뵀습니다. 덕분에 고기를 이리 잡게 되었으니, 절반은 선생께 드리도록 하겠습니다."

청년이 웃음을 띠며 답했다.

"선생께서는 오늘 이미 절반을 제게 주셨습니다. 또 그동안 밤마다 술을 내주셨는데, 제가 이 정도도 못해 드리겠습니까?"

그러더니 허씨를 일으키고는 예를 갖춰 말했다.

"저는 왕육랑(왕씨 집안 여섯째 아들)이라 합니다. 이곳의 물귀신이지요."

"귀, 귀신이라니…?"

"몇 해 전 술에 취해 이 물에 빠져 죽은 뒤 기한 없이 이곳에 갇혀 외롭기가 그지없었는데, 선생께서 밤마다 술을 내어 주신 덕에 그 무료함을 덜 수 있었습니다. 오늘 잡은 고기는 그에 대한 작은 감사의 뜻이니 기꺼이 받아주신다면 이 왕 아무개의 기쁨이 클 것입니다. 귀찮지 않으시다면 앞으로도 저녁에 자주 나와 주시겠습니까? 제게 술 한잔씩을 내어 주신다면 오늘처럼 하찮은 재주를 부려 고기를 잡게 해드리겠습니다. 그저 저와 말동무만 되어 주십시오."

뜻밖의 호의를 받았으나 여전히 두려움이 남아 있었던 허씨는 감히 그의 청을 거절하지 못하고 그리하겠다고 답했다. 그리고 후환이 두려워 다음 날 시킨 대로 술을 들고 강가에 나가 보니 걱정과 달리 괴인은 전날처럼 술을 다 마시고는 약속대로 고기를 몰아주고 사라졌다. 두려운 마음이 걷히기 시작한 허씨는 그날부터 편한 마음으로 육랑을 만나 술잔을 맞대었고, 그런 날이 반복되다 보니 두 사람은 이런저런 이야기를 나누며 금세 가까운 사이가 되었다.

그러던 어느 날 허씨가 평소와 같이 일이 끝난 뒤 즐거운 마음으로 술을 들고 강가에 앉아 있는데 조금 뒤에 나타난 육랑의 얼굴이 어딘가 어두워 보였다.

"이보게, 무슨 일이라도 있는 겐가?"

허씨가 걱정이 되어 물었으나 육랑은 씁쓸한 웃음만 지을 뿐 아무런 대답도 하지 않았다. 그러다 해가 뜰 때쯤이 돼서야 비로소 그 이유를 말해 주었다.

"이렇게 함께 술잔을 기울이는 것도 오늘이 마지막이 될 겁니다."

허씨가 놀라 물었다.

"아니, 그게 무슨 말인가? 어디 멀리라도 가는 겐가?"

"제가 이곳에 머문 지도 벌써 몇 년이 지났습니다. 내일 다음 사람이 오기로 되어 전 이곳을 떠나게 되었습니다."

"그럼 어느 강으로 가는 것인가?"

육랑이 무겁게 고개를 저으며 답했다.

"어느 강으로도 가지 않습니다. 이제 귀신을 벗어나 환생하는 것이지요."

그의 말에 허씨는 목이 메어 더는 입이 떨어지질 않았다. 가까운 벗이 귀신 신세를 면하는 것은 크게 기뻐할 만한 일이었지만, 오랜 벗을 잃는 슬픔 또한 그에 못지않게 컸기 때문이었다. 그는 한동안 말없이 슬퍼하다 육랑의 두 손을 잡으며 말했다.

"좋은 곳에서 태어나게나. 그동안 즐거웠네."

두 사람은 눈물을 흘리며 작별의 술잔을 기울였다. 그리고 새벽닭이 울자 육랑은 물속에 들어가 강 밑으로 유유히 사라졌다.

다음 날 허씨는 울적한 마음으로 강가로 나섰다.

'혼자 있을 때도 이리 외롭지는 않았는데, 벗이 떠나고 없으니 마음이 너무 안 좋구나.'

허씨가 쓸쓸하게 낚싯대를 드리우고 있는데 돌연 상류 쪽에서 비명이 들렸다. 소리가 나는 곳을 보니 아낙 하나가 물에 빠져 허우적대고 있었다.

"살려 주세요! 살려 주세요!"

이를 본 놀란 허씨는 급히 물에 들어가 아낙을 구하려 하였다. 그런데 가까이서 보니 물결의 모양이 이상하였다. 파도치는 물결이 마치 손아귀처럼 아낙의 몸을 끌어들이고 있는 것이었다. 그 파도의 모양은 일전에 본 적이 있는 것이었다.

'내일 다음 사람이 오기로 되어 전 이곳을 떠나게 되었습니다.'

'다음 사람이 오기로 되었다는 것이 저 아낙을 말하는 것이었던가…!'

그제야 벗의 말의 뜻을 깨달은 허씨는 아낙을 구하러 가던 걸음을 멈추었다. 숨이 넘어갈 듯한 아낙의 비명에 마음이 무거웠으나 벗의 환생을 위해서는 어쩔 수 없는 일이었다. 허씨는 독하게 마음을 먹고 눈을 질끈 감았다.

'미안하오…'

그런데 그때 여인의 비명 사이로 작은 목소리가 들려왔다. 허씨는 자기도 모르게 눈을 떠 아낙이 빠진 곳을 바라보았다. 아낙은 허우적 거리는 와중에도 무언가를 물 위로 받쳐 들려 애를 쓰고 있었는데, 그 것은 강보에 싸인 아기였다.

'…!'

그리고 그때 아낙이 허씨를 발견했는지 그를 향해 다급히 소리쳤다.

"나리! 저는 죽어도 상관없으니 이 아이라도 살려 주세요!"

그러자 허씨는 마음이 흔들리기 시작했다.

'저 아기는 무슨 죄란 말인가…!'

끝내 더는 두고 보지 못하고 다급히 물에 뛰어 들어갔다.

잠시 후 허씨의 도움으로 죽다 살아난 아낙은 연거푸 고개를 숙이며 사례하였다.

"대인, 복 받으실 겝니다. 감사합니다."

하지만 허씨는 좋은 일을 하고도 마음이 영 개운치 않았다.

'육랑, 이를 어쩌면 좋단 말인가…!'

허씨는 한동안 강가에 나가보지 않았다. 다음으로 올 사람이 죽지 않았으니 육랑이 여전히 강가에 있을 테지만, 차마 그를 볼 낯이 없었기 때문이었다.

그렇게 시간은 흐르고 몇 달이 지나서야 허씨는 문득 육랑이 생각나

오랜만에 술병을 들고 강가로 나가보았다. 그러고는 예전처럼 술 한 잔을 따라 강물에 뿌린 뒤 낚싯대를 드리우고 육랑이 나타나기를 기다렸다. 하지만 밤이 새도록 육랑은 나타나지 않았다. 다음 날, 그다음 날에 나가보아도 그는 나타나지 않았다.

"어디로 가버린 겐가…"

허씨는 그 후 더 이상 강가에 남아 술을 마시지 않았다.

물을 다스리는 귀신이 없어져서인지 북쪽 강에는 물살이 일어나지 않게 되었다. 그러다 보니 흘러 들어오는 고기의 수가 점점 줄어들다 몇 년 새 고기를 찾아보기 어려울 지경이 되었다. 어부들의 사정은 나빠져만 갔다.

허씨도 다를 바 없었다. 고기를 제대로 잡지 못하는 날이 몇 해나 계속되니 그간 육랑 덕에 고기를 잡아 벌어들인 가산도 점점 바닥을 드러내기 시작했고, 결국 끼니를 걱정해야 할 지경에 이르렀다.

그러던 어느 날 허씨의 귀가 솔깃할 만한 소문이 들려왔다.

"그곳이 그리 풍족하게 되었다지 뭔가?"

"그러게 말일세. 그곳에 아는 사람이라도 있으면 좋을 텐데…"

이야기를 들어보니 조금 떨어져 있는 고을 하나가 몇 년 전 나타난 토지신 덕에 매우 풍족하게 되었다는 것이었다. 마침 그 고을은 허씨의 친척이 사는 곳이기도 했기에 반가운 소식이 아닐 수 없었다.

"옳거니, 살림이 넉넉하다 하니 가서 도움이라도 청해야겠다."

허씨는 그길로 행장을 꾸려 친척에게 도움을 구하고자 길을 떠났다.

한참을 걸어 도착한 그 고을은 운하가 가로질러 마치 물 위에 떠 있는 듯한 곳이었는데, 해산물이 넘쳐나고 시장이 북적이는 것이 매우 풍족해 보였다. 허씨는 허탕을 치지 않은 것을 다행으로 여기며 기쁜 마음으로 친척 집으로 향하는데, 길을 지나다 사당 하나가 눈에 들어왔다. 그 영험하다던 고을의 토지신을 모신 곳인 듯했다.

"고을을 이리 풍족하게 만들 정도로 영험하다 하니 지전이나 하나 사르고 가야겠다."

그렇게 사당 안으로 들어가는데 허씨는 몹시 놀라 그만 그 자리에 주저앉고 말았다. 사당 안쪽에 세워져 있는 토지신의 모습을 본뜬 형상이 다름 아닌 육랑의 모습이었다. 허씨는 혼비백산하여 급히 사당을 빠져나왔다.

'저 친구가 어찌 이곳에…!'

그렇게 달음박질치다 한참이 지나서야 놀란 가슴이 가라앉은 허씨는 오랫동안 잊고 있던 지난날의 일이 생각나 마음이 무거워졌다.

'그래도 고을을 옮겨 잘살고 있으니 다행이구나…'

그는 술 한 병을 사 들고 사당으로 돌아가 작은 제를 올렸다.

'부디 이 못난 벗을 용서하게…'

친척 집에 방을 얻어 하루 묵어가게 된 허씨는 깊은 밤 침상 곁에 느껴지는 기척에 잠에서 깨어났다. 무언가 모를 불길함을 느끼며 살며시 고개를 돌려 보니 누군가가 어둠 속에서 소리 없이 그를 바라보고 있었다. 그는 육랑이었다. 허씨는 기절초풍하며 비명조차 지르지 못했다. 육랑이 그런 허씨를 보며 가만히 말했다.

"오랜만에 벗을 보았는데 어찌 그리 두려워하십니까? 이제 와 벗이 귀신이라 두렵다는 겁니까?"

"어, 어찌 자네가 이곳에…!"

허씨가 간신히 입을 떼 물으니 육랑이 문득 얼굴을 굳히며 답했다.

"보지 못하셨습니까? 그날 나는 환생하지 못했습니다."

허씨는 말문이 막혀 대답하지 못하다 두려운 마음에 짐짓 모르는 채 되물었다.

"그, 그게 대체 무슨 소린가…?"

그런데 육랑은 그런 그를 추궁치 않고 한숨을 내쉬며 말했다.

"역시나 모르셨던 모양입니다. 어쩐지 그 후로 북강에 모습을 드러내지 않으시더군요."

"…!"

"다음 사람이 오기로 되었다는 것은 다음 날 물에 빠져 죽을 사람이 있다는 뜻이었습니다. 제가 그 사람을 물속으로 끌어들여 숨통을 끊으면 그 사람이 저 대신 물귀신이 되고, 저는 환생하게 되는 것이었지요. 저 대신 물귀신이 될 사람은 아낙이었는데, 그날 보니 물에 빠진 것은 그 사람만이 아니었습니다. 아낙의 갓난아기도 함께였습니다. 나 혼자 살고자 어린 목숨까지 거두자니 마음이 편치 않아 끝내 죽이기를 포기하고 물속에 들어가 이를 외면해 버렸습니다. 그렇게 저는 북강에 계속 남게 되었지요. 이후 또다시 강에서 기약 없는 나날을 보내게 되었는데 옥황상제께서 제 사정을 불쌍하게 여겨 이곳 토지신에 임명해 주셨지요. 이곳에 오기 전 선생께 이 소식을 알리고자 물가로 나가보았으나 여러 날이 지나도록 강변에 나오시질 않아서 인사도 드리지 못하고 떠나게 되었습니다. 어쩔 수 없던 벗의 사정을 너그러이 이해해 주시지요."

이야기를 들은 허씨는 놀라지 않을 수 없었다.

'내가 한 것을 보지 못한 것인가…? 하긴 그때 육랑이 물을 다스리고 있었다면 어찌 내가 아낙을 무사히 건져 올릴 수 있었겠는가…'

자신을 원망하리라 생각했던 벗이 도리어 사과까지 하니 허씨는 속으로 안도의 한숨을 내쉬었으나, 한편으로는 마음 한구석에 무거운 돌이 얹힌 듯하였다. 하지만 그렇다고 사실대로 말하자니 도무지 그럴 용기가 나질 않았다. 허씨는 고민하다 결국 거짓으로 대꾸했다.

"난 그날 강가에 나가지 않아 자네가 환생한 줄로만 알았지. 자네가 없으니 그 후로 밤엔 강에 나가지 않았네. 그런 일이 있는 줄 알았다면 나가보았을 텐데…"

그러자 육랑은 허씨를 가만히 바라보더니 무언가 생각난 듯 덧붙였다.

"마침 선생께서 어찌 아시고 저를 찾으시어 우리가 다시 만나게 되었으니, 이는 필시 못다 한 인사를 하라는 하늘의 뜻일 것입니다. 오랜만에 함께 술잔이나 기울이는 것이 어떻습니까?"

마음의 짐이 조금 덜어진 허씨는 흔쾌히 승낙하였다.

"그러세나. 내 부엌으로 가 술을 가져오겠네."

허씨가 그렇게 말하고는 몸을 일으키려 하는데 육랑이 그를 말렸다.

"내 공무가 바빠 이곳에서는 오랫동안 시간을 지체하지 못합니다. 선생께서 고향에 돌아가시면 예전처럼 북강에서 만나시지요. 그믐날이면 여유가 있으니 그날 우리가 매일 보던 자리, 매일 보던 시간에 보는 것이 어떻습니까?"

"좋네, 자네 공무가 바쁜 것을 보니 중요한 일을 맡았나 보군. 내 마음이 썩 좋네."

그제야 허씨가 육랑의 차림새를 살펴보니 과연 이전과는 다른 데가 있었다. 허름하던 지난날과는 달리 육랑은 귀해 보이는 옷에 허리춤에는 긴 칼까지 차고 있었다. 허씨는 조금 전의 걱정은 잊고 문득 자신의 처지가 생각나 탄식하였다.

"살아 있으면 뭐하나. 살림이 부족해 이 먼 곳까지 와 도움이나 청하고 다니니… 자네는 높은 자리에 올랐으니 환생보다 더 나은 것을 얻게 되었구먼."

그러자 육랑이 잠시 생각하다 덧붙였다.

"옛 생각이 납니다. 이번에 만나면 오랜만에 고기도 잡게 해 드리겠습니다."

육랑이 말을 마치자 주변에 작은 회오리가 일어나더니 그는 허공 속으로 홀연히 사라져 버렸다.

다음 날 허씨는 친척에게 사례한 뒤 얻은 재물을 들고 가벼운 발걸음으로 집으로 향했다. 재물을 얻어 살림이 나아지는 것도 나아지는 것이지만, 자신을 원망할 것으로 생각했던 오랜 벗이 걱정과는 달리 그날 사건의 내막을 모르는 데다, 그 덕에 오히려 좋은 자리까지 얻게 되었으니 그간의 무거운 마음을 덜어낼 수 있었기 때문이었다.

허씨는 집에 돌아온 뒤 약속한 날이 다가오자 예전처럼 술병과 낚싯대를 들고 강변으로 향했다. 낚싯대를 드리우고 기다리니 과연 육랑이 나타났다.

"오셨습니까?"

두 사람은 예전처럼 술잔을 맞대고 지난날의 회포를 풀었다. 그렇게 한참을 이야기하다 다시 해가 뜰 때가 다가오니 육랑이 자리에서 일어나며 말했다.

"하마터면 잊을 뻔했습니다. 내 지난날 선생께 오랜만에 고기를 잡게 해 주겠다 하였지요. 조금만 기다려 보십시오."

그러고는 물속으로 뛰어들었다. 잠시 후 허공에서 그의 목소리가 들려왔다.

"상류에서 고기들이 몰려올 테니 그물을 준비하십시오."

허씨는 오랜만에 고기를 잡을 생각에 곧장 그가 이른 대로 하였다. 그런데 한참이 기다려도 고기떼 소리는 들려오지 않았다.

"이보게 육랑! 고기가 어디 있다는 겐가?"

"상류에서 물살이 다가가는 것이 보이지 않습니까? 내가 지금 그쪽으로 몰고 가고 있습니다!"

허씨는 물가에 가까이 다가가 상류 쪽을 바라보았다. 하지만 칠흑 같은 물길만 펼쳐져 있을 뿐 물 위에는 작은 물결도 보이지 않았다.

"아직 보이지 않네!"

다시 한번 육랑을 재촉하자 그제야 거센 물결 치는 소리가 들려왔다. 허씨는 그물을 들고 던질 준비를 하였다.

'오랜만에 친구 덕 좀 보겠구나!'

그런데 강 가장자리에 다가가니 물결 소리가 어딘가 이상한 데가 있었다. 소리는 상류에서 들려오는 것이 아니었다. 물결 소리가 들려오는 곳은 허씨의 발밑이었다.

"…!"

그때 또다시 허공에 육랑의 목소리가 울렸다.

"선생은 자기 몫의 술을 나누어 주어 내 외로움을 달래주었기에 난 다른 사람 몫의 고기를 선생께 몰아주어 재물을 모을 수 있게 해 주었소. 우리는 참으로 좋은 벗이었지요. 그런데… 왜 선생은 그날 내 몫을 다른 사람에게 넘겨준 것이오?"

그때 돌연 물가에서 흉측한 손이 뻗어져 나와 허씨의 발목을 움켜잡았다.

"어, 으악!"

허씨가 소스라치며 소리치니 육랑이 물속에서 고개를 내밀며 말했다.

"내가 모를 것으로 생각했습니까? 그날 물 아래서 모두 보고 있었소."

허씨는 겁에 질려 덜덜 떨리는 목소리로 소리쳤다.

"자네가 그 광경을 보았다면 내가 어쩔 수 없었다는 것을 알지 않는가! 갓난아기가 있었단 말일세!"

육랑이 가만히 말했다.

"난 그 일을 보고도 선생을 이해하려 했소. 하지만 선생은 내가 환생하지 못한 것을 알면서도 이후 강변에서 나를 찾지 않았지요. 그렇듯 내게 등을 돌렸으니 나도 내 것을 돌려받아야 하지 않겠소? 선생이 내 다음 사람을 살렸으니 환생하기 위해선 선생의 목숨이 필요하오. 벗의 사정을 이해해 주시오."

육랑은 허씨의 발목을 점차 물가로 잡아당기기 시작했다. 허씨가 울부짖으며 애원했다.

"그 덕에 자네는 토지신 자리를 얻지 않았는가! 어찌 이러는 것인가? 목숨만은 살려 주게…"

그러자 육랑이 끔찍한 미소를 지으며 말했다.

"아, 선생께서는 지난날 귀신 노릇이 환생보다 낫다고 하지 않으셨소? 난 이제 그만둘 테니, 선생이나 실컷 해 보시오."

그러고는 허씨를 단숨에 물속으로 잡아당겼다. 허씨는 힘을 다해 발버둥쳐 보았으나 소용없는 짓이었다. 육랑은 허씨를 안고 깊은 물 속으로 가라앉았다. 물 위에는 허연 거품이 한 차례 크게 일어나더니 이내 아무 일 없었다는 듯 잠잠해졌다. 그리고 다시 강 위로 떠 오르는 것은 없었다.

강변에 나간 허씨가 한참이 지나도록 돌아오지 않으니 그의 식솔들은 허씨를 찾아 강변을 샅샅이 살펴보았다. 하지만 물가에는 낚싯대와 술병 하나만 덩그러니 놓여 있을 뿐, 다른 흔적은 눈 씻고 찾아봐도 없었다. 그날 이후 아무도 허씨를 본 사람은 없었다.

얼마 후 이웃 고을의 토지신이 자취를 감추었다는 소문이 들려왔다.

토지신이 사라지니 그곳의 풍요로움도 멈추었다는 말과 함께였다. 한편 잔잔하던 북강은 다시 물살이 생겨났지만, 이전과 달리 흘러 들어오는 고기가 없어 사람들의 발길도 끊기게 되었다. 북강에 빠져 죽는 사람은 없었다.

인간의 욕심이 만든
전쟁 요괴

· 야구자 ·

문자가 생겨나기도 전부터 줄곧 인류와 함께해 온 전쟁은 예나 지금
이나 개인이 통제할 수 없는 큰 재앙과도 같은 것이었다. 그 때문인지
옛사람들은 천둥 번개와 같은 자연재해를 두려워하며 신의 존재를 상
상했듯 전쟁이 있던 시기에 기이한 현상이나 존재를 보았다는 기록을
여럿 남겨 왔다. 청나라 시대의 기담집《요재지이》에는 한 난민이 전쟁
터에서 식인 괴물을 보았다는 기이한 이야기가 담겨 있다.

명나라가 멸망하고 청나라가 중국 땅을 장악한 시기 산둥반도에서
우칠(1609~1672)이라는 이가 봉기를 일으켰다. 청 왕조에 대한 한족들
의 저항이었기에 막 제국을 수립했던 청나라는 한시 빨리 혼란을 수

습하고자 했다. 그래서 봉기 세력을 무자비하게 진압하였는데, 그 과정에서 수많은 이들이 목숨을 잃었다. 무릇 전쟁이 그렇듯 셀 수 없을 만큼 무고한 희생이었다. 이 시기 산둥성에는 길마다 사람들의 시체가 즐비했고 시체 썩는 냄새가 하늘을 찌를 듯했다.

그곳 시골에 살던 이화룡이란 사람이 있었다. 그는 전쟁이 일어나자 목숨을 건지기 위해 깊은 산속에 들어가 낮에는 청나라군의 눈을 피해 숨어 있다 밤이 되면 산 아래로 내려와 먹을 것을 구하곤 하였다.

그러던 어느 날 한번은 산 아래로 내려왔다가 그만 청의 대군과 마주치게 되었다. 발각된다면 붙잡혀 살해당할 것이 뻔했기에 이씨는 급히 숨을 곳을 찾았다. 하지만 사방엔 온통 벌판만 펼쳐져 있을 뿐, 마땅히 몸을 숨길만 한 곳이 없었다. 군대는 점점 다가오고 있어 이씨는 어찌할지를 고민하다 끝내 바닥에 널브러진 시체들 사이에 누워 죽은 척을 하였다.

그는 눈을 질끈 감은 채 군대가 지나가기를 기다렸다. 다행히도 군사들은 그를 보지 못했는지 그 발걸음 소리는 점차 반대편으로 멀어져 갔다. 이씨는 안도의 한숨을 내쉬었으나 혹시나 하는 마음에 한동안 계속 눈을 감은 채 죽은 척을 하고 있었다.

그런데 문득 조금 떨어진 곳에서 누군가 몸을 일으키는 소리가 들려왔다. 누군가가 자신처럼 죽은 척을 하고 있었던 듯하니 이씨는 놀라면서도 반가운 마음이 들었다. 한동안 산에 숨어 지낸 터라 산 사람을 만난 지가 오래였기 때문이다.

하지만 군대가 완전히 떠나지 않아서 아직 안심할 수는 없었던 그는 그대로 누운 채 실눈을 뜨고서 조심스레 소리가 난 곳을 살펴보았다. 그리고 이씨는 온몸의 털이 곤두서는 듯하였다. 지척에 몸을 일으켜 앉은 이의 어깨 위에 목이 달려 있지 않았다. 죽은 시체가 자리에서 일어난 것이었다.

"…!"

이씨는 바닥에 드러누운 채 두려움에 어찌할 바를 몰라 하였다. 그런데 이어서 더욱 놀랄 일이 벌어졌다. 주변에 있던 다른 시체들 또한 하나둘 벌떡 몸을 일으키는 것이었다. 즐비한 시체들이 모두 허리를 세우니 벌판은 이내 시체로 이루어진 작은 숲이 된 듯했다. 이씨는 겁에 질려 숨조차 쉬지 못하고 이 기이한 상황을 지켜보았다.

그런데 그때 시체 하나가 벌판 너머로 고개를 돌리더니 썩어 문드러진 입술을 떼어 소리를 냈다.

"들개가 온다… 들개가 온다…!"

그러자 다른 시체들 또한 끔찍한 소리를 내기 시작했다.

"들개가 온다니… 이를 어찌한단 말인가…!"

바람소리 뿐이던 벌판은 어느새 시체들의 끔찍한 목소리로 가득 찼다. 시체들은 한동안 아우성치더니 어느 순간 일제히 바닥에 쓰러져 버렸다. 벌판이 다시 잠잠해지자 이씨는 전전긍긍하다 조심스레 몸을 일으켰다. 그리고 쓰러진 시체 더미 사이로 처음 시체가 바라보았던 벌판 너머를 살펴보니 과연 그곳에서 무언가가 다가오고 있었다. 그것은 거미처럼 몸을 숙인 채 엎드려 다가오는 기괴한 형체였다. 그 모습이 마치 사람 같으면서도 어찌 보면 사람 같지 않은 것이 살면서 본 적이 없는 흉측한 생물이었다.

'저, 저게 무어란 말인가…!'

괴인은 빠른 속도로 이씨가 있는 쪽으로 다가오더니 시체 사이를 이리저리 헤집고 다니기 시작했다. 이씨는 다시 자리에 누워 눈을 꼭 감은 채 괴인의 움직임에 귀를 기울였다. 그리고 잠시 후 무언가 부서지는 소리가 들려왔다.

그곳을 보니 괴인은 죽은 사람의 시체에 머리를 박고 무언가를 게걸스럽게 우적대고 있었다. 놈은 시체의 골을 파먹고 있는 것이었다. 괴인은 시체의 머리 안에 든 것을 남김없이 먹어 치우고는 그다음 또 그다음 시체로 자리를 옮겨 차례로 골을 파먹었다.

그렇게 점점 이씨가 있는 쪽으로 다가오니 이씨는 겁에 질려 감히 몸을 일으켜 도주할 생각조차 하지 못했다. 다만 그는 시체 하나를 조심스레 들어 그 아래 자기 머리를 숨겼다. 그 끔찍한 시체 썩는 냄새를 견디기 힘들었으나 목숨을 부지하고자 그는 이를 악물고 견디며 죽은 듯 괴인이 지나가기를 기다렸다. 잠시 후 괴인은 마침내 이씨 쪽으로 오더니 한 시체의 머리를 잡아들었다. 그런데 갑자기 무언가를 발견한 듯 잡은 시체를 놓더니 서서히 이씨 쪽으로 다가오기 시작했다.

저벅…저벅…

그러고는 이씨의 어깨를 붙잡더니 그의 머리를 잡아당기기 시작했다. 이씨는 두려움에 있는 힘을 다해 시체 아래로 머리를 숨겼다. 그렇게 죽을힘을 다해 머리를 숨기니 괴인은 그의 어깨를 놓고선 이씨를 가리고 있던 시체를 끌어냈다.

머리가 바깥에 드러나자 이씨는 괴인의 얼굴을 볼 수 있었다. 놈은 사람의 몸에 개의 머리를 한 괴수였다. 이씨가 살아 있는 것을 본 괴수는 그의 머리를 움켜잡고 날카로운 이빨이 촘촘히 박힌 아가리를 벌려 그의 머리를 물어뜯으려 하였다. 이씨는 두려움도 잊고 주변을 더듬어 돌을 움켜쥐고서는 몸을 벌떡 일으키며 괴물의 머리를 힘껏 후려쳤다.

쿵!

괴수는 아가리에 돌을 정통으로 맞고 부엉이와 같은 울음소리를 내며 고통스러워하였다. 그러더니 이내 비틀대며 왔던 길을 돌아 도망을 치기 시작했다. 놈은 가던 중 피를 토해 내더니 이내 이씨가 머물던 산쪽으로 그 모습을 감추었다.

이씨는 놈이 사라진 것을 확인한 뒤 조심스레 발걸음을 옮겨 놈이 피를 토했던 자리로 가 보았다. 그곳에는 날카로운 이빨 두 개가 떨어져 있었는데, 그 길이가 네 치(12cm)가 족히 넘고 모양은 달처럼 휘어진 것이 일전에 본 적이 없는 것이었다.

괴인을 보고 두려운 마음에 산에 돌아갈 수 없었던 이씨는 그길로 밤새 달려 가까스로 전화가 비껴간 어느 고을에 이르러 무사히 목숨을 부지할 수 있었다. 그는 고을 사람들에게 자신이 주워 온 괴인의 이빨을 보이며 이를 아는 이가 있는지를 물었지만, 그런 짐승을 아는 사람은 아무도 없었다.

중국 전국시대의 병법가 울료가 말했다.

군대란 인간을 잡는 흉기요, 전쟁은 덕을 거스르는 것이며,
장수는 죽음을 내리는 관리이다.

전쟁은 그 자체만으로도 재앙이지만 사람들로 하여금 서로서로 흉기가 되게 하고 인간성을 말살시키기에 더 두려운 일인 것이다. 이씨가본 괴인의 정체는 과연 무엇이었을까? 전쟁을 겪으며 남의 시체마저파먹을 만큼 짐승처럼 변한 이들을 빗대어 이야기한 것은 아니었을까?

손님이 끊이질 않는
여관의 비밀

· 판교 삼낭자 ·

당나라 시대 허주 땅에 조계화라는 장사꾼이 있었다. 그는 집안의 재산을 물려받은 뒤 이를 밑천 삼아 장사를 시작하였는데, 처음에는 일이 잘되어 큰돈을 손에 쥐었으나 어느 날부터인가 운이 다했는지 악재만 닥치곤 했다. 동분서주하며 바쁘게 물건을 팔러 다녀 보아도 상황은 나아질 기미가 보이지 않았다. 그러다 결국 가진 재산을 모두 탕진하기에 이르렀다. 조씨는 큰 절망에 빠져 두문불출하게 되었다.

그러던 어느 날 낙양에 갔다 온 벗 하나가 그를 안타깝게 여겼는지 솔깃할 만한 이야기를 전해 왔다.

"내 낙양에 가 보니 서역에서 들어온 진기한 물건들이 가득하더군.

그걸 팔면 꽤 큰돈이 될 걸세. 돈이라면 내가 보태 줄 테니 한번 해 보게나. 서둘러 출발하면 대상들이 떠나기 전 도착할 수 있을 걸세."

이야기를 들어보니 과연 해 볼 만한 장사였다. 하지만 조씨는 미안한 마음에 선뜻 호의를 받지 못하였다. 그러자 벗이 그를 꾸짖었다.

"언제까지 이리 살 텐가? 뭐라도 해 봐야 하지 않겠나."

그리고 계속해서 설득하니 마침내 조씨의 마음도 움직였다. 그는 벗에게 사례한 뒤 서둘러 행장을 꾸리고 나귀 위에 올라 낙양으로 향했다.

'내 이번에도 허탕을 친다면 목숨을 끊으리라.'

얼마 후 변주라는 곳을 지나던 중 나귀가 병이 들었는지 움직임이 둔해지기 시작했다. 거기다 날까지 저무니 조씨는 하는 수 없이 고을 사람들에게 물어 묵어갈 만한 객점을 찾았다. 그런데 그들의 대답이 기이했다. 하나같이 같은 곳을 추천하는 것이었다.

"다리 건너 판교점이라는 객점이 있을 것이오."

"맞소, 이 근처에는 거기만 한 곳이 없지."

모두 입을 모아 칭찬하니 조씨는 궁금한 마음이 들었다.

"도대체 어떤 곳이기에 그리 칭찬하는 것이오?"

"그곳은 삼씨 성을 가진 여주인이 운영하는 곳인데, 주인장 씀씀이가 넉넉하고 대접이 무척이나 후하오. 마음씨 또한 두둑하여 손님 나귀가 말썽을 부려 쓰지 못하게 되면 자기 것을 싼값에 내주곤 하지. 그래서 사람들은 모두 그녀를 좋아하며 '삼낭자'라고 부른다오."

고을 사람들은 저마다 입에 침이 마르도록 여주인을 칭찬하였다. 객점이 항상 문전성시를 이루고 주인장의 평판이 높다고 하니 한동안 헛물만 켜던 조씨는 궁금한 마음이 일었다. 게다가 나귀도 싼값에 내어 준다고 하니 이보다 좋을 데가 없었다. 그는 그곳에서 머물기로 하고 곧장 판교점으로 향했다.

고을 사람들이 말한 다리에 이르니 과연 객점 하나가 보였는데, 건물 칸수가 제법 많아 보이고 옆과 뒤편으로 축사와 밭까지 딸린 것이 그 규모가 무척이나 커 보였다. 그곳 주인장은 굉장한 부자일 듯 싶었다. 조씨는 궁금함이 더해져 곧장 객점 안으로 들어갔다.

안에는 이미 술판이 벌어진 지 오래인 듯 와자지껄 떠드는 손님들로 북적이고 있었다. 조씨는 한참을 헤맨 끝에 주인 방 옆, 벽에 붙은 자리 하나를 겨우 잡을 수 있었다. 잠시 후 조씨를 본 여주인은 다가와 그를 반갑게 맞이해 주었다. 그녀는 서른 살쯤 되어 보이는 여인이었는데, 절세미인이 따로 없었다. 조씨는 홀린 듯 그녀를 바라보다 이내 정신을 차리고 용건을 말했다.

"이곳에서 나귀를 팔기도 한다고 들었습니다. 혹 남는 나귀가 있습니까?"

여주인은 상냥하게 답했다.

"그거라면 걱정하지 마세요. 내일 아침에 튼실한 놈으로 준비해 놓겠습니다."

그러고는 조씨를 사람들이 모인 곳으로 청하며, 함께 자리에 앉아 담소를 나누기 시작했다.

'주인장이 이리 아름답고 인심 또한 좋으니 사람이 모일 수밖에 없

는 모양이구나.'

조씨는 여주인의 친근한 태도와 객점의 화기애애한 분위기에 잠시 근심을 잊고 먹고 마시며 즐겁게 지냈다.

밤이 깊어지자 객들은 모두 술에 취해 잠자리에 들었다. 오직 조씨 만이 잠이 들지 못하고 뒤척일 뿐이었다. 곧 있을 낙양에서의 일에 대한 걱정 때문이었다. 그런데 사경(새벽 1시~3시)에 이르렀을 때쯤 벽 너머 주인장의 방 안에서 누군가 짐을 뒤지는 듯한 소리가 들려왔다.

덜그럭…

'이 시간에 여자 혼자 머무는 방에 무슨 소리란 말인가?'

슬며시 걱정이 든 조씨는 조심스레 몸을 일으켜 문틈 새로 방 안을 들여다보았다. 그 안에는 누군가 촛불을 켜고 큰 물건을 옮기고 있었 는데 자세히 보니 여주인이었다.

'괜한 걱정을 했군.'

안심하며 돌아가려는데, 문득 여주인 앞에 놓인 괴상한 물체가 눈에 들어왔다. 그것은 사람의 키만 한 커다란 나무 인형 두 개였는데, 각 각 잔뜩 웅크린 모습을 하고 있었다. 그렇게 난생처음 보는 기괴한 물 건에 눈을 떼지 못하고 있는데, 그 앞에 선 여주인의 행동이 이상했다. 가만히 한쪽 소매를 걷더니 단검을 뽑아 자기 팔을 찌르는 것이었다.

'저게 무슨 해괴한 짓인가?'

조씨는 무언가 이상함을 느끼며 가만히 지켜보았다. 여주인은 흘러 나오는 피를 입으로 빨아들이더니 인형에 내뿜었다. 그러자 인형은 쩍 쩍 갈라지는 소리를 내며 웅크린 몸을 펴기 시작했다. 이내 그 몸을 완전히 펴니 영락없는 사람과 소의 모습이었다. 여주인은 품에서 주머니 하나를 꺼내 그것을 목인에게 건네주고는 함께 부뚜막 뒤로 나가 버렸다. 조씨는 불길하고 두려우면서도 궁금한 마음을 견딜 수 없었다. 결국 홀린 듯 몰래 그녀를 따라갔다.

밭에 나간 목인은 목우에 쟁기를 걸더니 주머니에 든 것을 뿌리며 밭을 갈기 시작했다. 그러자 얼마 되지 않아 그 자리엔 작은 싹이 피어나더니 금세 꽃으로 변하고 열매를 맺었다. 목인은 여러 번 반복하며 열매들을 탈곡한 뒤 마침내 일고여덟 되의 열매들을 모아 주인에게 건네주었다. 이를 받은 여주인은 다시 부뚜막 안으로 들어오려 하였다. 조씨는 몹시 놀라 황급히 원래 있던 방문 앞으로 돌아와 다시 그 안을 들여다보았다.

여주인은 그 열매를 맷돌에 갈아 가루를 내더니 반죽하여 소병을 빚기 시작했다. 그렇게 수십 개의 소병을 만들더니 다시 목인과 목우를 바라보고서 무어라 주문을 외웠다. 그러자 나무 인형들은 기괴하게 몸을 뒤틀며 웅크린 나무 조각으로 돌아갔고 여주인은 이내 조씨가 있는 문 쪽으로 다가오려 하였다. 조씨는 놀라 급히 몸을 돌려 침상으로 돌아와 자는 척을 하였다.

다음 날 여주인은 아무렇지 않게 손님들을 깨우더니 아침 식사라며 아까 만든 소병을 나눠 주기 시작했다. 객들은 감사를 표하며 너도나도 받아먹기 시작하는데, 조씨는 피가 끼얹어 있던 인형들의 모습이 생각나서 차마 입에 댈 수 없었다. 그는 꺼림칙한 마음을 이기지 못하고 여주인의 눈을 피해 서둘러 그곳을 빠져나왔다.

하지만 그의 병든 나귀는 좀처럼 길을 나아가지 못했다. 이리저리 비틀대는 것이 도무지 먼 길을 버텨내지 못할 것 같았다. 조씨는 어쩔 수 없이 나귀 머리를 돌려 다시금 판교점으로 돌아갔다. 그런데 잠시 후 그곳에 도착해 문을 열려 하는데 안에서 누군가의 비명이 들려왔다. 놀란 조씨가 문틈 새를 들여다보니 소병을 먹던 손님들이 하나같이 고통에 겨워하며 바닥에 시뻘건 피를 토해 내고 있었다.

'이게 무슨 일이란 말인가?'

그뿐만이 아니었다. 객들의 얼굴에서는 이내 선지피가 쏟아지더니 눈코입이 모두 떨어져 내렸다. 그리고 그 자리에 길쭉한 주둥이가 차오르며 등이 굽기 시작했다. 그들의 살빛은 검게 타들어 갔고 온몸에 갈색 털이 돋아났다. 심지어는 비명마저 짐승의 울음소리로 바뀌더니 이내 완전한 나귀의 모습으로 변해 버렸다.

여주인은 벽에 기대어 무심히 이를 바라보다 객들이 모두 나귀로 변하자 채찍을 꺼내어 거칠게 휘두르며 그들을 모두 축사로 몰아넣었다. 그러고는 다시 돌아와 그들의 짐을 뒤져 귀중한 것을 모두 빼돌리기 시작했다.

'손님 나귀가 말썽을 부리면 자기 것을 싸게 내주곤 하지.'

조씨는 여주인이 그간 부를 쌓은 비법을 알 것 같았다. 그는 두려운 마음에 황급히 자리를 떠났다.

객점을 빠져나온 조씨는 급히 타고 갈 나귀를 찾았으나, 그곳 고을에서는 판교점 외에는 나귀를 구할 곳이 없었다. 조씨는 하는 수 없이 걸어서 다른 고을로 가 나귀를 사서 부랴부랴 길을 떠났지만, 낙양에 도착해 보니 이미 대상들은 모두 떠난 뒤였다.

아무리 찾아보아도 벗이 말한 물건들을 찾을 수 없었다. 조씨는 크게 낙심하였다. 하지만 이제 와 빈손으로 돌아갈 수도 없는 노릇이었기에 그는 고민 끝에 그곳에 머물며 돈을 벌어가기로 결심하였다.

마음이 급해진 조씨는 돈이 되는 것이라면 옳은 일 그른 일을 가리지 않고 닥치는 대로 손을 대었다. 하지만 일확천금을 노리고 바라는 요행이 쉽게 이루어질 리 만무했다. 날이 가고 달이 가도 일은 좀처럼 이루어지는 법이 없었고, 오히려 협잡꾼들의 속임수에 넘어가 큰돈을 잃기 일쑤이니 그는 고생만 하다 끝내 가진 돈을 모두 잃게 되었다.

조씨는 차마 고향에 돌아가 벗을 볼 낯이 없어 애초에 결심한 대로 스스로 목숨을 끊으려 하였다. 마침 단검을 뽑아 목을 찌르려 하는데 손에 쥔 칼을 보니 문득 판교점의 여주인이 떠올랐다. 조씨는 문득 이런 생각이 들었다.

'여주인의 술법은 끔찍하기 짝이 없지만, 재산을 불려준 비결이기도 하지 않은가?'

가만히 생각해 보니 아귀와도 같아 보였던 여주인은 요술을 부리는 간사한 여우 같은 인간일 뿐 나무 인형이 없으면 뭇사람들과 다를 바가 없는 자였다. 그 인형들을 빼앗아 사람들을 나귀로 만들어 팔면 벗에게 빌린 돈뿐 아니라 몇천 냥 아니 몇만 냥은 족히 만들 수 있을 것 같았다. 생각이 거기까지 미치자 조씨의 마음속에는 절망과 두려움이 걷히고 오직 목인과 목우에 대한 욕심이 가득 차올랐다. 조씨는 잠시 고민하다 칼을 내려놓고 나귀에 올라 다시 판교점으로 향했다.

　얼마 뒤 판교점에 이르러 보니 그날따라 조씨 외에 손님이 없었다. 여주인은 다행히 그를 알아보지 못하는 눈치였고, 이전처럼 음식과 술을 후하게 대접해 주며 밤늦게까지 담소를 나누었다. 그녀는 달이 기울고 나서야 방에 들어갔는데, 깊은 새벽 조씨가 방 안을 몰래 훔쳐 보니 이전과 같이 나무 인형으로 농사를 짓고 수확한 열매들로 소병을 빚고 있었다.

　다음 날 아침 여주인은 소병을 가지고 나와 이를 조씨에게 건네주고는 다시 방 안에 들어갔다. 하지만 한참이 지나도록 조씨가 나귀로 변하는 소리가 들리지 않자 다시 그가 있는 곳으로 다가왔다. 그녀는 조씨가 소병을 먹지 않고 있는 것을 알고는 은근한 목소리로 물었다.

　"독이라도 들었을까 그러십니까? 어찌 드시질 않습니까?"

　조씨가 난처한 듯 답했다.

　"이를 어쩐다, 마침 나도 소병을 간식으로 준비해 두었는데… 이건 필요 없을 것 같소."

　조씨의 대답에 여주인은 잠시 당황한 듯하더니 이내 아무렇지 않은 듯 그에게 소병을 재차 권했다.

　"그래도 만든 사람 성의가 있으니 맛이라도 보시지요."

　그러자 조씨도 어쩔 수 없다는 듯 말했다.

　"그렇긴 하지만 가져온 음식이 너무 아까워서 말이지. 그럼 이렇게 하십니다. 주인장도 소병을 만드느라 아직 식사를 들지 못하지 않았소? 내가 당신이 만든 것을 먹을 테니 주인장이 내 것을 들도록 하시오."

그러자 여주인은 흔쾌히 그러겠다며 조씨의 소병을 받아 입에 넣었다. 그제야 조씨도 소병을 먹었고 그녀는 옅은 미소를 띠더니 방으로 돌아가려 하였다. 그런데 문에 채 이르지 못해서 문득 뒤를 돌더니 몹시 놀란 표정으로 조씨를 노려보았다. 그러고는 이내 바닥에 선지피를 토해 내기 시작했다. 조씨가 소병을 바꿔치기한 것이었다.

여주인은 피를 토하며 조씨에게 무어라 욕지거리하였지만, 점차 나귀의 울음소리로 바뀌어 더는 들리지 않게 되었다. 그녀의 눈코입이 차례로 떨어지더니 고통스럽게 몸을 뒤틀며 곧 커다란 당나귀로 변해 버렸다.

조씨는 곧장 그녀에게 목줄을 채우고는 그녀의 방에 들어가 그간 그녀가 착복한 재물들과 나무 인형 두 개를 챙겼다. 그러고는 나귀로 변한 그녀의 등에 올라타 거칠게 채찍을 휘두르며 판교점을 빠져나왔다.

조금 후 인적 드문 산속에 이르러 가져온 물건을 살펴보니 빌린 돈을 거뜬히 갚고도 남을 정도의 큰돈이었다. 큰 재물과 사람들을 나귀로 만들 나무 인형까지 손에 넣었으니 조씨는 벅차오르는 가슴을 주체하지 못했다.

그는 나무 아래 인형들을 세워 두고는 기억을 더듬어 여주인이 한 대로 칼로 팔을 찌르고 그 피를 머금어 인형에 내뿜었다. 그런데 모습을 바꾸어야 할 인형들은 한참이 지나도록 미동조차 보이지 않았다. 조씨는 잊은 것이 있나 싶어 다시 시도해 보았지만 달라지는 것은 없었다.

그는 불길함을 느끼며 자기 팔을 마구 찔러 이를 반복하다 이내 나무 인형을 붙잡고 흔들며 억지로 그 몸을 펴려고까지 하였다. 하지만 아무 일도 일어나지 않자 채찍을 들어 나귀로 변한 여주인을 사정없이 후려치기 시작했다.

"어서 말해라! 그 술법을 어떻게 한 것이냐!"

하지만 나귀로 변한 그녀가 대답을 할 수 있을 리 만무했다. 나귀는 고통에 겨운 듯 울부짖으며 몸부림만 칠 뿐이었다. 조씨는 허망함을 감추지 못하고 바닥에 털썩 주저앉았다. 이미 얻은 재물만으로도 벗에게 빚진 돈은 충분히 갚을 수 있었지만, 그의 눈앞엔 삼낭자가 얻었던 호화로운 재산만이 아른거릴 뿐이었다. 그는 미친 사람처럼 숨을 몰아쉬며 생각했다.

'방법을 찾는 것이 먼저다. 빌린 돈이야 조금 늦더라도 후에 몇 배로 갚으면 그만이 아닌가?'

이후 조씨는 완전히 다른 사람이 되어 버렸다. 그는 허주 전체를 방랑하며 매일같이 짐승의 말을 알아들을 수 있다는 이를 수소문하고, 이름난 도사를 만나 나무 인형에 제를 올리는 등 오로지 목인, 목우를 움직일 만한 방법만을 궁리하였다.

하지만 제대로 된 이 하나 없이 조씨의 욕망에 대한 냄새를 맡은 협잡꾼들 뿐이었다. 그는 번번이 속아 넘어가 가진 돈만 허비하곤 하였다. 그렇게 몇 달, 몇 년을 헛물만 켜면서 공연히 자기 팔만 찔러 대니,

그의 몸은 남아나는 곳이 없었다. 그뿐만 아니라 가진 돈도 바닥을 드러내기 시작했다.

그렇게 4년이 흐른 어느 날 한번은 동관 화악묘 근처를 지나는데, 어디선가 노인이 박장대소하는 소리가 들려왔다.

"아니, 천하의 삼낭자가 어쩌다 이런 신세가 되었을꼬?"

본 적 없는 노인이 나귀의 정체를 알고 있는 듯하니 조씨는 등골이 서늘해지는 듯하였다. 자기도 모르게 가던 발걸음을 멈추니 노인은 일순간 바람처럼 다가와 나귀의 주둥이를 움켜잡았다. 그러고는 조씨의 얼굴을 뜯어보며 가만히 말했다.

"내 자네를 이리 보니 그 방법은 알지 못하는 게 나을 듯하네그려. 이 여인이 자네를 만난 것은 응당 일어날 일이었지만, 당신이 그녀를 만난 것은 참으로 불행이었구려."

그러고는 돌연 나귀의 입을 잡아 찢기 시작했다. 그러자 나귀의 가죽이 벗겨지며 그 안에서 삼낭자가 모습을 드러냈다. 이는 나귀로 변하기 전 모습 그대로였다. 조씨가 놀라면서도 두려워 아무 말도 못 하고 있는데 도사가 삼낭자를 꾸짖었다.

"내 그렇게 일렀거늘, 끝내 저것을 가지고 남을 해치고 사리사욕을 채우는 데만 사용한 모양이로구나. 저것의 이전 주인들 또한 제 욕심만을 채우다 네 꼴이 났던 것을 잊은 게냐?"

삼낭자는 사시나무 떨 듯하며 아무런 대답 없이 눈물만 흘렸다. 노인은 그녀를 보고 혀를 차더니 말없이 목인, 목우를 가져가려 하였다.

그러자 조씨가 바닥에 몸을 날려 그것을 끌어안고 애처롭게 빌었다.

"도, 도사님! 저는 저 어리석은 여자와는 다릅니다! 부디 이 물건들을 어떻게 쓰는지 알려 주십시오. 결코 헛된 곳에 쓰지 않을 것입니다!"

그러자 노인이 고개를 저었다.

"당신이라고 다를 것 같소? 그릇된 일은 보지도 말고, 듣지도 말고, 말하지도 말며, 행하지도 말라 하였소. 남을 속이고도 살아 있는 자들은 요행히 이를 모면하고 있을 뿐이오. 부러워할 것이 아니란 말이오."

그리고 나무 인형 쪽으로 손짓하니 쩍쩍 갈라지는 소리를 내며 조씨의 품 안에서 산산조각이 나 버렸다. 그러자 조씨는 덜덜 떨리는 손으로 부서진 조각들을 끌어안으며 통곡하기 시작했다. 노인은 그런 그를 보더니 가만히 입을 뗐다.

"슬퍼하지 마시오. 당신은 아직 죄를 저지르지 않았으니 이것보다 더 좋은 것을 주겠소."

그러고는 우는 조씨에게 보자기 하나를 건네주더니 삼낭자를 데리고서 산 너머로 바람처럼 사라져 버렸다.

조씨는 허망하게 그가 사라진 방향을 바라보다 보자기를 열어 보았다. 그 안에는 은자가 가득 들어 있었는데 이는 지난날 벗에게 빌린 돈과 딱 맞는 양이었다.

'이것보다 더 좋은 것을 주겠소.'

조씨는 한동안 멍하니 그것을 바라보다, 무언가를 결심한 듯 소매로 눈물을 훔치고 고향으로 향했다.

흉노 선우의
비명을 지르는 화살

중국은 고대로부터 북방 유목민족의 끊임없는 침입에 시달려 왔다. 그들은 보통 뿔뿔이 흩어져 살았기 때문에 항상 큰 힘을 발휘하지는 못했지만, 영웅이 나타나 부족을 통일하면 중국은 반드시 멸망하거나 위태로워졌다. 그중 상고시대부터 존재해 온 '흉노'는 진나라 때에 이르러 그 세력이 매우 강해져 본격적으로 중원을 위협하기 시작했다.

흉노의 우두머리였던 두만 선우는 오르도스 지방을 장악하고 진나라와 크게 대립하였다. 그는 '탱리고도 선우'라고도 불렸는데, 하늘의 아들 즉 '천자'라는 뜻이었다. 그가 이끄는 흉노는 한때 진나라의 공격에 북쪽으로 쫓겨나기도 하였으나 이내 영토를 수복하고 더욱 강해져

황하 이남 지방까지 그 손아귀를 뻗었다. 그런데 승승장구하던 흉노에 혼란의 그림자가 드리우기 시작했다.

두만 선우에게는 묵돌(묵특이라고도 불렸다)이라는 아들이 있었는데, 그는 이미 장성하여 후계자 자리에 있었다. 그런데 두만 선우가 새로운 처에게서 아들을 얻게 되었다. 그는 자신이 총애하는 아내가 아들을 낳자 그 어린 아들에게 뒤를 잇게 하고 싶은 마음이 생겨났다.

하지만 그러기 위해서는 이미 장성한 묵돌을 폐해야 했는데, 아무리 선우라 할지라도 명분 없이 그런 일을 벌이기는 어려웠다. 두만 선우는 고민하다가 한 가지 꾀를 내어 묵돌을 불렀다.

"아들아, 우리는 초원 한가운데서 사방에 적들을 두고 있다. 언젠가는 그들을 굴복시켜야겠지만, 한번에 모두를 꺾을 수는 없는 노릇이다."

그러고는 서쪽을 가리키며 말했다.

"타림 분지의 월지(인도 유럽인 계통의 유목민족 토하라인이 건국한 것으로 추정되는 고대 중앙아시아 국가)는 우리에게 위협이 되기 충분하다. 그러나 지금은 다른 곳을 공략할 때이니, 그들과 마땅히 화친을 맺어야 한다."

묵돌이 고개를 끄덕이며 말했다.

"지당하신 말씀이십니다. 제가 아버지를 도울 수 있는 일이 있다면 뭐든 말씀해 주십시오."

그러자 두만 선우가 이어 말했다.

"그들과의 화친을 공고히 하기 위해선 믿음의 징표가 필요하니, 내 너를 월지에 보내려고 한다."

"…!"

이는 곧 묵돌을 적국에 볼모로 보내겠다는 말이었다. 하지만 묵돌은 이런 엄청난 말을 듣고도 동요하지 않고 침착하게 대답했다.

"아버지의 뜻을 잘 알겠습니다."

묵돌은 그날로 타림 분지로 향했고, 월지에 도착하여 선우의 뜻을 전하며 스스로 볼모가 되기를 청했다. 월지의 왕이 크게 기뻐하며 말했다.

"너희 선우의 뜻이 이리도 갸륵하니, 우리도 너희를 공격하지 않을 것을 맹세한다."

그러고는 자기 말을 가리키며 말했다.

"하지만 너희가 배신한다면, 내가 저 천리마를 타고 초원 끝까지 쫓아가 너와 네 아비를 죽일 것이다."

"여부가 있겠습니까?"

그렇게 묵돌은 타지에서 볼모 생활을 시작하게 되었는데, 밤마다 잠을 이루지 못하고 집 밖으로 나와 동쪽 지평선을 바라보곤 했다. 월지 사람들은 그런 묵돌을 이상하게 여기면서도 한편으로는 그러려니 하고 생각했다.

'매번 자리를 옮겨 사는 흉노 놈들도 고향이 그립긴 한가 보구나.'

그렇게 며칠이 지난 후 보름달이 환하게 비치는 어느 밤 묵돌은 그날도 어김없이 동쪽의 밤하늘을 바라보고 있었다. 그런데 발밑에서 미세하게 무언가가 느껴졌다. 묵돌은 가만히 엎드려 바닥에 귀를 대어 보았다. 심상치 않은 소리에 재빨리 몸을 일으켜 지평선의 끝을 바라보니, 희미하게 흙먼지가 이는 것이 보였다. 그러고는 마치 예정이라도 된 듯 급히 어딘가로 향했다.

잠시 후 한 무리의 기병대가 월지를 기습해 왔다. 그들은 흉노의 전사들이었다. 두만 선우가 약속을 깨고 월지를 공격해 온 것이었다. 급습에 놀란 월지 사람들은 맞서는 한편, 매우 분노하며 볼모로 온 묵돌을 죽이기 위해 그를 잡아들이려 했다. 하지만 아무리 찾아도 그는 보이지 않았다. 한참을 찾던 그때 누군가 소리쳤다.

"놈이 저기 있다!"

묵돌은 월지 왕의 천리마를 타고 빠르게 달아나고 있었다. 월지인들은 곧바로 그를 추격했지만, 천리마를 탄 그를 잡을 수는 없었다. 묵돌은 빠르게 월지를 빠져나갔다.

얼마 후 묵돌이 흉노의 근거지로 돌아왔다. 볼모로 갔던 태자가 난전 속에서 탈출한 것은 물론, 적 왕의 천리마까지 가지고 돌아오니 용맹한 자를 으뜸으로 대우하는 흉노인들은 그를 매우 칭송했다. 묵돌이 흉노인들 사이에서 영웅으로 추대받자, 그를 죽이려 했던 아버지 두만 선우 또한 그를 치하하며 일만의 기병대를 주었다.

"장하구나, 아들아. 이 전사들을 너에게 맡길 테니, 직접 훈련해 보아라."
"실망시키지 않겠습니다."

군사를 받은 묵돌은 좌우 기병대를 편성한 뒤, 그들을 불러 모으고는 화살 하나를 보이며 말했다.

"이것은 화살촉 대신 피리를 단 명적이라는 화살이다. 너희들은 앞으로 내가 이 화살을 쏘면 소리를 듣고 일제히 그 방향에 활을 쏘면 된다."

그러고는 그들을 이끌고 사냥에 나갔다. 짐승이 나타나자 묵돌은 그 방향에 명적을 쏘았다. 대부분이 소리를 듣고 짐승을 쏘았으나 다른 것에 한 눈이 팔려 쏘지 않은 자가 몇몇이 있었다. 묵돌은 그 자리에서 그들을 모두 베어 죽였다.

"앞으로 망설이는 자는 모두 이놈들처럼 될 것이다!"

얼마 후 묵돌은 기병대를 다시 불러 모은 뒤 명적을 뽑아 자신이 월지에서 타고 온 천리마를 쏘았다. 천리마는 묵돌의 기병대가 쏜 수많은 화살을 맞고 들판에 쓰러져 죽었다. 하지만 그중엔 묵돌이 아끼는 명마라 머뭇거리다 쏘지 못한 자가 있었다. 묵돌은 크게 노하며 이들 또한 붙잡아 참하였다. 그렇게 묵돌은 엄하게 군대를 훈련해 나갔다.

그러던 어느 날 묵돌이 좌우 기병을 거느리고 자신의 처소로 향했다. 묵돌이 집에 오는 소리가 들리자 그의 처가 마중을 나왔다.

"오셨습니까?"

묵돌은 자기 처를 향해 명적을 쏘았다. 수많은 화살이 묵돌 처의 몸에 꽂혔고 묵돌의 처는 그 자리에서 숨이 끊어졌다. 하지만 이번에도 후환이 두려웠는지 차마 쏘지 못한 자가 있었다. 묵돌은 매우 노하며 그들을 참했다.

"온 무리가 마치 한 몸인 것처럼 움직여야 한다."

그러고는 그들을 두만 선우의 말이 메인 곳으로 데려가 선우의 말을 명적으로 쏘았다. 그러자 묵돌의 기병대는 선우의 말이었음에도 한 사람도 두려워하지 않고 모두 그 말을 향해 활을 쏘았다. 그제야 묵돌은 흡족해하며 말했다.

"이제야 아버지께 너희들을 보여 드릴 수 있게 되었다."

두만 선우는 묵돌이 기병대를 엄하게 훈련해 그들이 정예병으로 거듭났다는 이야기를 듣자 매우 기뻐하며 말했다.

"기특하구나. 내일 나와 사냥에 나가 그들의 실력을 보여 보거라."

"실망시키지 않겠습니다."

다음 날 두만과 묵돌은 좌우 기병을 거느리고 사냥에 나갔다. 조금 후 짐승이 뛰어나오자 두만이 먼저 활을 뽑아 쏘았다.

"명성이 거짓이라도 되는 게냐? 어서 재주를 뽐내 보아라."

그러자 묵돌이 명적을 뽑아 들고는 말했다.

"솜씨를 보여 드리겠습니다."

이윽고 다른 짐승이 뛰어나왔다. 그러자 묵돌은 활에 명적을 올리고는 짐승이 아닌 아버지를 쏘았다.

"으아아악!"

두만은 고슴도치가 되어 말에서 떨어져 즉사했고, 묵돌은 죽은 아버지를 뒤로하고 그대로 기병대를 몰아 근거지를 급습하여 계모와 어린 동생을 향해 명적을 쏘았다. 또한 자기 뜻에 거스르는 자들을 모조리 잡아 죽였다. 최강의 기병대를 거느리고 적들을 모두 제거한 묵돌은 스스로 선우 자리에 올랐다.

357

묵돌이 흉노선우에 오른 뒤 수많은 주변 나라들은 그의 뛰어난 전술에 복속 당했다. 항우를 쓰러트리고 중국을 통일한 한 고조 유방 또한 묵돌에게 굴욕스러운 패배를 당하여 그에게 공주를 시집보냈으며, 해마다 공물을 바쳤다. 묵돌은 이후 약 이천년간 계속된 유목민족과 한족의 대결을 본격적으로 시작한 인물이다.

> 흉노는 달이 차면 공격하고, 달이 이지러지면 물러난다.
>
> ◉《사기》, 흉노열전

요승의
생체 실험소

당나라 시대 요곤이라는 선비가 있었다. 그는 초야에 파묻혀 그저 낚시하고 거문고를 뜯는 낙으로 사는 이였다. 그의 초막은 낙양 남쪽 만인산이라는 곳에 있었는데, 여우들이 많아 이를 잡으려는 사냥꾼들의 발길이 끊이질 않는 곳이었다.

한번은 요곤이 길을 걷다 사냥꾼을 마주치게 되었는데, 그물 가득 여우들을 잡아 오고 있었다. 고통스럽게 발버둥치는 여우들을 본 요곤은 사냥꾼에게로 가 말했다.

"전부 얼마요? 내가 모두 사겠소."

사냥꾼은 횡재다 싶어 흔쾌히 돈을 받고 그물을 넘겨주었다.

"보아하니 선비님인 듯한데, 이 많은 여우를 어디에 쓰려 하시오?"

그런데 그물을 넘겨받은 요곤은 받자마자 여우들을 모두 풀어 줬다.

"아니, 어째서 그놈들을 풀어 주는 겝니까?"

사냥꾼이 어이없다는 듯 따지자 요곤은 씁쓸한 표정을 지으며 짧게 답했다.

"내 죄를 씻는 것뿐이오."

세상일에 관심을 두지 않고 유유자적하는 그였으나 처음부터 그런 것은 아니었다. 오히려 그는 누구보다 세상 한가운데 있던 이였다. 한미한 집안에서 태어났으나 어려서부터 머리가 비상했던 요곤은 성년이 되기도 전에 과거에 급제하였다. 하루아침에 신분이 귀해지고 비단옷이 거친 옷을 대신하게 되니, 그의 마음속에는 점차 오만함이 싹트기 시작했다.

그는 자신보다 못한 이들이 도무지 이해되지 않았다. 붓 한 번 움직여 빈천한 자들을 사지로 내모는 것에 눈곱만큼의 거리낌도 없었고, 작은 죄에도 엄벌을 쉬이 내리니 보다 못한 다른 관리들이 그를 말릴 정도였다. 하지만 그럴 때면 도리어 이렇게 쏘아붙이곤 했다.

"법도에 따른 것뿐인데 무엇이 잘못이란 말이오? 조용히 있다가도 금세 도적 떼로 변하는 것이 저들이오. 무엇 하러 저들의 처지를 동정한단 말이오?"

그는 사람을 속이고 배신하는 일도 서슴지 않았다. 가까운 이라도 필요에 따라 언제든 믿음을 저버렸고, 사사로이는 헐벗은 유랑민들을 유인하여 자신이 소유한 장원의 노예로 삼아 밤낮없이 착취하여 부를 착복하곤 했다. 그곳에서는 사람들의 고통스러운 신음이 끊이질 않아 그의 장원은 '살아서 빠져나올 수 없는 요씨의 구덩이'란 뜻의 '요가 갱'이라는 악명으로 불리곤 하였다.

하지만 천하에 잘난 자는 혼자만이 아니었고, 사람의 원한은 그가 생각했던 것보다 훨씬 무서운 것이었다. 영원할 듯 보였던 그의 위세는 앙심을 품었던 이들의 모함으로 하루아침에 거꾸러지게 되었다. 평소 인망을 크게 잃었던 터라 요곤을 도우려는 이는 아무도 없었고, 마침내 그는 역적으로 몰려 죽을 위기에 처하게 되었다. 모진 고문 끝에 겨우 목숨을 건져 빠져나올 수 있었지만, 함께 고초를 당했던 그의 처와 자식들은 이미 끔찍한 죽음을 맞은 뒤였다. 지난날의 악행이 무색하게 중년에 이르러 모든 것을 잃게 된 요곤은 그제야 피눈물을 흘리며 지난날의 과오를 뉘우쳤다.

"모두 내 어리석음 때문이었구나… 내 다시는 남을 속이거나 해치지 않으리라."

그렇게 다짐한 그는 장원의 노복들을 모두 풀어 주고는 초야에 묻혀 여생 동안 자신이 저지른 죄를 씻기로 마음먹었다. 그의 결심은 비단 사람만을 위한 것은 아니었다. 그는 한낱 미물이라 할지라도 함부로 여기지 않았다. 낚시를 해도 일용할 만큼만 잡았으며, 짐승을 잡아도 추위를 날 가죽을 얻는 데에 그쳤다. 그런 그가 사지에 몰린 여우들을 보았으니 풀어 주지 않고는 배길 수 없었던 것이었다.

이런 사정을 알 리 없는 사냥꾼은 어이없다는 듯 그에게 핀잔을 주었다.

"힘들게 잡은 것인데 저깟 여우들이 뭐라고 살려 주는 것이오? 놈들이 얼마나 간사한 줄 아시오? 듣기로 요력을 부려 사람을 해치는 놈들도 있다오."

요곤은 사냥꾼의 말에 과거 자신의 모습을 떠올리며 씁쓸하게 말했다.

"앞으로 마주칠 때마다 내가 놈들을 사겠소."

이후 요곤은 틈이 날 때마다 사냥꾼이 잡은 여우들을 풀어 주었다. 시간이 지나자 그가 풀어 준 여우만 수백 마리에 달했다. 하지만 여러 날에 걸쳐 짐승을 사들이니 그가 가진 돈은 금세 바닥을 보이기 시작했다.

그가 여우를 사들일 수 있었던 것은 보리사라는 부유한 사찰에 자신의 장원을 담보로 돈을 빌린 덕이었는데, 돈이 다 떨어져 가니 요곤은 영영 장원을 되찾지 못할 상황에 이르게 되었다.

몸이 늙어가면서 몸소 먹을 것을 구하기도 힘겨워지는 마당에 가진 돈마저 모두 떨어졌으니, 그는 하루하루 먹고살 걱정을 해야 할 상황에 이르렀다. 하지만 그럼에도 그는 여우들을 사들여 풀어 주기를 멈추지 않았다.

"불쌍한 놈들… 다시는 잡히지 말거라."

그러던 어느 날 누군가 그의 초막을 찾았다.

"나리, 저를 기억하시겠습니까?"

그는 승려처럼 머리를 짧게 깎은 멀끔한 차림의 청년이었다. 자신을 아는 듯한 눈치에 요곤은 기억을 더듬어 보았으나 그가 누군지 금방 떠오르지 않았다. 요곤이 선뜻 답하지 못하니 청년이 먼저 말을 이었다.

"저는 나리의 장원에 있던 동복으로, 나리께서 이곳에 계신다는 말을 듣고 찾아 뵈었습니다. 소문에 장원이 저당 잡혀 넘어간다 하던데… 사실입니까?"

자신의 장원에 있던 이라는 말에 요곤은 마음이 무거워 고개를 들지 못했다.

"나 때문에 고생이 많았겠구먼… 내 미안하게 생각하고 있네…"

하지만 청년은 미소 지으며 자신이 가져온 수레를 가리키며 말했다.

"무슨 말씀이십니까? 저는 그곳에서 먹을 것 걱정 없이 살 수 있었고, 나리의 은혜로 세상에 나온 뒤엔 큰돈을 벌 수 있었습니다. 평소 그 은혜에 꼭 보답하고 싶었는데, 나리께서 어려움에 부닥치셨다는 말을 듣고 이리 찾아온 것입니다. 이 돈이면 족히 장원을 되찾으실 수 있을 겝니다."

"자네가 내게 고마울 것이 무엇이 있겠는가?"

요곤은 몸 둘 바를 모르며 여러 번 사양하였으나 청년은 도무지 포기할 생각이 없어 보였다.

"세상에는 평생을 갚아야 할 빛이 있다고 들었습니다. 부디 이를 받아 주시지요. 이 돈을 가지고 장원을 찾으신다면 필시 좋은 일이 있을 겝니다."

청년이 한참이나 물러서지 않는 데다 마침 먹고 살 걱정이 늘어가던 터라 요곤은 마지못해 받아들이게 되었다.

"정 그렇다면 내 고맙게 받겠네. 내 차를 내어 줄 테니 한 잔 들고 가게."

그러고는 부뚜막에 들어가려는데 청년이 따라오는 소리가 들리지 않았다. 뒤를 돌아보니 수레만 덩그러니 세워져 있을 뿐 청년은 온데 간데없었다.

다음 날 요곤은 청년이 준 재물을 가지고 장원을 찾았다. 그런데 해가 저물 때쯤이 되어 도착한 장원은 자신이 다스릴 때와는 분위기가 사뭇 달라져 있었다. 어디선가 큰 공사가 이뤄지고 있는지, 젊은 승려들이 흙무더기를 분주하게 옮기고 있었다. 요곤이 잠시 그 광경을 지켜보는데, 누군가 그를 알아보고는 말을 걸었다.

"무슨 일로 오셨습니까?"

요곤이 그를 보니 자신이 장원을 맡긴 혜소라는 노승이었다.

"이제 돈을 갚을 수 있게 되어 장원을 돌려받으러 왔습니다."

요곤이 용건을 전하니 혜소는 예를 갖추며 정중히 그를 자신의 방으로 청했다.

"들어오시지요. 돈을 준비하셨다니 참으로 다행인 일입니다. 장원은 빠른 시일 내에 정리해 돌려 드리겠습니다."

요곤이 기다리겠다고 답하니 혜소는 술을 가져와 그에게 내어 주었다.

"좋은 술을 얻었습니다. 소승은 술을 마시지 못하니 나리께서라도 드시지요."

뜻밖의 환대에 요곤은 감사를 표하고는 그와 담소를 나누며 술잔을 기울였다. 그러던 중 요곤의 눈에 들어오는 것이 있었다. 방 안의 빽빽이 들어찬 장 안에 본 적 없는 기이한 약재들이 가득 진열되어 있었다.

"저것들은 다 무엇입니까?"

그러자 혜소는 뒤도 돌아보지도 않고 가만히 답했다.

"신선이 되기 위한 선약의 재료들입니다."

불가에 귀의한 승려가 신선에 관심을 두다니, 이상하지 않을 수 없는 일이었다. 그런데 또 하나 이상한 것이 요곤의 눈에 들어왔다. 혜소의 소맷자락에 검붉은 점들이 희미하게 묻어 있는 것이었다.

'핏자국이 아닌가…!'

요곤이 내심 놀라며 그의 소매에서 눈을 떼지 못하니 혜소는 이를 눈치챘는지 가만히 소매를 가리며 말했다.

"허나 소승이 알아본 결과 아직 효과가 있는 것은 없었습니다."

어색한 침묵이 흐르자 요곤은 조용히 자리에서 일어났다.

"측간에 좀 다녀오겠습니다."

방 밖으로 나온 요곤은 수상쩍은 마음을 도무지 지울 수 없었다. 선뜻 방에 다시 들어가지 못하고 있는데 뒤뜰 쪽에서 이상한 소리가 들려왔다.

"죽여 줘… 제발 죽여 줘…"

희미하게 들려오긴 했지만, 사람의 목소리였다. 놀란 요곤은 가만히 소리를 따라가 보았다. 전각을 끼고 돌아보니 뒤뜰에는 큰 공터가 펼

처져 있었는데, 그 위에 셀 수 없을 만큼 많은 구멍이 뚫려 있었다. 소리는 그 구멍들 아래서 들려오고 있었다.

요곤이 조심스레 구덩이에 다가가 보니 족히 몇 장은 되어 보이는 깊은 구멍이었다. 구덩이의 맨 아래를 본 순간 요곤은 놀라 숨이 멎는 듯하였다. 구덩이의 바닥에 있는 것은 뼈만 앙상하게 남은 사람의 머리였다. 그는 땅에 몸이 묻혀 머리만 내민 채 죽어 가고 있었다.

"이보시오! 괜찮으시오?"

요곤이 물었으나 그는 어딘가에 홀린 듯 계속해서 같은 말을 반복할 뿐이었다.

"차라리 죽여 줘…"

자세히 살펴보니 그의 얼굴은 여기저기 흉측하게 썩어 들어가고 있었다. 그의 얼굴 근처에는 눈에 익은 것들이 보였다. 아까 혜소의 방에서 보았던 기이한 풀들이었다.

'저것들은 신선이 되기 위한 선약의 재료들입니다.'

그곳에서 무언가 흉악한 일이 꾸며지고 있음을 깨달은 요곤은 도움을 청하고자 그길로 장원을 빠져나가려 하였다. 그런데 그가 발걸음을 옮기려는 순간 갑자기 시야가 뿌옇게 흐려지기 시작했다.

"왜 이러지…"

그는 온몸에 힘이 빠지다 더는 몸을 가누지 못하고 그 자리에 그대로 쓰러져 버렸다.

얼마나 지났을까, 요곤은 어두컴컴한 구덩이 속에서 정신이 들었다. 그의 몸은 땅속에 단단히 묻혀 있었다. 위를 올려보니 구덩이 위에서 사람들이 그를 내려다보고 있었다. 그리고 가운데 있는 이는 다름 아닌 혜소였다.

"이게 뭐 하는 짓이오!"

"술을 잘하시더군요…"

혜소는 웃으며 그에게로 풀 무더기를 던졌다. 아까 방에서 보았던 약재 중 하나였다.

"공들여 구한 것이니 꾸준히 먹도록 하시오. 약효가 있다면 당신은 신선이 되어 그곳에서 나올 수 있을 것이요, 그렇지 않으면 그곳에서 죽어 부처가 될 것이외다."

혜소는 신선이 되기 위해 약재를 연구하며 요곤의 장원에서 사람들을 잡아다 생체 실험을 벌이고 있었던 것이었다. 간밤에 요곤이 보았던 구덩이들은 모두 사람들이 들어 있던 것이었다. 요곤은 살려 달라고 있는 힘껏 소리를 질렀으나 그를 도울 사람은 아무도 없었다. 그제야 해소 옆에서 낄낄대는 이를 보니, 얼마 전 요곤의 집에 찾아왔던 청년이었다.

'세상엔 평생을 갚아야 할 빚이 있다고 들었습니다.'

그렇게 구덩이 속에 갇혀 옴짝달싹도 하지 못하게 된 요곤은 처음엔 약재를 먹지 않으려 했으나 몇 날 며칠이 지나자 목마름과 굶주림을 이기지 못하고 풀을 입에 대기 시작했다. 그런데 그 약 기운이란 몹시 불쾌한 것이어서 약을 먹을수록 그의 정신은 혼미해졌고, 온몸의 살이 썩어 들어가는 것이 느껴졌다. 한 달쯤 되자 그는 오감이 모두 사라지기에 이르렀고, 마침내 약재의 기운을 이기지 못하고 정신을 잃고 말았다.

"일어나시오."

요곤은 누군가의 목소리에 정신이 들었다. 힘겹게 구덩이 위를 올려다보니 누군가가 그를 내려다보고 있었다.

"누구시오?"

간신히 입을 떼 물으니 그가 답했다.

"나는 청국에서 온 선인이오. 당신은 한 달간 땅속에 갇혀 마침내 선약의 기운을 이겨내 선력을 얻게 되었소."

그 같은 기이한 말에 요곤은 꿈인지 생시인지 분간이 되질 않아 선뜻 답하지 못하였다. 그가 말을 이었다.

"당신은 이제 자신의 힘으로 능히 그곳을 빠져나올 수 있을 것이나, 그 방법을 모르는 것 같아 내 알려 주려 왔소."

"그 방법이 무엇이오?"

"눈을 감은 뒤 사념을 없애기만 하면 되오."

더 잃을 것도 없다 생각한 요곤은 지푸라기라도 잡는 심정으로 그의 말에 따라 눈을 감고 모든 생각을 없앴다. 그러자 잠시 후 무언가가 그의 몸을 붙잡는 듯한 느낌이 들더니 땅이 저절로 파지고 몸이 솟아오르는 것이 느껴졌다.

이윽고 살갗에 신선한 바람이 느껴지자 요곤은 조심스레 눈을 떠 보았다. 그는 어느새 구덩이 밖으로 나와 있었다. 주변을 둘러보았으나 그에게 방법을 알려 준 이는 이미 사라지고 없었다. 그때 구덩이 밖으로 나온 요곤을 본 혜소의 제자들은 깜짝 놀라 달려오더니 그를 붙잡았다. 그리고 잠시 후 이야기를 들은 혜소 또한 숨을 헐떡이며 달려와

368

서 황급히 물었다.

"어떻게 올라온 것이냐?"

요곤은 자신이 겪은 일을 빠짐없이 알려 주었다.

"누군가가 다가오더니 내가 그곳에 한 달간 갇혀 약재의 기운을 이겨냈으므로 마침내 신선이 되었다 일러 주었소. 그리고 그 사람이 알려준 대로 눈을 감고 사념을 없애니 나도 모르는 사이 이 위로 올라와 있었소."

그러자 혜소는 두려움 반, 가슴 벅참 반이 섞인 표정을 짓더니 급히 제자들에게 명했다.

"당장 나를 저 구덩이 속에 묻어라!"

그는 요곤에게 주었던 약재와 함께 구덩이 아래로 내려갔고, 그의 제자들은 스승의 몸을 땅속에 단단히 묻었다. 그리고 저들도 뒤이어 각자 구덩이로 들어갔다.

그렇게 홀로 남겨진 요곤은 아직도 조금 전 일어난 일을 믿을 수 없어 가만히 선인의 말을 곱씹었다.

'나는 청구에서 온 신선이요.'

그런데 문득 공터를 감싼 수풀 너머에서 기이한 것이 보이기 시작했다. 영롱하게 빛나는 푸른색의 불빛이었는데, 처음에 두어 개이던 것이 이내 수십 개로 늘어나더니 점차 요곤이 있는 쪽으로 다가오기 시작했다.

'저게 무어란 말인가…!'

요곤이 놀라 자세히 살펴보니, 그것들은 단순한 불빛이 아니었다. 푸른빛 광채를 띤 기이한 형체의 사람들이었다. 그들의 수는 점점 늘어나 수백에 달하기에 이르렀고, 요곤이 있는 공터를 가득 메웠다.

요곤이 두려움을 느끼며 그들의 움직임을 살피는데, 그들은 마치 약속이라도 한 듯 갑자기 주변의 큰 돌덩이들을 들어 올리기 시작했다. 그러고는 일제히 혜소와 제자들이 들어간 구덩이를 막아 버렸다. 그리고 그중 가장 나이가 많아 보이는 노인 하나가 요곤에게 다가오더니 예를 갖추며 말했다.

"나리, 그간의 신세가 많았습니다."

노인이 자신을 알아보는 듯하니 요곤은 어리둥절하였다.

"당신들은 누구시오?"

그러자 노인이 조용히 답했다.

"저는 청구(구미호가 산다는 전설상의 나라)에서 온 선인으로, 나리께서 제 수많은 자손을 살려 주셨다는 이야기를 듣고 은혜를 갚고자 이곳에 왔습니다."

그제야 보니 그의 목소리는 구덩이 안에서 들은 것과 같은 것이었다.

"저 사람들이 모두 내가 그간 살려 준 여우들이란 말이오?"

노인은 미소로 답했다.

"그럼… 나는 정말로 신선이 된 것이오?"

요곤이 믿기지 않는다는 듯 묻자 노인은 가만히 고개를 저었다.

"나리께서는 일찍이 남을 속이지 않겠다 맹세하셨지요. 제가 처음부터 사실을 고했다면 나리는 저 요승을 속이지 않으셨을 겝니다. 나리

370

를 돕기 위해 꾸며 말씀드린 것을 용서하십시오."

요곤은 문득 혜소와 그 제자들이 생각나 물었다.

"그렇다면 저 사람들은 이제 죽는 것이오?"

요곤이 혜소가 들어간 구덩이를 가리키며 묻자 노인은 더는 아무런 말도 하지 않았다. 요곤은 잠시 생각하다 말을 이었다.

"저들이 용서받지 못할 짓을 한 것은 맞지만, 난 일찍이 사람을 해치지 않기로 했습니다. 앙갚음으로 저들을 저리 죽이는 것은 너무한 처사이니 그만 풀어 주시지요. 잘 타이른다면 필시 자신의 어리석음을 깨달을 것입니다."

그러자 노인은 더는 아무 말 없이 순순히 고개를 끄덕이고는 구덩이를 막은 바위를 다시 치우게 하였다. 그런데 돌을 치워 보니 혜소와 그 제자들은 아무런 움직임이 없었다. 요곤이 그 아래를 내려다보니 그들은 하나같이 입에 약재를 잔뜩 문 채 목이 막혀 죽어 있었다.

노인은 자손들에게 그 땅을 메꾸게 하고는 요곤에게 그중 젊은 여인 하나를 보이며 말했다.

"일전에 살려 주신 제 자손 중 저의 여식입니다. 홀로 사신 지가 오래인데, 괜찮으시다면 제 딸과 혼인하시는 것이 어떠십니까?"

하지만 요곤은 고개를 저었다.

"나는 스스로 지은 죄가 깊어 일가족을 모두 죽게 만든 적이 있습니다. 어찌 그런 일을 반복할 수 있겠습니까?"

그러자 노인이 미소를 띠며 말했다.

"나리께서는 과연 세 가지 악재를 모두 가지고 계셨습니다. 첫 번째는 소년에 출세하여 오만해지는 것이요, 두 번째는 중년에 아내를 잃어 외로워지는 것이며, 마지막 세 번째는 말년을 빈한하게 살다 죽는 것이었지요. 하지만 제 자손들에게 베푸신 은혜로 나리는 일생의 빚을 갚으셨으니 이제 능히 그 악재에서 벗어나실 수 있을 겝니다. 은혜는 평생 갚아야 할 빚이라 했습니다. 부디 저희가 이를 갚을 수 있게 해주시지요."

그러자 요곤은 십수 년간 가시가 돋친 듯 편치 않던 마음 한구석이 녹아내리는 듯했다. 요곤은 서글프게 눈물을 흘리며 노인과 여우들에게 말했다.

"감사할 사람은 오히려 납니다."

이후 요곤은 일전에 여우들을 살려 주곤 했듯 다른 이들에게 베푸는 것을 게을리하지 않았고, 일전에는 갖지 못했던 높은 명망을 얻을 수 있었다. 또한 여우 아내와의 사이에서 얻은 그의 아들은 훗날 높은 벼슬에 올랐다. 요곤은 아내와 함께 다정히 지내며 풍족한 말년을 보냈다고 한다.

부활 의식에
제물로 바쳐진 노비

청나라 시대 광서 땅에 이씨 성을 가진 관리가 있었다. 그는 통판(중국에서 조정의 신하 가운데 군(郡)에 나아가 정치를 감독하던 벼슬아치) 벼슬을 지내고 있어 흔히 '이 통판'으로 불리었는데, 그 관직은 제일이 아니었으나 부유함만큼은 주에서 비할 자가 없었다. 그의 집안 창고에는 항상 곡식과 진귀한 보배들이 산처럼 쌓여 있었고, 거느린 식솔만 수십 명에 첩은 일곱이나 되었다.

하지만 하늘은 그에게 부를 내려 주고 그것을 누릴 시간은 내어 주지 않았다. 이 통판은 스물일곱이 되던 해 이유 모를 병에 걸려 시름시름 앓더니 그만 하룻밤 새 숨을 거두고 말았다.

손 써볼 새도 없이 일어난 일이라 그의 가솔들은 몹시 슬퍼했다. 그 중 가장 서럽게 슬퍼하는 이가 있었으니, 이 통판이 생전 항상 가까이 두고 아끼던 충직한 노복이었다. 노복은 주인이 죽자 그의 장례를 도맡아 정성스레 준비하였다. 그러다 장례가 끝나갈 즈음 울적한 마음으로 제를 준비하고 있는데, 누군가 다가오더니 그에게 낡아빠진 보자기 하나를 들이밀었다.

"보시 좀 해 주시겠습니까?"

남의 속도 모르고 뻔뻔하게 재물을 요구하니 노복은 화가 치밀어 올랐다. 노복은 그를 쳐다도 보지도 않고 소리쳐 꾸짖었다.

"지금 상을 준비하는 것이 보이지 않소? 썩 비키시오."

하지만 그는 발에 못이라도 박힌 듯 꿈쩍도 하지 않았다. 그는 가만히 주변을 둘러보는 듯하더니 노복에게 물었다.

"무척 아끼던 분인가 봅니다. 돌아가신 지는 얼마나 되었소?"

"사흘이 되었소."

노복이 퉁명스레 답하자 승려는 손가락을 꼽으며 무언가를 생각하더니 말했다.

"다행입니다. 아직 늦지 않았군요…"

"이미 사람이 죽었는데 무엇이 늦지 않았단 말이오?"

"혹, 주인이 다시 살아나길 원하십니까?"

괴이한 소리에 노복은 그제야 고개를 들어 그의 얼굴을 바라보았다. 그는 나이가 지긋한 노인이었는데, 하얀 수염을 구름처럼 드리우고 눈에는 기이한 자색 빛이 감도는 것이 마치 도사의 모습과도 같았다.

"제게는 쓸 만한 재주가 하나 있습니다. 죽은 사람의 혼을 되돌릴 수 있는 것이지요… 원하신다면 하찮은 재주를 부려 주인을 살려 드리도록 하겠습니다."

그가 예사 인물이 아님을 직감한 노복은 하던 일을 멈추고 자리에서 일어났다.

"마님들을 이리로 모시고 올 테니 잠시 기다려 주시지요."

노복은 급히 안채로 달려가 이 사실을 알렸다. 이 통판의 첩들 또한 이야기를 듣고는 곧장 도사가 있다는 곳으로 향했다. 그런데 그곳에 이르니 도사는 이미 떠나고 자리에 없었다.

"네가 일을 그르쳤구나…! 우리를 부를 것이 아니라 이리로 모셔 왔어야지! 영험한 도사일지도 모르는 것을…"

첩들은 한동안 노복에게 원망을 쏟아붓고는 안채로 다시 돌아가 버렸다. 첩들이 그리 서럽게 우는 것을 보니 노복은 마치 자신이 주인을 죽인 듯한 기분이 들었다. 그래서 도사를 찾아 무작정 집을 나섰다.

하지만 도사는 하늘로 솟기라도 한 건지 온 고을을 돌며 사람들을 붙잡고 물어도 그를 본 이가 없었다. 그렇게 반나절을 헤맸음에도 도사를 찾지 못하자 노복은 이내 포기하고 집으로 돌아가려 하였다. 그런데 시장을 지나다 보니 멀리 인파 사이로 도사가 사라지는 것이 보였다. 노복은 힘을 다해 달음박질을 쳐 도사를 가까스로 붙잡았다.

"어찌 그리 급한 걸음을 하십니까!"

그런데 도사의 얼굴빛이 아까와는 달랐다. 노복의 손을 뿌리치며 엄한 투로 말하는 것이었다.

"내가 괜한 소리를 한 것 같소이다. 그 집에는 주인을 진정으로 살리고자 하는 사람이 없소."

"어찌 그렇습니까? 도사께서 종적을 감추신 뒤 마님들의 슬피 우는 소리가 고을에 온통 울려 퍼질 정도였습니다. 어찌 주인 나리를 살리고자 하는 사람이 없다는 것입니까?"

그러자 도사가 노복을 가만히 보며 천천히 입을 뗐다.

"하나를 얻으려면 하나를 잃어야 하는 법이오. 무슨 일이건 이미 일어난 일을 되돌리는 것이 쉬울 리 있겠소? 이미 죽은 목숨을 살리는 것은 더더욱 그러할 진데, 당신 집안사람들을 보니 마땅히 자기 것을 내놓을 만한 자가 없더구려."

'자기 것을 내놓다니…?'

노복은 섬뜩한 마음이 들었으나 도사가 몸을 돌려 이내 자리를 뜨려 하니 일단 그를 붙잡아 예를 갖추며 청했다.

"제 주인은 이곳의 제일가는 부호로, 생전에 그 명망이 높으신 분이었습니다. 그분께 은덕을 입은 사람이 셀 수 없을 정도고 식솔 또한 수십 명이 넘으니 어찌 자기 것을 아까워하지 않을 사람 하나가 없겠습니까? 부디 돌아가셔서 도움을 주십시오."

사정사정 끝에 노복이 도사를 데려오자 이 통판의 첩들은 무척이나 기뻐하며 가솔들을 모두 모아 그를 반겼다. 그러자 도사가 말했다.

"주인을 살리려면 저승의 법도를 따라야 하니, 다른 사람이 대신 목숨을 내놓아야 하오. 누가 그럴 수 있겠소?"

376

이 말에 가솔들은 방금과는 다르게 낯빛이 창백해져서는 서로 눈치만 볼 뿐 선뜻 나서는 사람이 없었다. 도사는 그럴 줄 알았다는 듯 한숨을 내쉬었다. 그러고는 그대로 자리를 뜨려 하자 노복이 망설이다 나서 말했다.

"제가 대신 죽겠습니다."

그러자 식솔 중 아무도 그를 말리는 이가 없었다. 하나같이 슬피 울며 그에게 감사 인사를 올릴 뿐이었다. 노복이 함께 울며 말했다.

"마님들께서는 아직 젊으시니 살 만큼 산 이놈이 죽는 것이 낫습니다. 주인 나리의 하늘 같은 은혜를 조금이나마 갚을 수 있다면 무엇이 두렵겠습니까?"

인사를 마치자 도사가 물었다.

"정말로 두려워하지 않을 자신이 있소?"

"무엇이 두렵겠습니까?"

노복이 결연히 말하니 도사 또한 고개를 끄덕였다.

"당신에게는 진심이 느껴지는구려.

"법술을 부리기 시작하면 사흘 후에 그것이 완성될 것이니, 남은 시간 동안 마음의 준비를 하도록 하시오."

노복은 고을을 돌며 벗들에게 소식을 알리고 일일이 작별 인사를 나눴다. 그중에는 슬퍼하며 존경을 표하는 이도 있었지만, 불쌍히 여기거나 비웃는 사람 심지어는 조롱하는 이도 있었다. 하지만 노복의 결심은 이미 굳은 뒤였으므로 거리낄 것이 없었다. 시간은 흐르고 의식이 하루 앞으로 다가왔다. 노복이 집으로 돌아가는데 길가에 관우 신을 모신 사당이 눈에 들어왔다.

'내일은 중요한 날이니 마지막으로 신께 기도를 올리고 가야겠다.'

노복은 사당에 들어가 지전을 태운 뒤 무릎을 꿇고 간절히 빌었다.

'전 이제 주인 대신 죽으려 합니다. 성제시여, 도사에게 힘을 보태 주십시오.'

"멍청한 놈!"

느닷없는 외침에 노복은 놀라 주변을 살펴보았다. 하지만 사당 안에는 그 외에는 아무도 없었다. 두려운 마음이 들어 꿇어앉은 채 어쩔 줄을 몰라 하는데, 관우 상 뒤에서 노인 하나가 비틀대며 걸어 나왔다. 눈이 먼 듯한 맨발의 노인은 노복에게 다가와 그의 얼굴을 매만지더니 허옇게 바랜 눈을 부릅뜨며 말했다.

"얼굴이 안 좋구나. 큰 화가 닥쳐오는 게야. 네가 가여워 한 번만 천기를 누설해 줄 테니 절대 이 사실을 떠벌리지 말거라."

"노인장께서는 누구시오?"

노인은 대답은 하지 않고 품에서 종이 봉지 하나를 꺼내 건넸다.

"위급할 때 이것을 찢거라."

노복이 봉지를 열어 보니 그 안에는 잘려 있는 손톱 다섯 개와 금색 줄이 들어 있었다. 그런데 다시 고개를 들어보니 노인은 온데간데없이 사라지고 없었다.

'기이한 노인이로다…!'

노복은 기이하게 여기며 품에 봉지를 집어넣고 서둘러 집으로 돌아갔다.

눈 깜짝할 새 주어진 시간은 지나가고 의식을 치르는 날이 다가왔다. 도사는 집안의 가솔들이 이 통판의 침실 안에 그의 영구와 노복의 침상을 들여 마주 보게 하고 밖에는 제단을 쌓아 주술을 위한 도구들을 올려 놓았다. 준비가 끝나자 도사는 제단 앞에 앉아 말했다.

"이제 주문을 욀 것이니 모두 제단 뒤에 모여 있도록 하시오. 절대로 침소 안에 들어가는 일이 있어서는 안되오."

그러고는 노복만을 침실 안에 데려다 침상 끝에 발을 단단히 묶은 뒤 문을 굳게 잠갔다.

노복은 어두컴컴한 방 안에 홀로 침상에 묶인 채 주인의 주검이 든 관과 마주 눕게 되었다. 그러다 바깥에서 도사가 주문을 외는 소리가 들려오자 돌연 기이한 소리와 함께 그가 누운 침상이 요동치기 시작했다. 노복은 두려운 마음을 잊으려 애쓰며 눈을 질끈 감았다. 조금 뒤 침상의 흔들림은 멈추었는데, 이번에는 양 귓가로 싸늘한 기운이 느껴졌다.

살며시 눈을 떠 옆을 보니 그의 침상 아래서 섬뜩한 검은 연기가 피어오르고 있었다. 연기는 허공에 구름처럼 떠오르더니 이내 두 명의 커다란 사람의 형체를 이루었다.

침상 앞에 선 두 사람은 수레바퀴만 한 얼굴에, 키는 족히 두 자는 되어 보였다. 온몸에 검고 짧은 털이 가득하고 움푹 파인 눈두덩이 사이로 푸른 눈을 번뜩이는 것이 몹시 소름 끼치는 모습이었다.

두 귀신은 이 통판의 관으로 다가가더니 별안간 날카로운 이빨을 드러내며 관의 이음새를 물어뜯었다. 그러자 그 틈새로 사람의 소리가 새어 나왔다.

두 귀신은 관뚜껑을 치우고 그 안에 손을 집어넣어 이 통판을 부축하여 앉혔다.

"나… 나리!"

이 통판은 눈만 먹으로 칠한 듯 검을 뿐 병을 못 이겨 신음하던 죽기 직전의 모습 그대로였다.

"나리! 정신이 드십니까!"

노복이 주인을 불러 보았으나 이 통판은 계속해서 고통에 가득 찬 기침만 해댈 뿐 아무런 말을 하지 않았다. 노복이 눈물을 글썽이며 말했다.

"이렇게나마 은혜를 갚을 수 있으니 소인은 죽어도 여한이 없습니다."

그러자 두 귀신이 손을 뻗어 이 통판의 배를 문질렀다. 그러자 이 통판의 말라붙은 입이 서서히 벌어졌다.

"충직한 노복이로다. 네 덕에 내가 새 삶을 얻게 되었다."

노복은 등줄기가 서늘해지는 것을 느꼈다. 시체의 입에서 나온 소리는 이 통판의 목소리가 아니었다. 노복이 이 통판의 얼굴을 자세히 보니 그의 눈가에 희미하게 자색 빛이 돌고 있었다.

'…도사의 짓이로구나…!'

노복은 눈앞이 캄캄해지는 듯했다. 그는 침상에서 벗어나려 발버둥쳐보았지만 두 발이 침상에 단단히 묶여 있어 도저히 빠져나갈 수 없었다. 두 귀신은 이 통판의 몸을 들어 올리더니 천천히 노복의 침상 쪽으로 다가왔다. 그러더니 이 통판을 노복의 몸 위에 올리려 하였다.

'저 시체가 내 몸에 얹어지면 도사 놈에게 몸을 빼앗기겠구나…'

그런데 그때 문득 노복의 머릿속에 지난날 사당에서 만난 눈먼 승려의 말이 스쳐 지나갔다.

'위급할 때 이것을 찢거라.'

노복은 급히 품속에 손을 넣어 봉투를 찢었다.

그러자 봉지 안 다섯 개의 손톱이 허공에 날아가더니 금세 형체를 바꾸어 대들보 아래 커다란 몸을 꿈틀거렸다. 그것은 금빛을 띠는 한 마리의 용이었다. 금룡은 노복을 낚아채어 대들보에 올리고는 순간 금빛 밧줄로 변하여 그의 몸을 단단히 묶었다. 그렇게 노복의 몸이 사라지니 이 통판의 몸은 아무것도 없는 침상 위에 놓이게 되었다. 그러자 돌연 밖에서 괴성이 들려왔다.

"이 요망한 놈이 달아났다! 어서 놈을 잡아!"

도사의 말이 끝나기가 무섭게 귀신들은 흉악한 손을 휘저으며 노복을 찾기 시작했다. 휘장과 이불을 거칠게 찢어발기며 온 방을 휘저어도 손에 잡히는 것이 없자 그들은 이내 위를 올려다보았다.

'이제 꼼짝없이 죽겠구나.'

그러고는 노복을 향해 잽싸게 몸을 날렸다. 그런데 그때 별안간 귀가 찢어질 듯한 벼락소리와 함께 천장에 구멍이 뚫렸다. 금방이라도 노복을 잡아 짓이길 듯하던 두 귀신은 힘을 잃고 그대로 바닥에 떨어져 버렸다. 번개가 천장을 뚫고 달려드는 귀신들의 머리통을 쪼개버린 것이었다.

쓰러진 귀신들은 이내 연기가 되어 흩어져 버렸고 그 잔해들이 다시 침상 밑으로 빨려 들어가자 그 위에 누운 이 통판의 시체가 갑자기 비명을 내질렀다. 그러고는 바람처럼 다시 관으로 빨려 들어갔다. 이 통판의 몸이 다시 들어가니 관의 뚜껑은 저절로 굳게 닫혔다. 그렇게 귀신들이 사라지니 노복의 몸을 묶고 있던 금빛 줄은 저절로 풀어져 그를 땅에 내려 주고는 뚫린 천장 사이로 홀연히 사라져 버렸다.

노복이 방을 나와 급히 안채로 가 보니 집안의 가솔들이 비명을 지르며 웅성대고 있었다. 그 앞을 보니 도사 얼굴의 일곱 구멍에서 피를 쏟은 채 처참한 몰골로 쓰러져 죽어 있었다.

"갑자기 하늘에서 뇌성이 들려오더니 도사가 죽어 버렸네."

노복이 말했다.

"이놈은 주인 나리를 살리려는 것이 아니었습니다. 내 몸을 제물로 삼아 주인 나리의 몸에 들어간 뒤 이 집 재산을 취하려 한 것입니다."

그러고는 사당에서 기이한 봉투를 얻은 일이며 침실에서 있었던 일까지를 모두 말하니 놀라지 않는 사람이 없었다.

이 통판의 시체는 예정대로 땅에 묻히게 되었고, 노복은 관우의 사당에 감사의 제사를 올렸다. 그러고는 도사의 시체를 가져다 유황으로 큼지막하게 글씨를 쓴 뒤 거리에 널어놓았다.

요술로 재물과 여색을 탐한 자, 하늘의 규율에 따라 처단하
노라.

넷

일본 괴담

재앙과
인간

아홉 손가락 하녀

· 사라야시키 괴담 ·

    일본 에도시대 하리마스라는 영주에게는 조상 대대로 물려받은 보배가 있었는데, 바로 열 개의 귀한 그릇들이었다. 그는 그 그릇들이 자신을 암살로부터 지켜 준다고 믿어 몹시 애지중지하였다. 저택에 아예 그릇을 보관하는 방을 따로 두어 관리할 정도였다. 그는 일을 보는 중에도 틈이 날 때마다 방에 들러 그릇을 감상하곤 했다.

    영주는 소중한 그릇의 관리를 그가 평소에 가장 신뢰하던 하녀에게 맡겼는데, 그녀는 오키쿠라는 여인이었다. 오키쿠는 원래 가난한 농부의 딸이었으나 뛰어난 외모로 영주의 눈에 띄어 저택에서 일하게 된 여인이었다. 그래서 그녀는 항상 영주에게 은혜를 입었다는 생각을 하고 있었다.

게다가 영주가 자신을 신뢰하여 귀한 그릇의 관리를 맡기니 더욱더 영주의 기대에 부응하기 위해 애를 썼다. 그녀는 매일 그릇들을 깨끗이 씻고 정성 들여 관리하였으며, 작은 실수도 일으키지 않으려 노력했다.

그녀는 수려한 용모로 어려서부터 많은 이들의 구애를 받았는데, 저택에 들어오고 나서도 마찬가지였다. 특히 영주의 가신 중 한 사람이었던 데츠잔이라는 무사는 누구보다 진심으로 그녀를 흠모하였다. 평소 오키쿠를 마음에 두고 있던 데츠잔은 어느 날 영주가 자리를 비운 사이 그릇이 있는 방으로 들어가 그녀에게 구애하였다.

"나는 오랫동안 낭자를 마음에 품어 왔소. 나와 함께 사는 것이 어떻소?"

하지만 오키쿠는 그의 제안을 단칼에 거절하였다.

"영주님께서 내리신 은혜를 저버릴 수 없으니 나리의 제안을 받을 수 없습니다."

그렇게 거절당한 데츠잔이었지만, 그는 포기하지 않고 계속해서 그녀를 찾아가 갖은 선물과 함께 열렬한 구애를 하였다. 그러나 매번 돌아오는 것은 매몰찬 거절뿐이었다. 아무리 노력해도 오키쿠가 자신에게 눈길조차 주지 않자, 자존심에 큰 상처를 입은 그는 끝내 오키쿠를 협박하기에 이르렀다.

"만약 또다시 나를 거절한다면, 훗날 반드시 후회하게 해 주겠소."

그러나 오키쿠는 이번에도 차가운 목소리로 그의 구애를 단번에 거절하였다.

"이미 대답은 수도 없이 했습니다. 내가 죽었으면 죽었지, 당신이 원하는 대로 되지는 않을 겁니다."

심한 모욕감을 느낀 데츠잔은 속으로 이를 갈며 생각했다.

'죽더라도 나는 싫다는 건가… 그 말을 반드시 후회하게 해 주마…!'

다음 날 오키쿠는 여느 날과 같이 방에 들어가 그릇들을 씻었다. 그런데 그릇 하나가 보이지 않았다. 놀란 그녀는 다시 한번 그릇을 세어 보았다.

"하나… 둘… 셋…"

하지만 아무리 세어도 그릇은 하나가 모자란 아홉 개뿐이었다. 오키쿠는 어찌할 바를 모르고 그 자리에 털썩 주저앉고 말았다.

'영주님께서 이 사실을 알게 되면…'

그때 영주가 방에 들어왔다. 그는 주저앉은 오키쿠를 보고 물었다.

"무슨 일이냐?"

그러고는 이내 심상치 않은 일이 일어났음을 깨닫고 그릇을 세어 보았다.

"하나… 둘… 셋…"

곧 그릇 하나가 사라진 것을 알게 된 영주는 크게 노하여 오키쿠를 붙잡고 거칠게 다그치기 시작했다.

"이 요망한 것이 은혜를 원수로 갚다니. 말해라, 그릇을 어디에 숨겼느냐?"

영주는 그녀를 방에서 끌어내 포박한 뒤 사람을 불러 모질게 고문하였다.

"어서 바른대로 말하지 못할까?"

하지만 오키쿠는 끝까지 자신의 억울함을 토로하였다.

"전 모르는 일입니다…"

하지만 영주는 이 말을 믿지 않았고, 치밀어 오르는 화를 주체하지 못하였다.

"이제 그릇이 아홉 개가 되어 열 개를 셀 일이 없어졌으니, 네 손가락 하나도 더 이상 필요가 없겠구나!"

그러고는 칼을 빼 그녀의 손가락 하나를 잘라 버렸다. 그리고 주변에 명했다.

"이 요망한 것을 방에 가두고 바른대로 말할 때까지 절대로 문을 열어 주지 말거라."

그러고는 쓰러진 오키쿠를 보며 차갑게 말했다.

"하루가 지날 때마다 너의 남은 손가락을 하나씩 자를 것이다. 그렇게 며칠을 보내다 보면, 그릇을 어디에 숨겼는지 저절로 기억이 날 것이다."

방에 갇힌 오키쿠는 억울함과 영주에 대한 원망으로 밤새 눈물을 흘렸다.

밤이 깊어지자 문밖에서 인기척이 들리더니 누군가가 방 안으로 들어왔다. 그는 데츠잔이었다. 그는 오키쿠의 몸을 감싸며 말했다.

"나는 당신이 그릇을 훔치지 않은 것을 알고 있소. 영주님께서는 나를 신뢰하시니, 내가 잘 말씀드리기만 한다면 이 어려움에서 벗어날 수 있을 것이오."

그러고는 이어 말했다.

"어떻소? 이전의 내 제안은 생각해 보았소?"

하지만 오키쿠는 아무런 대답도 하지 않고 계속해서 흐느낄 뿐이었다. 데츠잔은 그녀의 손을 잡아끌며 말했다.

"나와 함께 나갑시다."

그러자 그녀는 데츠잔의 팔을 거칠게 뿌리치고 그에게서 떨어지며 소리쳤다.

"난 이미 죽은 것이나 마찬가지입니다!"

데츠잔은 더는 참지 못하고 칼을 뽑아 들었다.

"네가 나를 끝까지 짓밟으려 드는구나."

그러고는 오키쿠에게 다가갔다. 그러자 오키쿠는 데츠잔이 들어온 문으로 온 힘을 다해 도망쳤다. 하지만 날랜 데츠잔을 따돌릴 수는 없었다. 금세 그의 손에 잡히려는 찰나 오키쿠는 몸을 틀어 근처 우물에 몸을 던졌다.

우물 아래에서는 그녀의 몸이 부서지는 끔찍한 소리가 들렸다. 데츠잔은 그제야 정신을 차렸다. 그는 우물 속을 들여다보았으나 그녀의 몸은 다시 떠오르지 않았다. 데츠잔은 칼을 떨어트리고 한참이나 허망하게 우물 안을 들여다보았다.

오키쿠가 자살했다는 소식을 들은 영주는 온 성을 수색해 그릇을 찾으려 했지만 끝내 발견하지 못했다. 그릇이 자신의 목숨을 지켜 준다고 믿었던 영주는 한동안 몹시 불안해하였으나, 그의 걱정과는 다르게 그의 목숨을 노리는 자는 없었다. 시간이 흐르며 그릇과 오키쿠의 죽음은 서서히 잊혀 갔다.

그러던 어느 날 괴이한 일이 일어났다. 얼마 후 영주가 아이를 얻게 되었는데 손가락이 잘린 채 태어난 것이었다.

"…!"

그날부터 밤마다 오키쿠가 빠진 우물에서 기이한 목소리가 들려오기 시작했다.

"하나… 둘… 셋…"

무언가를 세는 듯한 귀신의 목소리는 저택에 있는 모든 사람의 귓가에 속삭이듯 들렸다. 사람들은 매일 두려움에 몸을 떨었다.

"넷… 다섯… 여섯…"

영주는 이것이 오키쿠의 저주라는 것을 직감하고, 그녀의 보복이 두려워 단 하루도 잠을 이루지 못했다.

"일곱… 여덟… 아홉… 하나가 모자라네?"

귀신은 수를 세다 항상 아홉에 멈췄는데, 저택의 사람들은 귀신이 열까지 세는 것을 듣게 되면 죽을 것이라 믿었다. 그래서 밤마다 귀신의 목소리가 들려오면 모두 공포에 떨며 두 귀를 굳게 막았다. 그 소름 끼치는 목소리는 날이 갈수록 커져만 갔고 나중에는 피투성이가 된 오키쿠의 모습이 저택 이곳저곳에 나타나기도 했다.

특히 그녀를 죽음에 이르게 한 데츠잔은 어디를 가든 그녀의 목소리가 들려왔고, 그 모습이 눈앞에 나타나기도 하니 잠을 이룰 수도 다른 생각을 할 수도 없었다.

"내가 잘못했다! 제발 그만해 다오…!"

데츠잔은 매번 허공에 빌어 보았으나 모두 소용없는 짓이었다. 그는 끝내 고통과 두려움을 이기지 못하고 얼마 지나지 않아 스스로 목숨을 끊었다.

이런 끔찍한 소문은 금세 마을에 퍼졌고 부락의 백성들도 귀신을 두려워하게 되었다. 민심이 흉흉해지니 소식은 막부에까지 알려지게 되었다. 그들은 영주에게 책임을 물어 영지와 땅을 몰수하고 그에게 할복을 명했다.

오키쿠에게 원한을 산 이들은 모두 끔찍한 최후를 맞이하였지만, 저택 안의 오키쿠 목소리는 여전히 사라지지 않았다.

"하나… 둘… 셋…"

오래도록 귀신이 기승을 부리자 막부는 용한 고승을 초대하여 그녀의 넋을 달래주도록 하였다. 얼마 후 저택에 도착한 고승은 저택의 사람들에게 우물에 얽힌 사연을 물었다. 그들은 고승에게 모든 이야기를 해 주며 같은 충고를 하였다.

"이곳에는 밤마다 그릇을 세는 여자 목소리가 들리는데, 귀신이 열까지 세는 것을 들은 사람은 모두 죽게 됩니다. 고승께서도 조심하시지요."

하지만 고승은 그럴 때마다 길게 읍하여 사례할 뿐 전혀 두려워하는 기색이 없었다. 그녀의 사연을 들은 고승은 밤이 깊어지기를 기다렸다가 제를 올리고는 우물 뚜껑을 열어 그 안을 내려다보았다. 그러자 그녀의 목소리가 들려왔다.

"하나… 둘… 셋…"

주변에서는 그를 말리며 끌어내려 하였으나 고승은 완고하게 자리를 지켰다. 그러자 나머지 사람들은 그를 두고 모두 도망가 버렸다.

"넷… 다섯… 여섯… 일곱… 여덟… 아홉…"

그때, 노승이 우물 속으로 외쳤다.

"열!"

"…"

그러자, 우물 아래서 소리가 들려왔다.

"다 세었다…"

그 후로는 더 이상 오키쿠의 목소리가 들려오지 않았다고 한다. 다만 오랜 시간이 흐른 뒤 이상한 벌레들이 성의 우물에 생겨났는데, 그 벌레의 모습이 마치 사람이 줄에 묶여 매달린 것과 비슷했다고 한다. 사람들은 그 벌레를 오키쿠의 환생이라 여겨 '오키쿠 벌레'라 불렀다고 한다. 이는 사향제비나비의 유충이라 한다.

아내의
소원

• 네 번 결혼한 사무라이의 비밀 •

17세기 초 일본 에도시대 분고 지방에 아내를 매우 아끼는 무사가 있었다. 무뚝뚝함과 냉정함이 남자다움이라 여겨졌던 시절이었지만, 무사는 아내에 대한 사랑을 감추지 않았다. 그 정이 어찌나 지극한지 무사 부부는 원래 부모가 맺어준 사이였음에도 이를 알아차리는 사람이 거의 없을 정도였다.

하지만 하늘이 그런 부부의 정을 질투했을까, 무사 부부의 행복은 오래가지 못했다. 아내가 갑자기 원인을 알 수 없는 병에 걸려 몸져눕게 된 것이었다. 평소에도 병치레가 잦았던 아내였기에 무사는 처음에는 대수롭지 않게 여겼으나, 날이 가고 달이 가도 병이 나아질 기미가 보이지 않으니 그제야 심각함을 깨달았다.

무사는 아내의 병을 고치고자 좋은 약도 써 보고 이름난 의원을 초청하는 등 백방으로 노력하였으나 모두 소용이 없었다. 아내의 병세는 악화하여만 갔고, 끝내 아침저녁을 다투는 지경에 이르렀다.

그러던 어느 날 아내가 문득 무사를 부르더니 꺼져가는 목소리로 말했다.

"부탁이 있습니다… 제가 죽거든 화장하지 말아 주세요."

"죽다니, 그게 무슨 소리요? 금세 털고 일어날 것이니 약한 소리 하지 마시오."

아내는 가만히 고개를 저었다.

"제 몸을 뒤뜰의 매화나무 아래 묻고, 그 위에 제가 좋아하는 꽃을 심어 주시겠어요?"

무사의 눈에는 눈물이 그렁그렁 맺혔다. 아내를 나무란 무사였지만, 그 또한 아내의 살날이 얼마 남지 않았다는 것을 알고 있었기 때문이었다. 무사는 말없이 눈물을 떨구며 고개를 끄덕였다. 그러자 그의 아내 또한 눈물을 글썽이며 덧붙였다.

"작은 종 하나를 같이 묻어 주세요. 훗날 저승에서 당신을 만나면 나를 알아볼 수 있게 종을 흔들겠어요."

"내 그리하리다…"

"그리고…"

"말만 하시오. 내 무엇이든 들어주겠소."

"다른 여인이 제 자리를 차지하는 것은 싫습니다. 제가 죽은 후에 다른 여인을 아내로 맞이하지 말아 주세요."

무사는 숨을 깊게 들이마시고는 답했다.

"걱정하지 마시오."

"결단코 그럴 일은 없을 것이오. 내 반드시 약속을 지키겠소."

무사가 그리 맹세하니 아내는 안심한 듯 미소를 짓더니 가만히 눈을 감았다. 그리고 더는 말이 없었다.

무사는 아내의 마지막 소원을 들어주었다. 승려들이 쓰는 작은 종과 함께 그녀를 뒤뜰 매화나무 아래 묻어 주고, 그 위에 생전 아내가 좋아하던 꽃을 심어 주는 것도 잊지 않았다.

"편히 쉬시오. 나중에 만납시다…"

장례가 끝나고 아내는 완전히 떠나갔지만, 무사는 좀처럼 슬픔 마음에서 벗어나지 못했다. 그날로 바깥출입을 끊고 힘없이 마루에 걸터앉아 아내의 무덤가를 멍하니 바라보기만 할 뿐이었다. 이전의 생기 넘치던 얼굴은 점차 사라지고 어둡게 드리운 그늘만이 그의 얼굴을 채웠다.

몇 달이나 넋이 나간 채로 살아가니 주변에서는 슬슬 그를 걱정하기 시작했다. 그리고 그 걱정은 재혼 권유로 이어졌다. 혼자인 신세를 벗어나면 그가 마음을 추스를 수 있지 않을까 하는 기대였다.

"어찌하려 그러는가? 산 사람은 살아야지 않겠나?"

하지만 무사는 이를 단칼에 거절했다.

"재혼하는 일은 없을 것이오. 내 아내와 약속했소."

하지만 이후로도 혼인 권유는 끊이질 않았다. 집안사람들은 그가 폐인이 되어 가는 것도 안타깝게 여겼지만, 아내가 일찍 세상을 떠나 그에게 자식이 없는 것을 더욱 걱정하였다. 한번은 무사의 어머니가 그를 불러 타일렀다.

"네 마음은 알겠지만, 집안의 대는 이어야 할 것 아니냐."

노모까지 나서 매일같이 그를 설득하니 무사의 굳은 마음도 점점 흔들리기 시작했다. 그러다 결국 3년 만에 이를 받아들이게 되었다.

무사는 좋은 집안의 여인과 혼인을 올리게 되었다. 새 아내는 정이 많은 사람이라 정성으로 그의 병든 마음을 보듬어 주었다. 그렇게 죽은 아내의 빈자리가 채워져 가니 무사는 점차 마음을 추스르며 원래의 모습을 되찾기 시작했다.

다시 잘 살아가나 싶던 어느 날 무사가 집에 돌아와 아내를 찾으니 그녀가 문득 떨리는 목소리로 말했다.

"이혼하고 싶습니다."

무사는 어안이 벙벙하여 선뜻 입을 떼지 못하다 되물었다.

"그게 갑자기 무슨 말이오?"

하지만 새 아내는 침묵으로 일관할 뿐 이유를 말해 주지 않았다.

"연유도 모른 채 이혼할 수 없소. 왜 그리하는지 얘기해 줘야 알 것 아니오?"

"이혼해 주시지 않는다면 당장 절에 들어가 비구니가 되겠습니다."

대답은커녕 협박으로 응하니 무사는 긴 침묵과 허탈한 한숨 끝에 조용히 물었다.

"진정으로 이혼을 원하는 것이오?"

"그렇습니다."

한참을 설득해 보아도 아내의 뜻은 흔들림이 없었다. 무사는 하는 수 없이 아내의 뜻에 따라 주기로 했다.

하루아침에 또다시 홀아비가 된 무사는 그 헛헛한 마음을 주체하기 힘들었다. 가슴 한가운데가 뻥 뚫린 것 같은 허무함에 그는 얼마 견디지 못하고 또다시 새로운 여인을 만나 세 번째 혼례를 올렸다. 첫 번째 아내가 했던 부탁은, 그의 마음속에서 까마득히 지워져 버린 후였다.

이번에도 그의 혼인 생활은 모든 것이 평온하고 완벽하게 느껴졌다. 하지만 그런 안정된 생활은 또다시 불쑥 다가온 불행으로 산산이 부서졌다. 세 번째 부인 또한 까닭 없이 이혼을 요구해 온 것이었다.

"이혼을 원합니다."

무사는 당혹스러움을 감출 수 없었다. 세 번째 아내 또한 그 이유를 감추니 무사는 이번에는 기필코 그 이유를 들어야겠다 싶었다.

"연유가 무엇인지 말해 주지 않는다면 이혼이란 절대 없을 것이오."

그러고는 아내를 방에 가두었다. 하지만 며칠 뒤 그가 자리를 비운 사이 장인이 몰래 딸을 데리고 사라져 버렸다. 무사는 어쩔 수 없이 또다시 혼자 남겨지게 되었다.

"어찌 이럴 수 있단 말인가… 어찌…!"

그는 자신에게 연달아 벌어지는 재앙을 도무지 이해할 수 없었다. 이제는 오기로라도 새로이 아내를 맞아 잘살아 보겠노라 혼자 다짐했다. 하지만 이번에는 이전과는 상황이 달랐다. 그 누구도 두 번이나 이혼을 한 무사와는 선뜻 혼례를 올리고 싶어 하지 않는 것이었다. 무사는 한참이나 여인을 찾다가 몰락한 집안의 여식을 골라 혼례를 올렸다.

그녀의 집안은 부와 명예를 가진 무사의 집안과 사돈을 맺는 것을 굉장히 행복해 하는 눈치였다. 무사는 안심했다.

"이번엔 문제없겠지…"

네 번째 부인은 이전 부인들과는 달리 다감하지도, 무사의 상처에 관심도 없는, 무심한 여인이었다. 그녀의 유일한 관심사는 무사 집안의 재산인 듯하였고, 친정으로 재산을 나누어 주는데 혈안이 되어 있을 뿐이었다. 무사는 오히려 다행으로 여겼다. 이전과 달리 쉽게 자신을 떠나지 않을 것이라는 생각에서였다.

하지만 무슨 조화일까, 네 번째 부인 역시 그에게 이혼을 요구하고 나섰다.

"이혼하고 싶습니다."

그녀 또한 그 이유를 알려 주지 않았다. 무언가 숨기는 듯한 표정으로 이혼장을 써 달라 연거푸 소리칠 뿐이었다.

'더 이상 이럴 수는 없다…!'

화가 머리끝까지 치민 무사는 끝내 이성의 끈을 놓고야 말았다. 그는 허리춤에서 칼을 뽑아 아내의 목에 겨누었다.

"말하시오. 답을 주지 않으면 목이 달아날 것이오."

아내의 얼굴에는 금세 두려움이 번졌다.

"내가 정녕 그대의 목을 베지 못할 거 같소?"

무사는 칼을 머리 위로 치켜들었다. 그러자 아내가 놀라 크게 소리쳤다.

"마, 말씀드리겠습니다. 조, 조, 종소리가 들렸던 일이 있습니다."

"…종소리라니?"

무사가 외출하고 난 어느 날 그의 새 아내는 홀로 방 안에 머무르고 있었다. 그런데 어디선가 종소리가 들려오기 시작했다. 그녀는 집 밖에 승려가 지나가나보다 싶어 대수롭지 않게 여겼다.

하지만 종소리는 한참이 지나도록 사라지지 않았다. 무사의 아내가 기이하게 여겨 귀를 기울여 보니 종소리는 어느샌가 집안에서 울리고 있었다. 그뿐만이 아니었다. 소리는 점점 가까워지는가 싶더니, 이내 그녀가 있는 방문 앞에서 들려오기 시작했다. 그녀는 무언가 모를 섬뜩함을 느끼며 문 쪽에 대고 소리쳤다.

"누구시오!"

그러자 종소리가 멈추더니 돌연 방문이 열렸다. 무사의 아내는 그대로 몸이 얼어 버렸다. 문 앞에 선 종소리의 주인은 온몸이 새카맣게 썩어 들어간 여인이었다. 정체불명의 여인은 무사의 아내에게로 천천히 다가왔다. 그녀가 발걸음을 뗄 때마다 흉측한 구더기들이 바닥에 떨어졌다. 아내는 두려움에 눈앞이 캄캄하여 혼절할 지경에 이르렀다. 여인은 무사 아내의 지척에 이르러 걸음을 멈추더니 썩어 문드러진 입술을 떼어 말했다.

"당장 이 집을 떠나라. 그러지 않는다면 내 너를 가만두지 않을 것이다…! 이 사실을 알린다면 또한 무사하지 못할 것이다."

이야기를 들은 무사는 등줄기가 서늘해지는 듯했다. 그는 그 여인의 정체를 알 것 같았다.

'작은 종 하나를 같이 묻어 주세요.'

지금껏 그의 아내들을 내쫓아 온 것은 다름 아닌 몇 년 전 세상을 떠난 첫 번째 부인의 원혼이었던 것이었다. 무사는 자기도 모르게 들고 있던 칼을 떨어트렸다. 그의 마음속엔 미묘한 감정이 감돌았다. 몸서리칠 정도로 두려운 마음과 함께 미안한 마음이 들었다. 이야기를 마친 새 아내는 자리에 주저앉아 서럽게 흐느끼기 시작했다.

"이 사실을 알렸으니 저는 이제 귀신의 손에 죽게 될 거예요. 이를 어찌한단 말입니까!"

두려움에 떨며 우는 아내의 모습을 보니, 무사는 또다시 머릿속에 그간의 일이 스쳐 지나갔다. 그리고 이내 옛 아내를 향한 두려움과 미안한 마음은 참을 수 없는 원망으로 바뀌었다.

'어찌 내게 이렇게까지 할 수 있단 말인가? 끝내 내가 함께 죽기라도 바라는 것인가?'

비록 마지막에 약속을 어기긴 했으나 몇 년간 충분히 노력했던 그였다. 또한 그녀의 다른 부탁을 들어주지 않은 것도 아니었다. 무사는 새 아내를 감싸 일으키며 결연히 말했다.

"내 반드시 당신을 지키겠소. 약속하리다. 곁을 떠나지 마시오."

다음 날 무사는 용하다는 승려 하나를 불러 귀신 쫓는 방도를 물었다. 승려는 사연을 알지 못함에도 말없이 뒤뜰의 무덤가로 가더니 한참이나 이를 살펴보았다. 그리고 집안 곳곳을 돌며 이곳저곳에 부적을 붙이더니 말했다.

"이제 한동안은 귀신이 나타나지 않을 것입니다. 하지만 종국엔 저 무덤을 그냥 두어서는 안 될 것입니다. 귀신의 몸이 집에 있는 한, 원혼은 계속해서 나타날 것입니다."

"그럼 어찌하면 되겠소?"

"저 무덤을 파내어 불태우셔야 합니다. 원귀는 저 무덤 속 시체에 의지하고 있습니다. 그것을 불태우면 앞으로 다신 모습을 드러내지 못할 것입니다. 눈이 먼 채 환생조차 하지 못하고 영원히 이승을 떠돌게 되겠지요."

무사는 이상한 기분이 들었다. 분명 죽은 아내를 마음 깊이 원망하고 있었지만, 영원히 이승을 떠돌게 된다니 너무한 처사 같았다.

"다른 방법은 없겠소…?"

그러자 승려는 그제야 사정을 짐작했는지 잠시 뜸을 들이다 조용히 입을 열었다.

"다른 방법이 있긴 하나…"

"무엇인데 그러시오? 아직 마음을 정한 것은 아니니 말이나 해 보시오."

승려가 어두운 낯빛으로 답했다.

"예로부터 묫자리를 대나무 숲에 보면, 망자의 억울한 넋이 억울함과 원통함을 숲에 토로한다고 하였습니다. 그때 나리께서 귀신을 잘 타이른다면, 모습을 드러내지 않을 수도 있겠지요. 하지만… 만약 그런데도 귀신이 원한을 풀지 않는다면, 도리어 놈을 막을 길이 영원히 사라질지도 모릅니다."

무사는 생각에 잠겼다. 아무리 몇 년간 자신을 괴롭혀 온 아내였으나 한 때는 자신이 누구보다 사랑하던 여인이었다. 생각해 보면 그녀의 악행이라곤 무사 자신의 결혼을 방해한 것뿐 사람의 목숨을 거둔 것도 아니었다. 무사는 긴 고민 끝에 결정을 내렸다.

"두 번째 방법이 좋겠소."

무사는 그날로 사람들을 데려다 아내의 관을 파내게 하였다. 그런데 무덤 아래 매화나무가 깊숙이 뿌리 내린 탓에 곡이 땅에 쉽사리 들어가지 않았다. 나무 뿌리를 자르고 헤집고 나서야 흙을 파낼 수 있었다. 잠시 후 아내의 관이 흙 사이로 그 모습을 드러냈다.

그런데 무언가 이상한 데가 있었다. 관뚜껑에 박힌 못들이 하나같이 모두 풀려 있는 것이었다. 그때 별안간 비명이 들려왔다. 뒤를 돌아보니 승려가 미친 듯이 기침하며 비틀대고 있었다. 그는 돌연 피를 한 말이나 토하더니 그대로 고꾸라져 버렸다. 맥을 짚어 보니 그는 이미 이 세상 사람이 아니었다.

'이… 이 요망한…!'

순식간에 사람이 죽어 나가니, 두려운 마음과 함께 다시 화가 치밀어 오른 무사는 주변에 크게 소리쳐 명했다.

"못을 단단히 박고 관에 불을 질러 버려라!"

부하들은 명에 따라 관에 못질하기 시작했다. 그런데 그때 무사의 눈에 들어오는 것이 있었다. 잘린 매화나무와 엉망으로 헤쳐진 꽃들이었다. 아내가 숨을 거두었을 때 그 마지막 부탁을 들어주어 무사가 손

수 심어둔 것들이었다. 옛 생각에 마음이 약해진 무사는 끝내 명을 거두었다. 그리고 승려의 시신을 수습한 뒤 예정대로 관을 집 밖으로 옮겼다.

아내의 관은 고을 개울가에 위치한 작은 대나무 숲으로 옮겨졌다. 무사는 강을 바라보는 숲 가장자리에 자리를 잡고 관을 묻게 하였다. 관이 흙 속으로 사라지고 묘가 완성되니 무사는 사람들을 물렸다. 그리고 아내의 새 무덤에 대고 말했다.

"당신의 서운한 마음은 이해하오… 하지만 몇 년 동안이나 내가 얼마나 고통스러웠는지 아시오? 산 사람은 살아야 하지 않겠소… 이제 그만 쉬시구려. 그날 당신이 말했던 대로 나중에 저승에서 만납시다. 그때는 내 당신과 쭉 함께 있겠소. 이번엔 반드시 약속을 지키리다."

무사가 말을 마치자 대나무 숲에 한차례 바람이 불어왔다. 대나무들이 이리저리 흔들리며 소리를 내는 것이 마치 죽은 아내가 그의 말에 응답이라도 하는 듯했다.

아내가 무사의 부탁을 들어준 것일까, 이후 귀신은 나타나지 않았다. 하지만 무사는 한동안 집을 비우지 못했다. 귀신이 다시 나타날까 하는 염려도 남았거니와, 그의 새 아내가 여전히 혼자 남는 것을 몹시 불안해했기 때문이었다. 하지만 몇 달이 가도 귀신이 모습을 드러내지 않으니, 그의 아내 또한 점차 마음을 추슬러갔다. 그녀는 더 이상 이혼하자는 말을 꺼내지 않았다. 생활이 다시 안정되니 무사는 비로소 암흑에서 벗어난 듯했다.

그러던 어느 날 번의 영주가 급히 무사를 호출했다. 영주의 성은 무사의 집과 꽤 거리가 되는지라 그곳에 가게 된다면 어쩔 수 없이 하룻밤 집을 비울 수밖에 없는 상황이었다. 무사의 아내는 몹시 근심하였다.

"당신이 자리를 비운 사이 귀신이 다시 나타나기라도 하면 어쩐단 말입니까?"

무사 또한 완전히 귀신에 대한 염려를 놓을 순 없어 영 내키지 않았지만, 영주의 명을 거역할 수도 없는 노릇이었다. 이리저리 방도를 궁리하다 용맹하기로 이름난 다른 무사 둘을 불러 아내에게 보였다.

"이들은 번에서 힘과 담력이 제일가는 이들로, 귀신조차 두려워하지 않는 무사들이오. 내가 없는 사이 무슨 일이 있으면 곧바로 이들을 부르시오. 목숨을 걸고 당신을 지켜낼 것이오."

그러자 부하들도 무사의 아내를 안심시켰다.

"나리께서 돌아오실 때까지 저희가 잠들지 않고 마님을 지킬 것입니다. 마님 방 병풍 너머에서 바둑을 두고 있을 테니 무슨 일이 있다면 곧바로 불러 주십시오."

그러자 아내도 비로소 마음을 놓는 모양이었다. 무사도 조금이나마 안심하며 꺼림칙한 마음을 뒤로한 채 집을 나섰다.

그리고 무사가 집을 떠나자 기다렸다는 듯 종소리가 울리기 시작했다. 무사의 아내는 겁에 질려 병풍 너머로 급히 소리쳤다.

"종소리가 들리십니까! 귀신이 돌아왔습니다."

그런데 즉각 행동에 나서야 할 무사들은 대답이 없었다. 아내가 불길해 하며 덜덜 떨리는 손으로 병풍을 젖혀 보니, 그곳에 있는 두 사람은 바둑판을 앞에 둔 채 돌처럼 몸이 굳어 있었다. 무사의 아내는 온몸을 떨며 어찌할 바를 몰라 하였다. 하지만 다가오는 종소리는 그녀를 기다려 주지 않았다. 소리는 빠르게 가까워지더니 이내 방문이 벌컥 열렸다.

"아직도 집을 떠나지 않았구나. 이제 대가를 치러야 할 것이다."

며칠 뒤 일을 마치고 돌아온 무사는 집 앞에 이르러 알 수 없는 한기를 느꼈다. 불길해 하며 문을 열어 보니 집 안에서는 사람의 기척이 느껴지질 않았다. 곧장 안방에 달려가 문을 열어 보니 아내는 그곳에 없었다. 무사는 눈앞이 캄캄해지는 듯했다.

"부인…! 부인! 어디 있소?"

그런데 그때 어디선가 이상한 소리가 들려왔다. 소리는 병풍 뒤에서 흘러나오고 있었다. 조심스레 병풍을 젖혀 보니 부하 두 사람이 바둑판을 앞에 두고 몸이 돌처럼 굳어 있었다. 하지만 의식은 살아 있는 듯 무사를 본 그중 하나가 힘겹게 입술을 뻐끔거렸다.

"모, 몸이 굳어 버려 아무것도 하지 못했습니다."

그러고는 눈동자를 무사의 뒤쪽으로 움직였다. 그가 가리키는 곳엔 옆방으로 통하는 장지문이 있었다. 무사가 조심스레 문을 밀어 보니 문 사이로 피비린내가 코를 찔러 왔다. 무사는 떨리는 손으로 그다음 장지문을 열어 보았다. 그곳에는 그의 새 아내가 피에 젖은 다다미 위에 힘없이 쓰러져 있었다.

"부, 부인!"

무사는 급히 달려가 아내의 몸을 일으켰다. 하지만 이내 자기도 모르게 부인의 몸을 바닥에 떨어트려 버렸다. 축 늘어진 아내의 어깨 위의 머리가 사라지고 없었다. 무사는 눈앞이 아찔하여 멍하니 아내의 시체를 바라보았다. 그때 뒤에서 부하의 힘겨운 숨소리가 들려왔다. 부하는 무사에게 무언가를 말하고자 하는 듯 눈동자와 고개를 필사적으로 마당 쪽을 향해 돌렸다. 이에 무사가 그곳을 보니 밖으로 향하는 핏자국이 바닥에 이어져 있었다.

무사는 핏자국을 따라 집을 나섰다. 주변을 주시하며 걸어가니 핏자국은 아내의 무덤을 옮겨둔 대나무 숲으로 이어져 있었다. 무사는 조용히 칼을 빼 들고 숲 안으로 들어갔다. 그렇게 한 발 한 발 조심스레 내디디며 핏자국을 따라가니, 핏자국은 아내의 무덤가에서 끊겨 있었다.

한참 만에 무덤을 마주한 무사는 몹시 놀랐다. 그곳에 사람이 들어갈 만한 큰 구덩이가 파여 있었다.

'누, 누가 이런 짓을…!'

그때 숲에 바람이 불어오기 시작했다. 그리고 그 사이로 작은 종소리가 울려왔다. 종소리는 점점 커지다가 이내 귓가에서 울리는 듯 커지더니 돌연 멈추었다. 무사가 소리가 난 곳으로 가만히 고개를 돌려보니, 그곳엔 첫 번째 아내가 그를 바라보고 있었다. 무사는 온몸의 털이 곤두서는 듯했다. 흉측한 몰골을 한 그녀는 한 손에는 종을, 다른 손에는 새 아내의 머리를 들고 있었다. 귀신의 손에 들린 새 아내의 얼굴에는 죽을 때의 고통스러운 표정이 고스란히 남아 있었다.

"나와 약속하지 않았습니까."

첫 번째 아내는 무사 앞으로 서서히 다가왔다.

"다가오지 마라!"

무사는 공포에 질려 흐느끼며 칼을 높게 치켜들어 가까이 다가오는 아내의 목을 힘껏 내리쳤다. 그러자 단칼에 잘린 아내의 목에서는 정체를 알 수 없는 온갖 벌레들이 튀어나왔다. 숨을 쉬는 것조차 거북한 순간 목이 잘린 첫 번째 아내는 갑자기 종과 머리를 내팽개치더니 무사에게 달려들어 목을 조르기 시작했다.

"제, 제발, 왜 이러는 것이오!"

목을 잘라낼 듯 졸라대는 손에 무사는 그만 검을 떨어트려 버렸다. 그는 귀신의 손에서 벗어나려 안간힘을 썼지만, 도저히 그 힘을 이겨낼 수 없었다. 그렇게 그의 절규가 대나무 숲에 한동안 외롭게 울려 퍼진 뒤 발버둥치던 그의 손발은 이내 힘을 잃었다. 그러자 바닥에 떨어진 아내의 목이 쓰러진 무사 쪽으로 돌아갔다.

"이제야…"

귀신의 몸은 숨이 끊어진 무사의 시신을 안고 뻥 뚫린 무덤으로 들어갔다.

"이제야 당신이… 나와의 약속을 지킬 수 있게 되었습니다…"

대나무 숲에는 스산한 바람소리가 울려 퍼졌다.

도쿄를 불바다로 만든
저주받은 기모노

· 후리소데의 저주 ·

17세기 일본 에도에 혼묘지라는 사찰이 있었다. 당시 일본에서는 사람이 죽으면 주로 사찰에서 장례를 치르곤 하였는데, 혼묘지는 에도 안에서도 큰 곳이었기에 수많은 사람이 장례를 치르고자 찾던 곳이었다.

그러던 어느 추운 겨울날에 가면 장수 부부가 시신 한 구를 가지고서 혼묘지를 찾았다. 장례를 치르는 승려가 관을 받아 열어 보니 그 안에는 한 묘령의 여인이 고통스러운 표정으로 죽어 있었다.

"짝을 찾지 못하고 죽은 아이이니 죽은 뒤에라도 그 한을 풀 수 있도록 빌어 주십시오."

무언가 사연이 있어 보였으나 승려는 더는 묻지 않고 곧장 소녀의 장례를 치러 주었다. 장례가 끝나고 시신을 묻을 때가 오자 가면 장수 부부는 딸의 몸 위에 화려한 후리소데 한 벌을 덮어 주었다.

"딸아이가 생전에 아끼던 것입니다…"

후리소데란 당시 결혼하지 않은 여인들이 성인식이나 혼례를 올릴 때 입던 예복으로, 본래 화려한 것이지만 그중에서도 유독 눈에 띄었다. 짙은 보랏빛 천에 아름다운 무늬가 빈틈없이 수놓아져 있는 것이 전에 본 적 없이 화려한 것이었다.

숱한 장례를 치러온 승려였으나 그는 자기도 모르게 기분이 울적해졌다. 곧 관 속에 묻힐 그 화려한 옷이, 힘없이 쓰러져 있는 그 소녀처럼 보였기 때문이다. 승려는 성심성의껏 그녀를 위해 경을 외워 주었다.

'좋은 곳으로 가시오…'

한 해가 지나고 새해를 맞은 지 얼마 되지 않은 1월의 어느 날, 그날 처음 도착한 시신 또한 공교롭게도 젊은 여인이었다. 승려는 문득 1년 전 절에 왔던 가면 장수의 딸이 떠올랐다. 가만히 날짜를 헤아려 보니 그날은 마침 그녀의 시신이 온 지 딱 1년째가 되는 날이었다.

승려는 착잡한 마음으로 불경을 외우고 장례를 치러 주었다. 그러다 관을 덮을 때가 되어 그녀의 부모가 딸이 생전 아끼던 물건을 관 속에 넣어 주는데, 이를 본 승려는 깜짝 놀라 입을 다물지 못했다. 그것은 다름 아닌 1년 전 가면 장수 부부가 딸의 시신 위에 덮어 주었던 그 보랏빛 후리소데와 같은 것이었다.

본 적 없이 화려한 옷이었기에 승려는 그 모양을 기억하고 있었다.

땅에 묻힌 그 옷이 다시 절에 들어왔으니 놀랍지 않을 수 없는 일이었다. 하지만 승려는 '설마' 하며 자신의 착각이라 여겼다. 그 옷이 관에 들어가는 것을 똑똑히 본 데다 비슷한 옷감이야 얼마든지 있을 수 있기 때문이었다.

또다시 한 해가 지나자 승려는 이를 더는 그냥 넘길 수 없게 되었다. 다음 해 같은 날 그 후리소데가 또다시 죽은 여인의 몸에 덮인 채 사찰에 돌아온 것이었다.

"어떻게 이런 일이…!"

승려는 손발이 떨리고 눈앞이 아찔하여 감히 더는 장례를 진행하지 못하였다. 애써 우연이라 생각하려 해 봐도, 꺼림칙한 마음을 도무지 떨칠 수 없었다. 한참이나 어찌할 바를 모르고 머뭇대는데, 시체를 옮기는 일을 하는 일꾼 하나가 그에게 다가와 떨리는 목소리로 말했다.

"스, 스님, 드릴 말씀이 있습니다… 2년 전 가면 장수 부부가 온 날을 기억하십니까…? 사실 그때 시체 위에 덮인 옷을 보고 너무 귀해 보여서 제가 몰래 빼돌려 시장에 내다 팔았습니다. 그러다 작년에도 같은 옷이 왔길래 꺼림칙했지만, 우연이겠지 싶어 또다시 이를 내다 팔았었지요. 그런데… 이번에도 같은 날 이곳으로 돌아왔으니 이는 필시 예삿일이 아닌 것 같습니다."

이야기를 들은 승려는 몹시 불길하게 여겨 후리소데를 관 속에 넣지 않고, 그길로 가면 장수 부부의 집을 찾아갔다. 그리고 있었던 일을 이야기해 주니 그들은 표정이 점점 굳어갔다. 부부는 한참이나 침묵을 이어가다 조용히 입을 뗐다.

"그 옷은…"

가면 장수 부부의 딸 오키쿠는 바깥세상에 관심이 많은 소녀였다. 하지만 당시 부유한 집안이 으레 그랬듯, 가면 장수 부부는 혼인하지 않은 어린 딸의 바깥출입을 철저히 금했다. 1년에 단 두 번, 마을에 큰 축제가 있을 때만 밖으로 나가는 것을 허락했다.

오키쿠는 1년 내내 축제가 다가오기만을 손꼽아 기다리곤 하였다. 그러다 그녀가 열일곱 살이 되던 해 마을에 큰 축제가 열리자 오키쿠는 외출을 허락받아 설레는 마음으로 집을 나섰다.

오랜만에 하는 세상 구경에 한창일 때 그녀의 눈에 들어온 사람이 있었다. 그는 화려한 무늬의 보라색 예복을 입은 사내였는데, 그 얼굴이 마치 여인처럼 곱고 아름다운 것이 많은 사람 사이에서도 눈에 띄는 미남이었다.

그의 아름다운 자태에 오키쿠는 홀린 듯 그의 얼굴을 빤히 바라보다 그와 눈이 마주치게 되었다. 그러자 사내는 그녀에게 옅은 눈웃음을 지어 보였고, 오키쿠는 심장이 덜컥 내려앉는 듯했다. 그녀는 두근대는 마음으로 그에게로 발걸음을 옮기려 했으나 거리에 가득한 인파 때문에 좀처럼 다가갈 수 없었다. 그러다 잠시 후 사내는 시야에서 사라지고 말았다.

집에 돌아온 오키쿠는 가슴이 먹먹하여 아무 일도 손에 잡히지 않았다. 한 번밖에 보지 않은 그였으나 오키쿠의 머릿속엔 온통 그 사람뿐이었다. 다음에 나갈 수 있는 날을 헤아려 보니 반년 후에 열리는 벚꽃 축제가 있었다.

'그때 저잣거리에 나가면 다시 그를 볼 수 있을 거야…'

그녀는 기억을 더듬어 사내가 입었던 보라색 무늬의 옷과 똑같은 옷 감으로 후리소데를 만들어 준비해 두었다. 그것을 입고 나간다면 인파 속에서도 사내가 자신을 알아볼 수 있을 거란 생각에서였다.

마침내 꽃놀이 날이 다가오자 오키쿠는 기대에 부푼 마음으로 준비 해 둔 후리소데를 입고 저자로 나섰다.

그런데 아무리 둘러보아도 사내의 모습은 보이지 않았다. 그렇게 종 일을 돌아다녔음에도 그가 보이지 않자 오키쿠는 크게 낙심한 채 집으 로 돌아갈 수밖에 없었다.

허탕을 치고 돌아온 그녀는 그리움에 사무쳐 종일 자신의 후리소데 를 만지작대며 눈물로 하루를 보내곤 했다. 딸이 상사병에 걸려 하루 가 다르게 수척해지니 그녀의 부모는 온갖 방법을 동원해 사내를 찾기 시작했다. 그리고 얼마 가지 않아 사내의 행방을 알게 되었다.

하지만 그들은 딸에게 차마 그에 대해 말해 줄 수 없었다. 두 사람은 이뤄질 수 없는 사이였기 때문이었다. 사내는 남자 귀족들의 잠자리 수발을 드는 와카슈도였다.

오키쿠도 이 사실 곧 알게 되었고, 식음을 전폐하고 이뤄질 수 없는 사랑에 가슴 아파하다. 결국 1년이 되지 않아 그만 숨을 거두고 말았 다. 가면 장수 부부는 이를 몹시 슬퍼하며 그녀가 생전 그리 애틋하게 여기던 보라색 후리소데를 죽은 딸의 몸 위에 덮어 주었다.

'부디 다음 생엔 그와 만나 해로 하거라…'

이야기를 들은 승려는 더는 두고 볼 수 없다 싶어 곧장 혼묘지로 돌아와 그녀의 후리소데를 두고서는 제를 올렸다.

'당신의 한은 잘 알겠으나, 억울하게 죽은 처녀들은 무슨 죄겠소? 생전의 한은 그만 잊고 이제 편히 잠드시오…'

그러자 주변에 한차례 선선한 바람이 불어왔다. 마치 오키쿠의 혼이 응답하는 듯했다. 승려는 안심하여 제의 마지막 순서로 오키쿠의 후리소데에 불을 붙였다.

'극락왕생하시오…'

오키쿠의 화려한 후리소데가 타들어 가는 것을 보고 승려가 안심하여 돌아가려는데, 문득 숲에서 불어오는 바람이 거세지기 시작했다. 무언가 이상함을 느끼고 뒤를 돌아보니 후리소데는 불이 붙은 지 한참인데도 재가 되기는커녕 오히려 기이한 보랏빛 색을 내며 활활 타오르고 있었다.

"…!"

그리고 그 연기 사이로 희미하게 보이는 것은 다름 아닌 오키쿠의 모습이었다. 그때 숲에 불던 바람이 돌연 돌풍으로 바뀌더니 후리소데에 붙은 불씨가 높이 튀어 오르기 시작했다. 그리고 얼마 지나지 않아 법당 뒤편에서 비명이 들려왔다.

"스, 스님! 법당이… 법당이…!"

승려가 놀라 급히 소리가 난 쪽으로 가 보니 법당의 지붕에는 후리소데에서 옮겨붙은 불길이 이미 하늘 높이 치솟고 있었다. 승려는 급히 사람을 모아 불길을 잠재우려 했으나 좀처럼 줄어들 기미가 보이지 않았다. 불길은 삽시간에 온 사찰을 삼켰고, 옮겨붙고 또 옮겨붙기를 반복하더니 마침내는 근처 민가까지 번지기에 이르렀다. 후리소데에서 시작된 불길은 금세 온 도시에 번져 이윽고 에도를 잿더미로 만들어 버렸다.

이 사건이 바로 1657년 일본에서 일어난 '메이레키 대화재'다. 화재는 사흘이나 계속되며 동경의 7할을 불태웠고, 무려 10만 명의 목숨을 앗아갔다. 당시의 사건을 기록한 몇몇 문서들에서는 이 화재의 원인을 '후리소데의 저주'라 기록하고 있다. 그래서 '메이레키 대화재'는 '후리소데 대화재'라고도 불리게 되었다.

이 화재로 에도성의 천수각을 비롯한 수많은 건물이 불타 버렸고, 일왕은 이를 큰 재앙으로 여겨 원호를 바꾸기도 하였다. 이 이야기는 메이레키 대화재의 원인과 관련해 당대에 전해지는 전설이다.

눈 먼 자를 위한
부락

일본 교토에 눈이 먼 승려 한 사람이 있었다. 어려서 겪은 불행한 일로 시력을 잃은 그는 비파를 배워 이를 연주하는 것을 생업으로 삼았는데, 눈이 멀게 된 대신 마음의 눈을 뜨게 된 것인지 그의 연주는 뭇사람들의 심금을 울리곤 했다.

그는 여러 유명한 사찰이나 귀족의 초청을 받곤 했는데 이곳저곳을 떠돌며 초청된 곳에서 연주하던 어느 날, 그의 연주를 감명 깊게 들은 귀족이 그에게 보자기에 싸인 무언가를 건넸다.

"제자를 대동하여 이동하신다지만, 항상 이곳저곳을 떠돌아다니시니 스님을 속이려는 도적들이 있을지도 모릅니다. 자신을 지키실 수 있어야 하지 않겠습니까?"

귀족이 건넨 보자기를 풀어 더듬어 보니 다름 아닌 단검이었다. 승려는 난처한 기색을 보이며 정중히 이를 거절했다.

"걱정해 주시는 것은 감사하지만, 어찌 불제자인 제가 검을 사용할 수 있겠습니까? 이 선물은 받을 수 없겠군요."

하지만 귀족은 이를 받아두라며 재차 그에게 권했다.

"이는 예로부터 전해지는 명검입니다. 전해지기로 영험한 기운이 깃들어 있다고 하니 갖고 계시는 것만으로도 스님을 지켜 줄지 모를 일 아니겠습니까? 다음에 또 스님의 신이한 음색을 듣고자 그러는 것이니 부디 받아주시지요."

그 같은 간곡한 청에 결국 승려는 심심한 감사를 표하고는 검을 받아 제자와 함께 다시 길을 떠났다.

이번에 그가 향한 곳은 교토에서 멀리 떨어진 어느 시골 귀족의 저택이었다. 그곳에 가기 위해서는 기나긴 숲길을 걸어야 했는데, 초행길인지라 제자가 그만 길을 잘못 들고야 말았다.

한참을 헤매다 보니 어느덧 해가 뉘엿뉘엿 저물었다. 두 사람은 급히 하룻밤 머물 곳을 찾았다. 그러던 중 제자가 무언가를 발견한 듯 기쁘게 말했다.

"스승님. 저기 건물이 있습니다. 저리로 가시지요."

승려는 안심하며 제자의 손을 잡고 그곳으로 향했다.

잠시 후 탁한 공기가 승려의 피부에 닿았다. 사람의 손이 닿은 지 오래된 곳인 듯했다.

"애야. 이 안에 무엇이 있느냐?"

승려가 묻자 제자가 암자 안팎을 둘러보고는 말했다.

"낡은 암자의 법당인데, 문은 삭아 떨어지고 없고 안쪽엔 칠이 벗겨진 불상뿐입니다. 바닥 돌이 깨져 있으니 아래를 조심하시지요."

허름하긴 하였으나 바람을 견딜 벽이라도 있으니 다행인 일이었다. 그러나 승려는 못내 꺼림칙한 마음을 지울 수 없었다. 그는 부적 한 장을 써 문 위에 붙이고선 자리를 펴고 고단한 몸을 뉘었다. 그런데 방 안에 피워 놓은 불이 거의 꺼져갈 때쯤 뚫려 있는 문밖으로 소리가 들려왔다.

저벅… 저벅…

누군가 다가오는 발걸음 소리였다. 아닌 밤중에 들려오는 뜻밖의 인기척에 승려는 자기도 모르게 놀라 벌떡 몸을 일으켰다.

"누군가 다가오고 있구나."

제자는 그제야 소리를 들었는지 얼른 몸을 일으켜 바깥을 살폈다.

"아이 업은 아낙이 이쪽으로 걸어오고 있습니다."

잠시 후 문가에서 여인의 간드러진 목소리가 들려왔다.

"사람이 살지 않는 암자에 불빛이 들어와 있기에 와 봤는데, 역시 길을 잃은 분들이 계시는군요. 이곳은 들짐승들이 자주 나타나는 곳입니다. 위험하니 저희집에 와 묵으시지요."

안 그래도 차가운 바닥이 불편하던 차에 아낙이 건넨 뜻밖의 호의에 제자는 반색하며 짐을 꾸리기 시작했다. 그러나 승려는 수상쩍은 마음을 지울 수 없었다. 아낙에게서 낯선 냄새가 풍겨왔기 때문이었다.

'이런 시골에 산다면 필시 농사를 지을 터, 저 여인에게선 흙냄새가 나질 않는구나.'

수상한 마음이 든 승려는 가만히 제자의 팔을 잡고 그를 앉히며 아낙에게 정중히 말했다.

"감사합니다만, 저희는 이런 거친 곳이 익숙합니다. 어찌 몸 편해지고자 신세를 질 수 있겠습니까?"

하지만 아낙은 그에게 재차 권했다.

"어찌 곤경에 처한 스님들을 보고도 못 본 체 할 수 있겠습니까? 제가 원해서 그러는 것이니 어서 밖으로 나오시지요."

'밖으로⋯?'

아낙이 법당에 들어오지 않았다는 것을 알아차린 승려는 더욱 의심이 피어올랐다. 계속해서 그녀의 제안을 거절하니 아낙이 한숨을 내쉬며 이내 포대기 푸는 소리가 들려왔다.

"정 그러시다면 이렇게 스님을 만난 것도 인연인데, 제 아이에게 좋은 말씀 한번 들려주시지요."

하지만 여전히 법당 안에 들어오는 아낙의 발소리는 들려오지 않았다. 이에 승려가 가만히 말했다.

"그야 어렵지 않으나 보시다시피 소승이 눈이 보이지 않아서⋯ 제가 있는 쪽으로 들어와 주시겠습니까?"

그러자 아낙은 못내 못마땅한 투로 그의 말을 받아쳤다.

"문도 없고, 스님들 뿐이시라지만 어찌 남자 둘이 있는 방 안에 아녀자 홀로 들어갈 수 있겠어요? 민망하니 스님께서 나와 주시지요."

하지만 승려는 여전히 자리에 꼿꼿이 앉아 그럴 수 없다며 완강히 그녀의 청을 거절하였다. 그러자 보다 못한 제자가 나섰다.

"그렇다면 아이만 들어오면 되는 것이 아닙니까? 아이를 이리 주시오."

그러고는 법당 밖으로 나가는 제자의 발걸음 소리가 들려왔다.

"안돼! 멈추어라!"

승려가 소리쳤으나 이미 제자는 밖에 나간 뒤였다. 그가 아이를 넘겨받자마자 여인의 기척은 일순간 사라져 버렸다.

"…스승님! 여, 여인이… 여인이 사라져 버렸습니다!"

불길한 의심이 확신으로 바뀌는 순간이었다. 승려는 침착하게 제자에게 말했다.

"강보를 법당 밖에 두고 들어오너라."

"어찌 이 어린아이만을 두고…"

제자는 망설이며 스승의 명을 따르지 못했다. 그러자 그때 살이 터져나가는 끔찍한 소리가 들려왔다.

"스, 스승님… 아이가… 요괴로 변해 버렸습니다! 어서 도망치십…으악!"

이어 살이 찢기는 소리와 함께 제자의 목소리는 끊어졌다. 그때 피가 튀며 승려가 붙여 놓은 부적의 글씨가 지워지고 말았다. 그러자 요괴는 비로소 법당 안에 들어올 수 있게 되었는지 괴성을 내며 성큼성큼 승려에게로 다가왔다.

그렇게 꼼짝없이 죽나 싶던 찰나, 승려가 등에 지니고 있던 칼에서 눈부신 빛이 뿜어져 나오더니 저절로 칼집에서 뽑혀 나갔다. 칼은 순식간에 요괴의 몸을 두 동강을 내어 버리고 다시 돌아와 승려의 손에 꼭 쥐어졌다.

그러자 밖에선 굉음과 함께 요괴들이 몰려오는 소리가 들려왔다. 승려는 급히 암자 밖으로 뛰쳐나갔다. 요괴들이 다가올 때마다 검이 저절로 휘둘러지며 요괴를 베어 버리자, 그는 무사히 그곳을 빠져나올 수 있었다.

그는 보검과 지팡이에 몸을 의지한 채 더듬거리며 산 밑으로 향했다. 부락을 찾아 제자의 시신을 수습해야겠다는 생각뿐이었다. 그러던 중 수풀 저편에서 사내의 목소리가 들렸다.

"스님! 저쪽에 무슨 일이 있습니까?"

마침내 사람과 마주친 승려는 소리를 따라가 그에게 사정을 말해 주었다. 그러자 사내는 깊은 한숨을 내쉬며 말했다.

"이 숲에선 종종 사람의 탈을 쓴 요괴들이 나타나 나그네들을 잡아먹곤 합니다. 그 암자는 그중에서도 그야말로 요괴들의 소굴이라 할 수 있는 곳이지요. 이곳은 위험하니 어서 저를 따라오십시오."

승려는 정신없이 사내를 따라갔다. 얼마쯤 지나자 장작 때는 냄새가 나더니 이내 많은 사람이 웅성거리는 소리가 들려왔다.

"스님 소매를 봐!"

"피가 흥건하지 않은가?"

마을 사람들이 수군대는 소리를 들으며 승려는 비로소 사람이 사는 고을에 왔음을 깨닫고 안도의 한숨을 내쉬었다. 사내는 고을의 촌장 집으로 그를 데려갔다. 촌장은 그에게 갈아입을 옷을 내어 주고는 융숭히 대접해 주었다. 승려는 감사의 마음을 전하고는 눈물을 흘리며 말했다.

"제 죽은 제자가 아직 암자에 있을 것입니다. 부탁하건대 내일 아침 그 아이의 시신을 수습할 수 있도록 도와주시겠습니까?"

촌장은 흔쾌히 그렇겠다며 그를 안심시켰다. 그리고 승려를 쉬게 한 뒤 잠시 후 돌아와 물었다.

"듣자 하니, 영검 덕에 살아남았다던데… 참으로 기이하군요. 세상에 그런 보배가 있다니… 괜찮으시다면 한번 구경을 해 봐도 되겠습니까?"

승려는 흔쾌히 그러겠다며 칼집을 더듬어 끈을 풀려 하였다. 그런데 문득 또다시 불길한 생각이 그의 머리를 스쳐 지나갔다.

'저녁엔 이 주변을 아무리 찾아보아도 사람이라곤 흔적조차 보이지 않았는데, 어찌 이리 깊은 숲속에 이 많은 사람이 사는 고을이 있단 말인가?'

또 생각해 보니 처음 본 아낙과 달리 냄새는 이상한 것이 없었으나 고을에 몰린 사람의 수에 비해 아이들의 목소리가 한 번도 들려온 적이 없었다. 승려는 도로 칼집을 놓고 말했다.

"생각해 보니 그건 어렵겠습니다."

그러자 촌장은 한동안 아무 말이 없더니 답했다.

"괜찮습니다. 까짓거 빼앗으면 그만이니!"

그때 주변에서 괴성과 함께 승려에게로 달려드는 소리가 들려왔다. 개중에는 암자에서 들었던 아낙의 목소리도 있었다. 그들은 모두 요괴였던 것이었다. 승려가 놀라 칼집을 꽉 잡자 칼은 다시 칼집 밖으로 튀어 나가 달려드는 요괴들을 마구잡이로 베기 시작했다. 이에 요괴들은 곧 싸울 의지를 잃고 괴성을 내며 집 밖으로 도망치려 했지만, 칼은 끝까지 쫓아가 놈들의 숨통을 끊어 놓았다.

요괴들의 끔찍한 비명이 멎자 피를 뒤집어쓴 승려는 나가는 문을 찾고자 정신없이 주변을 더듬었다. 하지만 그의 손에 집히는 것은 벽이나 문이 아닌 돌로 된 차가운 비석이었다. 그가 있던 곳은 다름 아닌 묘지였던 것이었다.

이 이야기는 교토에 전해지며, 승려가 갖고 있던 보검은 헤이안 시대 이름난 대장장이 산조 무네치카가 만든 검이라고 전해지고 있다.

식인 승려

· 푸른 두건 ·

일본 전국시대 가이안이라는 명망 높은 선사가 있었다. 일찍이 선종의 깨달음을 얻은 그는 전국을 떠돌며 수행하곤 하였는데, 항상 석장을 짚고 머리엔 푸른 두건을 매고 다녔다.

한번은 그가 수행하러 다니던 중 도미타라는 고을을 지나게 되었는데, 마침 해가 저물어 그곳에서 하룻밤을 묵고자 하였다. 들어갈 만한 집을 둘러보다 어느 커다란 저택 앞에 이르렀는데, 그가 청하기도 전에 그 집 하인이 선사를 보고는 가득 겁에 질린 목소리로 소리쳤다.

"악… 악귀다! 악귀가 나타났다!"

비명이 울려 퍼지자 고을 곳곳에서는 비명과 함께 문을 걸어 잠그는 소리가 들려왔다. 그리고 잠시 후 저택에서 낫과 몽둥이를 든 사내들이 선사에게로 몰려들더니 당장이라도 때려죽일 듯 그에게로 다가왔다. 선사가 놀라 외쳤다.

"악귀라니요, 당치 않습니다. 그저 하룻밤 묵어갈 곳을 청하려 했을 뿐입니다."

그러자 그중 촌장쯤으로 보이는 노인이 나와 그의 모습을 자세히 들여다보더니 이내 무기를 내려놓고 안도의 한숨을 내쉬었다.

"괜한 오해로 스님을 놀라게 해 드렸군요. 이 무례를 어찌할지…"

그는 사내들을 물리고는 공손히 선사에게 청했다.

"사죄의 의미로 하룻밤 공양을 드리도록 하겠습니다. 이리로 들어오시지요."

촌장은 요깃거리를 내와 선사를 대접하며 말했다.

"아까 사람들이 소란을 피운 데에는 사정이 있습니다. 얼마 전부터 고을에 괴이한 소문이 돌고 있는지라…"

"아까 들어보니 악귀라 하던데… 대체 무슨 일이 있는 겝니까?"

선사가 사정을 묻자 집주인은 깊은 한숨을 내쉬고는 이야기를 시작했다.

고을 뒷산엔 예로부터 이어져 오는 절이 하나 있었다. 그곳 지역을 다스리던 다이묘 집안의 위패를 모시던 사찰이었다. 과거에는 꽤 많은 승려가 머물던 곳이었지만, 몇 해 전 이웃 나라의 공격을 받아 영주가 패사하면서 함께 몰락의 길을 걷게 된 곳이었다. 이후 승려들은 하나둘 그곳을 떠나가기 시작했는데 유일하게 마지막까지 사찰을 떠나지 않은 이가 있으니 바로 그곳의 주지였다.

그는 높은 학식과 수행으로 지역에서 명성과 인망이 두터운 승려였다. 그는 사찰의 명성이 사라졌음에도 홀로 그곳에 남아 여전히 고을 사람들의 교화에 힘쓰곤 했고, 고을 사람들은 그런 그를 마음 깊이 존경하였다.

그래서 사람들은 자주 산에 올라 공양을 드렸고, 주지 또한 고을을 방문해 좋은 가르침을 베풀곤 하니 그는 고을 주민들과 아주 가깝게 지내고 있었다.

그런데 어느 날 한번은 그가 다른 절에 초빙되어 서너 달 정도 사찰을 떠난 적이 있었는데, 돌아올 때 보니 주지는 혼자가 아니었다. 그의 옆에는 고운 사내아이가 있었다.

"스님, 그 아이는 누구입니까?"

"돌아오는 길에 만난 아이입니다. 전란으로 부모를 잃고 걸식하고 있지 뭡니까? 가엾게도 오갈 곳이 없다고 하여 소승이 거두어 키우려 합니다."

아이는 행색이 남루했지만, 그 용모가 놀라울 정도로 아름다웠다. 이목구비가 오밀조밀하고 턱선이 가느다른 것이 마치 여자아이와 같은 외모였다. 고을 사람들은 이를 잘된 일로 여겼다. 마침 승려의 나이도 있으니 직접 곁에서 모실 동자승 하나쯤 두는 것도 좋겠다고 생각하던 차였기 때문이었다.

그런데 이후부터 승려가 이상해지기 시작했다. 적어도 이삼일에 한 번씩은 마을에 내려오던 이전과 달리 보름이 넘도록 모습을 내비치지 않는가 하면, 수행을 게을리하는지 사찰에 찾아갈 때면 항상 법당문이 굳게 닫혀 있고 경전 위에는 먼지가 뽀얗게 쌓여 있곤 했다.

그런 갑작스러운 변화에 고을 사람들은 그를 걱정하기 시작했다. 이에 더러는 그를 찾아가 무슨 일이 있는지를 묻곤 하였는데, 주지는 그때마다 무언가 숨기는 사람처럼 얼버무리곤 했다.

"스님, 요즘엔 왜 고을에 내려와 법회를 열지 않으십니까?"

"…사찰 여기저기가 낡아 고칠 데가 많아 짬이 나질 않았습니다. 소승은 일이 바빠 이만…"

고을 사람들은 얼마 가지 않아 주지가 그렇게 변해 버린 이유를 알게 되었다. 한번은 주민 한 사람이 나무를 하다 늦은 시각 우연히 사찰을 들르게 되었는데, 그곳에서 충격적인 광경을 목격했다. 주지가 소년과 동침을 하는 것이었다.

남색 자체는 당시 흔히 있던 일이라 딱히 이상할 일은 아니었으나 문제는 그가 금욕을 지켜야 할 승려라는 데 있었다. 그러한 소문은 온 고을에 파다하게 퍼졌고, 실망한 고을 사람들은 하나둘 사찰로의 발길을 끊기 시작했다.

이를 아는지 모르는지 승려 또한 고을로 내려오지 않아 한동안이나 왕래가 끊기게 되었는데, 어느 날 승려가 먼저 고을로 내려와 숨을 헐떡이며 촌장의 집을 찾았다.

"이보시오! 급하오… 의, 의원을 좀 불러 주시오!"

이야기를 들어보니 한 달 전부터 소년이 별것 아닌 병을 앓게 되었는데, 도무지 회복하지 못하다 그날 밤 갑작스레 쓰러져 사경을 헤매고 있다는 것이었다. 촌장은 급히 의원을 불러 사찰에 보내 주었다. 하지만 소년의 병은 이미 어찌 손 쓸 수 없는 지경에 이르러 있었다.

"흑흑… 너 대신 내가 아팠으면 좋겠구나…!"

승려는 신음하는 아이를 보며 자기가 마치 죽어 나가는 듯 고통스러워하였다. 그리고 밤새 온 힘을 다해 간호했지만, 소년은 끝내 그날을 넘기지 못하고 숨을 거두고 말았다.

소년이 숨을 거두자 승려는 가느다란 아이의 손을 꼭 붙잡고는 자신의 몸과 얼굴에 비비며 연거푸 그 이름을 불러댔다. 끝내 아이의 죽음을 받아들이지 못하고 사나흘을 쉬지 않고 통곡하니 그는 목이 쉬다 못해 소리가 나오지 않을 지경에 이르렀다. 그러자 그에게 실망이 컸던 사람들도 딱한 마음에 사찰로 가 그를 위로하곤 하였다.

"스님. 이제 그만 아이를 보내 주셔야지요… 마침 고을 뒤편에 공동묘지 자리가 비었으니 그곳에 묻어 주시지요."

하지만 승려는 도무지 아이를 놓아줄 생각이 없어 보였다. 오히려 그를 돕는 고을 사람들에게 성을 내고 사찰 밖으로 쫓아내곤 하였다.

고을 사람들은 하는 수 없이 그를 두고 고을로 돌아오게 되었는데, 한 달쯤 뒤 다시 사찰을 찾아 보니 그곳에서는 끔찍한 광경이 벌어지고 있었다. 승려가 뼈만 남은 아이의 시체를 정신없이 핥고 있는 것이었다.

"흑… 흑…"

소년의 몸이 썩어 사라지는 것을 아까워하며 그 살과 뼈를 모두 핥아 먹어 버린 것이었다.

그런 기괴한 모습을 목격한 이후 고을 사람들은 그나마 남아 있던 그에 대한 일말의 측은한 마음마저 거두게 되었다. 그러자 이번에는 승려가 다시 고을에 모습을 드러내기 시작했다. 죽은 자의 살점을 맛본 후로 이를 잊지 못했는지 밤마다 공동묘지에 나타나 시체를 파먹곤 하는 것이었다.

'악귀다…! 스님이 악귀가 됐어!'

한동안 삭발하지 않아 머리카락이 어깨에 닿고, 얼굴 여기저기에 썩은 살점과 구더기가 범벅되어 있는 그의 모습은 영락없는 악귀의 모습이 따로 없었다. 지난날 덕망 높던 승려의 모습은 간데없이 사라진 뒤였다.

사람들은 그와 마주치길 두려워하여 아무도 무덤 근처에 가지 않게 되었는데, 승려는 고을에 있는 무덤을 모두 파먹자 이젠 산 사람들까지 습격하기 시작했다. 이에 고을 사람들은 하나같이 해가 질 때쯤이 되면 모두 집에 들어가 문을 굳게 걸어 잠그고 숨어 있게 되었다.

그러던 중 긴 수행을 마친 탓에 남루해진 선사의 행색을 보고는 절의 주지인 것으로 착각하여 오늘과 같은 소동이 일어난 것이었다.

촌장이 이야기를 마치자 그의 집엔 한동안의 침묵이 이어졌다. 선사는 나지막이 탄식했다.

"덕망 높던 승려가 어찌 애욕의 구렁텅이에 빠져…"

그러고는 잠시 무언가를 생각하더니 문득 자리에서 일어나 짐을 꾸렸다.

"아니 스님, 어디를 가시렵니까?"

"성불하는 것과 악귀가 되는 것 사이에는 오직 스스로 지닌 마음의 차이만 있을 뿐입니다. 일전에는 훌륭한 승려였으니 그에게 깨우침만 줄 수 있다면, 충분히 그의 선한 마음을 되돌릴 수 있을 겝니다. 제가 직접 가서 그를 만나 보겠습니다."

그러자 촌장이 깜짝 놀라 그를 만류했다.

"그놈을 만나시다니요! 선사께 어떤 짓을 벌일지 모릅니다!"

하지만 선사는 지팡이를 짚고 머리에 두건을 묶고는 가만히 웃으며 말했다.

"오늘 대접해 주신 보답이라 생각하시지요."

선사는 해가 완전히 떨어지기 전 그곳에 도착할 수 있었다. 절을 둘러보니 위로는 거미줄이 가득하고 바닥에는 이끼가 빽빽한 것이 황폐하기 그지없는 모습이었다. 그는 절 안의 인기척을 살피다 문득 지팡이를 땅에 두드리며 소리쳤다.

"지나던 중에 해가 저물었는데 묵어갈 수 있겠습니까?"

그렇게 여러 번을 외치자 한참 후 침방 뒤에서 뼈만 앙상한 그림자가 모습을 드러냈다.

"누구야?"

승복을 걸쳤으나 머리가 덥수룩하고 눈은 술에 취한 듯 몽롱한 것이 바로 그가 촌장이 이른 절의 주지인 듯했다. 주지는 검붉게 충혈된 눈을 번들거리며 선사의 모습을 이리저리 뜯어보더니 말했다.

"이봐, 여긴 사람이 머물만한 곳이 아니야. 목을 축일 만한 것도, 배를 채울 것도 없어."

"다른 건 필요 없습니다. 그저 이 한 몸 누일 곳만 내어 주시면 충분하니 묵어갈 수 있도록 허락해 주시지요."

그러자 주지는 선사를 빤히 노려보더니 왔던 쪽으로 몸을 돌리며 웅얼거렸다.

"굳이 머물만한 곳은 아니란 얘기지… 꼭 떠나란 말은 아니야. 마음 내키는 대로 하도록 해. 하지만 좋지 않은 일이 일어날 수도 있어…"

그러고는 아무 말 없이 침방으로 들어가 버렸다. 선사도 더는 그를 부르지 않고 법당 안에 들어가 자리를 폈다.

곧 해가 완전히 저물고 사찰에는 순식간에 칠흑 같은 어둠만이 가득 찼다. 오직 달빛만이 법당 앞을 비출 뿐이었다. 바람 한 점 불지 않는 적막이 이어지자 선사는 가부좌를 틀고 앉아 눈을 감았다.

새액… 새액…

얼마나 지났을까, 법당 문밖에서 발걸음 소리가 가까워져 왔다. 잠시 후 달빛 앞으로 모습을 드러낸 것은 다름 아닌 주지였다. 그는 이리처럼 숨을 헐떡이며 법당 안에 발을 들였다.

"흐흐흐…"

그는 어둠 속으로 기다란 손톱이 달린 손을 뻗으며 천천히 선사를 향해 다가왔다. 하지만 선사는 아랑곳하지 않고 가만히 불상 앞에 미동조차 하지 않았다. 주지는 이윽고 선사의 코앞까지 이르렀다. 그런데 무슨 일인지 그는 눈앞에 선사를 두고도 그를 보지 못한 듯했다. 주지는 선사를 빗겨나가 엄한 곳을 더듬더니 돌연 제단의 그릇을 집어던지며 소리쳤다.

"이 빌어먹을 중놈아! 어디에 숨었느냐? 어디에 숨었느냐 말이야! 으아아아악!"

그는 분이 차오르는지 요란한 발걸음으로 법당을 돌아다니며 이리저리 팔을 휘둘러대기 시작했다. 하지만 수차례나 선사의 앞과 뒤를 지나면서도 여전히 그를 찾아내지 못했고, 밤새 법당 안을 헤집고 다니다 끝내 제풀에 지쳐 법당 마루에 털썩 주저앉고 말았다.

이윽고 새벽이 되어 법당 안에 햇빛이 스며들자 주지는 법당 안을 보고는 소스라치듯 놀라 뒤로 나자빠졌다. 밤새 미친 듯이 찾아 헤맸던 선사가 불상 앞 본당 한가운데에 아무렇지 않게 앉아 있는 것이었다. 선사는 그제야 지팡이를 짚고 일어나 주지에게 다가가며 말했다.

"그리 배가 고프시오? 지금이라도 소승의 고기로 배를 채우시겠소?"

"…밤새 그곳에 계셨습니까?"

선사는 가만히 고개를 끄덕였다. 그러자 주지의 얼굴에는 두려움이 가득 번지기 시작했다. 그러더니 급히 자세를 고쳐 엎드리고는 떨리는 목소리로 말했다.

"말로만 듣던 생불을 이리 뵙습니다. 짐승처럼 혼탁한 저의 눈으로는 보려 해도 감히 볼 수 없었던 것이군요."

"안타까운 일이오. 당신은 본래 선한 마음을 갖고 있었으나 애욕에 마음이 빼앗겨 버린 뒤로 악귀와 같은 모습으로 변해 버렸다 들었소. 내 그 마음을 되돌려 주고 싶은데, 가르침을 따를 생각이 있소?"

선사의 말에 주지는 깜짝 놀라 그의 눈을 바라보더니 바닥에 엎드려 어린아이처럼 울기 시작했다.

"만약 이 지옥 같은 마음에서 벗어날 방도가 있다면… 부디 베풀어 주십시오!"

선사는 그를 일으켜 세우고는 뜰에 놓인 평평한 돌 위에 앉게 하고선 자신의 푸른 두건을 벗어 그에게 씌워 주었다. 그리고 두 구절을 읊었다.

江月照松風吹
강엔 달이 비치고 소나무엔 바람 부니,
永夜淸宵何所爲
긴긴밤 맑은 하늘은 무엇을 위함인가?

"그것이 무슨 의미입니까?"

"이곳에 앉아 그 뜻을 깨우칠 때까지 이 구절을 외도록 하시오. 구절의 뜻을 깨닫는다면 당신은 마침내 본래의 마음을 되찾을 수 있을 것이오."

주지는 선사의 말에 감복하여 따르겠다 말하였고, 선사는 그를 두고 사찰을 떠났다.

그로부터 한 해가 지나고 첫눈이 내릴 무렵 가이안 선사는 이곳저곳을 떠돌다 또다시 같은 고을을 지나게 되었다. 문득 사찰의 주지가 떠오른 그는 마을에 들러 촌장의 집을 찾아갔다. 그러자 촌장은 반갑게 그를 맞이하며 감사의 마음을 전했다.

"선사님께서 사찰에 다녀가신 후 악귀의 발걸음이 거짓말처럼 끊겨 고을이 평안해졌습니다. 이 은혜를 어찌 갚아야 할지… 이렇게 다시 찾아 주셨으니 부디 내키시는 만큼 편히 머물다 가시지요."

선사는 노인의 환대에 사례하고는 곧바로 궁금한 것을 물었다.

"그 후 소식은 없었습니까?"

"그날 이후 놈이 두 번 다시 산 밑으로 내려오는 일은 없었으나 주민들은 여전히 그를 두려워하여 누구 하나 사찰에 간 적이 없었습니다. 아마도 죽지 않았을까요?"

선사는 가만히 생각하다 다시 지팡이를 짚고 일어났다.

"사찰에 가려 하십니까?"

촌장의 물음에 선사가 웃으며 답했다.

"그가 만약 죽었다면 성불에 있어서 내 스승이 되고, 살아 있다면 여전히 내 제자이니 오늘 그를 꼭 만나야겠습니다."

그러고는 곧바로 사찰이 있는 뒷산으로 향했다.

1년이나 사람의 발길이 끊겼던 곳인지라 사찰로 향하는 산길은 무척이나 황폐해져 있었다. 수풀을 헤집고 한참을 나아간 끝에 선사는 겨우 절에 도착할 수 있었는데, 그곳 또한 숲과 다를 바가 없었다. 무성히 자란 잡초는 사람의 허리만큼이나 자라 있었고, 건물의 나무 기둥들은 하나같이 바스라진 채 기울어져 있었다. 선사는 억새를 걷으며 주지를 앉혀 놓았던 뒤뜰로 향했다.

뜰 안으로 조금 들어가니 수풀 너머 어둑한 그림자가 하나가 보였다. 필시 주지의 것이 틀림없었다. 선사는 서둘러 바위를 가린 풀을 걷어보았다.

"…"

그곳엔 푸른 두건을 쓴 주지가 지난날 선사가 앉혔던 자리에 그대로 앉아 있었다. 다만 그는 이미 숨을 거둔 뒤였다. 선사는 안타까운 마음을 어쩌지 못했다. 이에 두 손을 모으고 그의 명복을 빌어 주었다. 그런데 그때 수풀을 쓸어 넘기던 바람이 문득 그치며 선사의 귓가에 희미한 말소리가 들려왔다.

'강엔… 달이 비치고… 소나무엔…'

이는 다름 아닌 자신이 주지에게 알려 준 구절이었다. 선사가 놀라 그 소리가 나는 곳 찾아 귀를 기울여 보니 이는 죽은 주지의 입에서 흘러나오는 것이었다.

'긴…긴… 밤하늘은…'

그는 끝내 죽어서도 깨달음을 얻지 못하고 하염없이 그 구절을 되뇌고 있던 것이었다.

"어찌… 아직도…"

선사는 서늘한 슬픔이 밀려오는 것을 느꼈다. 그는 주지를 위해 불경을 외워 주고는 석장을 들어 그의 머리를 내리쳤다. 그러자 주지의 몸은 단번에 바스러지며 바람을 타고 이리저리 흩어졌다.

'무엇을… 위함인…가…'

죽어서도 떨치지 못한 집착은 그는 그제야 완전히 사라지게 된 것이었다.

가이안 선사는 부서진 유해 속에 놓인 푸른 두건을 머리에 매고는 사찰을 떠나갔다.

야차가 된
아내

· 축시의 참배 ·

일본 헤이안 시대에는 '카요이콘'이라는 독특한 혼인 풍습이 있었다. 결혼한 부부가 같은 집에 살지 않고, 남편이 아내의 집을 왕래하는 풍습이었는데, 그러다 한쪽이 왕래를 끊거나 집에 들이길 거부하면 자연스레 이혼으로 인정되곤 했다.

그 시기 교토 어느 귀족의 딸이 있었다. 어려서부터 아름답기로 소문난 그녀는 일찍이 혼인하여 남편과 행복한 나날을 보내고 있었다. 금슬이 무척이나 좋아 남편은 매일 그녀의 집을 찾아왔고, 그녀의 집에는 두 사람의 웃음꽃이 끊이질 않았다.

하지만 그런 그녀의 행복은 영원하지 못했다. 3년이 지나지 않아 남편의 눈빛이 점차 변해가기 시작했다. 그는 나날이 짜증과 신경질이 늘어만 가더니 매일 오던 걸음을 사나흘로 줄이고, 나중엔 보름에 한 번 올까 말까 한 지경이 되어 버렸다. 이유를 물어도 도무지 답하질 않으니 그녀의 마음은 타들어만 갔다.

그리고 마침내 남편은 충격적인 말을 꺼냈다.

"이제 난 더 이상 당신을 사랑하지 않소. 두 번 다시 당신 집에 들르지 않을 것이오."

그녀는 하늘이 무너지는 듯했다. 남편을 붙잡고 울며 다시 한번 생각해 달라 애원하였다. 하지만 남편은 얼음장같이 차가운 말투로 짧게 대꾸할 뿐이었다.

"잘 있으시오."

당시에는 일부다처제가 흔했으므로 아무리 마음이 식고 설사 다른 여인이 생겼더라도 이따금 왕래한다면 충분히 관계를 유지할 수 있을 터였다.

하지만 그가 그러지 않았다는 것은 그녀에게 일말의 감정도 남아 있지 않다는 것을 뜻했다. 그녀는 한동안 끓어오르는 슬픔에 며칠 밤을 눈물로 지새우곤 했다.

영문을 알고자 사람을 써서 알아보니 남편은 훨씬 전부터 다른 여인의 집을 드나들고 있었다. 그 여인을 만나며 자신에 대한 마음이 식은 것이었다. 그 여자의 집에서 밤마다 자지러지는 웃음소리가 끊이질 않는다고 하니 그녀는 배신감과 질투심에 치를 떨었다.

시간이 갈수록 슬픔은 분노로, 질투심은 복수심으로 바뀌었다. 당장 오니라도 되어 그들을 도륙내고 싶은 마음뿐이었다. 하지만 연약한 그녀가 할 수 있는 일이라곤 없었고, 그녀는 집 근처 물의 신을 모시는 키후네 신사로 가서 신에게 간절히 빌었다.

"비나이다, 비나이다… 키후네의 신이시여. 부럽고도 증오스러운 그들을 죽이고 싶사오니 저를 오니로 만들어 주십시오…"

그렇게 배전신사 안 참배하는 공간에 틀어박혀 몇 날 며칠을 비는데 이레째가 되던 날 그녀의 귓가에 누군가의 음성이 들려왔다.

'오니가 되고 싶으냐?'

신의 음성에 깜짝 놀라 고개를 들어보았으나 그녀의 주변에는 아무것도 없었다. 이어 낮은 음성이 들렸다.

'머리카락을 다섯으로 나눠 묶어 불을 만들고, 얼굴과 몸에는 붉은 칠을 하라. 또 머리엔 초를 꽂은 삼발이를 이고, 입에는 양쪽에 불을 붙인 횃불을 물고선 우지천에 몸을 담그거라. 그러면 넌 오니가 될 수 있을 것이다…'

그 말을 끝으로 더 이상 들리지 않았다.

이를 신의 계시라 여긴 그녀는 곧바로 배전을 나와 음성이 이른 대로 하였다. 그리고 분장을 마친 그녀의 모습은 끔찍하기 이를 데가 없는 것이었다. 그녀가 저자를 질러 우지천으로 향하니 이를 본 사람들 중 까무러치지 않는 이가 없었다.

이윽고 우지천에 도착해 그곳에 몸을 담그자 그녀의 몸은 서서히 바

꿰기 시작했다. 붉게 칠한 물감은 피부에 스며들어 질긴 가죽이 되었고, 몸 여기저기에는 다부진 뼈가 튀어나왔으며 묶은 머리카락은 뿔이 되어 솟았다. 그리고 마지막으로 입에 문 횃불은 날카로운 이빨이 되어 박히니 그녀는 삼칠일(21일) 만에 정말로 오니가 되었다.

오니가 된 그녀는 상간녀의 저택에 들이닥쳤다. 그녀는 날카로운 손톱으로 문을 뜯어 그 안에 벌거벗은 남편과 상간녀를 붙잡고는 일순간 크게 팔을 벌려 사지를 찢어 버렸다. 그녀는 그 살을 씹고 뼈를 모두 부순 후에야 시체를 내던지고 우는 듯한 포효를 내질렀다.

그렇게 복수는 끝났으나 그녀는 살육을 멈추지 않았다. 그녀는 그 집의 친척들과 옛 시댁의 식구들까지 모두 똑같이 죽이더니 마침내는 저잣거리로 나가 죄 없는 사람들을 마구 도륙하기 시작했다. 그 안의 그녀는 이미 사라지고 오직 오니만이 남았을 뿐이었다.

교토 전체를 휘젓고 다니던 끝에 그녀는 결국 당대 이름난 음양사 세이메이에게 퇴치당하고 말았다. 하지만 그녀가 사용한 저주는 이후 천년이나 이어져 최근까지도 암암리에 사용되곤 하였다고 한다.

오니의 모습으로 분장한 뒤 신사의 신목에서 치르는 그녀와 같은 방식의 저주였는데, 꼭 축시(새벽 1시~3시)에 의식을 치러야 해서 '축시의 참배'라는 명칭으로 불리었다고 한다.

여인은 이 저주를 통해 처절한 복수를 완성했지만, 동시에 그 저주로 인해 자신조차 파괴되고 말았다. 저주란 것은 그런 것이 아닐까?

남을 저주하려거든, 무덤을 두 개 파라.

◉ 일본 속담

++ 외전 ++

음양사 세이메이

오니가 된 여인을 퇴치한 세이메이는 일본 헤이안 시대 신이한 능력을 지녔다고 전해지는 음양사(고대 일본 천문과 점술 등을 맡던 관직)다. 그는 음양도에 능통했을 뿐 아니라 점복에 있어 탁월하고 신통한 능력을 지녀 일왕의 부름을 받아 점을 치는 등 당대 최고의 술사로 통했다고 한다.

그러한 신통력 때문인지 후세에 많은 전설을 남겼는데, 흰 여우 요괴의 아들로 태어나 기이한 능력을 얻게 되었다는 이야기부터, 눈에 보이지 않는 식신(음양사가 부리는 종이 따위로 만든 영적 존재)을 부려 집안일을 시켰다는 이야기, 앞선 축시의 참배 이야기처럼 요괴들을 퇴치했다는 이야기들이다.

기이한 능력을 지녔던 실존 인물 세이메이가 현대에까지 이어지는 '축시의 참배' 저주를 만든 요괴를 퇴치했다는 이야기는 상상력을 자극하기에 충분하다.

그 시기 교토에서는 무슨 일이 있었던 것일까?

인형 무덤

옛 일본 단바국(현 나카군)에 오토베라는 사람이 있었다. 그는 깊은 산골에 사는 농사꾼이었지만 너른 전답을 꾸린 덕에 여느 귀족 못지않은 부유한 생활을 하고 있었다. 이에 이웃들에게 추대받아 촌장 노릇까지 맡아 하고 있었다.

지역유지로 지역에서는 꽤 위엄을 갖추고 있었던 그였으나 그 또한 한없이 약해지고 부드러워질 때가 있었으니, 하나뿐인 외동딸을 대할 때였다. 일찍이 세상을 떠난 부인이 마지막으로 남기고 간 딸은 그에게 있어 눈에 넣어도 아프지 않을 소중한 존재였다. 그는 딸이 해 달라는 것은 모두 들어주며 그녀를 애지중지 길렀다.

"얘야. 네가 없다면 내가 무슨 의미로 살아가겠느냐?"

어느 날 그의 촌락에 좀처럼 오지 않는 외지인들이 발을 들였다. 전국을 떠돌며 공연하는 조루리(일본의 전통 인형극) 극단이었다. 외진 시골에서 여간해선 볼 수 없는 볼거리들이었으니, 고을 사람들은 이를 보기 위해 구름처럼 몰려들었다. 오토베의 딸 또한 아버지를 졸라 유모와 함께 구경하러 가게 되었다.

극이 시작되고 광대들의 손에 끼워진 색색의 인형들은 아름다운 몸짓을 선보이기 시작했다. 요리카제라는 사내와 오미나에시라는 여인의 슬픈 사랑 이야기였다. 구슬픈 가락에 맞춰 유려한 몸짓으로 가슴 저린 사랑을 노래하는 인형들을 보고 있자니 오토베의 딸은 자신이 극 안에 들어가는 듯했다.

"요리카제…"

극이 끝나고 얼마 후 광대 패는 촌락을 떠났지만, 오토베의 딸은 그날의 감동을 좀처럼 잊지 못했다. 그녀의 머릿속에는 온통 극에서 보았던 장면뿐이었다. 그녀는 마치 자신이 오미나에시라도 된 듯했다. 그렇게 하루하루 인형극에 대한 생각만 하다 보니 어느새 극에 나왔던 요리카제를 사랑하기에 이르렀다.

그녀는 요리카제가 무척이나 보고 싶었다. 하지만 이미 극단은 떠난 뒤였고 더 이상 요리카제를 만날 방도는 없었다. 그녀의 애타는 마음은 나날이 깊어만 갔고, 매일 밤 남몰래 사무치는 그리움을 어쩌지 못하다 결국 몸져눕기에 이르렀다.

그녀는 곡기를 끊고 하루하루 수척해져만 갔다. 사랑하는 딸이 갑작스레 죽어 가니 오토베는 애간장이 타들어 가는 듯했다. 용하다는 의원들을 불러 진찰해 보았으나 모두 소용이 없었다. 그러던 중 딸의 가장 가까운 곳에서 그녀를 돌보는 유모가 다가와 조용히 말했다.

"아가씨가 지난번 보았던 인형을 잊지 못하시는 모양이에요. 이를 구해다 주시지요…"

인형을 그리워하다 병에 걸렸다는 이야기를 들은 오토베는 몹시 괴이쩍게 여겼다. 하지만 딸의 병세를 생각하면 가만히 있을 수는 없는 노릇이었으니, 그는 곧바로 인형극단을 수소문해 딸이 반했다는 요리카제 인형을 거의 빼앗다시피 사서 돌아왔다.

그렇게 요리카제 인형을 품에 안게 된 딸은 무척이나 기뻐했다. 종일 품에서 떼놓지 않고 놀며 머리를 빗겨 주고 옷을 입혀 주곤 하였다. 그녀의 병세는 나아졌지만, 오토베는 꺼림칙한 마음을 지울 수 없었다. 그녀의 인형에 대한 집착이 나날이 심해졌기 때문이었다.

딸은 자나 깨나 인형을 끼고서는 마치 살아 있는 사람 대하듯 했다. 평상시는 물론이고 식사하거나 잠을 잘 때도 인형과 함께했다. 언젠가는 자다 말고 아무도 없는 방에 들어가 대답도 하지 못하는 인형에게 밤새 말을 걸다 발견된 적도 있을 정도였다.

"요리카제, 당신은 어디든 늘 나와 함께할 거죠? 대답해요, 요리카제."

그 집착이 보통 어린아이들이 장난감에 갖는 애착을 뛰어넘어서다 못해 소름이 끼칠 지경에 이르니, 오토베는 근심하다 못해 몰래 인형을 숨기거나 다른 인형으로 바꿔치기하는 등 딸과 인형을 떼어놓으려 갖은 수를 쓰기 시작했다.

하지만 그때마다 딸이 발작을 일으키며 주변 사람들을 할퀴고 물건을 던져대는 바람에 번번이 인형을 돌려줄 수밖에 없었다. 결국 오토베는 인형과 딸을 떨어트리는 것을 단념하였다. 인형만 건드리지 않는다면 예전과 다름없는 귀여운 딸이었기 때문이었다.

시간이 흘러 오토베의 딸은 어느덧 열여섯이 되었다. 딸의 혼기가 차자 아들이 없던 그는 데릴사위를 들이려 하였다. 장차 딸과 사위에게 집안을 물려주고자 함이었다.

그는 이름난 집안의 자제와 혼담을 나누었고, 이야기도 잘 되었으나 그에겐 한 가지 걱정이 있었다. 그때까지도 인형에 푹 빠져 있던 딸이 거부할지도 모른다는 걱정이었다. 오토베는 조심스레 말을 꺼냈다.

"얘야. 너도 이제 나이가 있으니 혼인해야지 않겠니? 걱정은 말거라. 이름난 집안의 아들을 알아봐 데릴사위로 들일 것이니 이 아비와 떨어질 일은 없단다."

딸의 반응은 의외로 호의적이었다. 나이가 들어서 인지, 아무리 집착해도 반응 없는 인형에 싫증이 난 것인지 선뜻 그러겠다고 하는 것이었다. 딸이 혼담을 받아들이자 오토베는 기쁜 마음으로 속히 혼인 날짜를 잡았다.

그리고 혼인 당일 오토베의 딸은 잘생긴 남편감과 성대한 혼례식이 마음에 들었는지 혼례를 올리는 내내 얼굴에 웃음꽃이 사라지지 않았다. 그간 오토베를 지긋지긋하게 괴롭혔던 인형에 대한 걱정이 씻겨져 나가는 순간이었다.

혼례는 끝을 향해 가고 두 사람이 마주 서서 서로의 술잔을 건넬 때가 되었다. 신랑이 먼저 술잔을 건네고, 오토베의 딸이 다시 신랑에게 잔을 건네려는 순간이었다. 화기애애한 웃음소리 너머로 무언가 바닥에 나무를 세게 찧는 듯한 시끄러운 소리가 들려왔다.

쿵! 쿵! 쿵! 쿵! 쿵!

사람들은 모두 하던 일을 잊고 소리가 들려오는 쪽을 보았다. 소리는 집 안에서 정문으로 다가오고 있었다. 이윽고 문이 부서지며 소리의 정체가 모습을 드러냈다. 다름 아닌 요리카제 인형이었다.

쨍그랑!

인형은 빠르게 다가와 술잔을 든 딸의 손을 쳐서 잔을 엎어 버렸다. 그러고는 그대로 딸의 무릎에 쓰러져 버렸다.

"꺅!"

그 같은 소름 끼치는 광경에 혼례식장은 순식간에 아수라장이 되어 버리고 말았다. 하객으로 온 주민들은 비명을 지르며 허둥지둥 밖으로 달아나 버렸다. 오토베 또한 놀라 황급히 딸에게서 인형을 떼어놓고 보니 딸은 이미 정신을 잃은 뒤였다.

딸은 좀처럼 의식을 되찾지 못했다. 물도 삼키지 못하고 온몸에서 열이 펄펄 끓었다. 의원을 불러 갖은 수를 써 보았으나 딸의 상태는 도무지 차도를 보이지 않았다.

"요망한 요괴가 물건에 깃들어 내 딸을 탐내는구나!"

슬픔과 분노에 휩싸인 그는 인형을 가져와 내던지고는 괭이로 그것을 마구 찍어대기 시작했다.

"이놈! 죽어라! 죽어!"

그의 딸이 애지중지했던 인형은 눈알이 튀어 나가고 사지가 잘려 나가 넝마가 되어 버리고 말았다.

인형을 산산조각 낸 그였지만 꺼림칙한 마음은 도무지 사라지질 않았다. 인형에 요기가 깃들었다면 갈가리 찢는 것으로는 해결이 되지 않을 것 같았다.

그래서 그는 인형을 완벽히 봉인할 만한 도사를 수소문한 끝에 얼마 전 도읍에서 내려온 용한 승려를 찾게 되었다. 그를 불러 딸과 인형을 보이고 사정을 고하니 승려는 무거운 목소리로 말했다.

"이는 단순히 귀신이나 요괴가 물건에 깃들어 일어난 일이 아닙니다. 따님이 이 물건에 오래 집착하는 동안 이 물건이 그 마음을 먹고 자라 마침내 스스로 괴이한 일을 벌일 수 있을 지경에 이른 것이지요."

승려는 새 항아리를 가져오게 하더니 인형의 잔해를 모두 모아 넣고는 뚜껑을 닫고 그 위에 부적을 붙였다. 그러고는 인근 숲 땅속에 깊숙이 묻고 불경을 외우며 의식을 치렀다.

의식을 치른 후 오토베의 딸은 거짓말처럼 정신이 맑아졌다. 그런 끔찍한 일이 있어서인지 그녀는 더 이상 인형을 원한다는 말도 하지 않았다. 오토베는 크게 기뻐하며 승려를 찾아가 감사의 마음을 전하고는 고을에 큰 잔치를 베풀었다.

드르륵…

그런데 어느 날 밤 오토베는 딸의 방에서 나는 심상치 않은 소리에 잠에서 깨었다. 불길한 마음에 서둘러 그녀의 방에 가 보니 자리에는 이불뿐 딸은 어딘가로 사라지고 없었다.

"얘… 얘야! 어디 갔느냐!"

깜짝 놀란 오토베는 급히 하인들을 불러 딸의 행방을 찾기 시작했다. 하지만 집안을 샅샅이 뒤져 보아도 그녀는 어느 곳에도 없었다. 그러자 오토베는 문득 등골이 오싹해짐을 느꼈다. 짚이는 데가 한 군데 있었다.

그는 곧바로 인형을 묻었던 숲으로 향했다. 좌우를 돌아볼 겨를도 없이 쉬지 않고 달리니 과연 그곳 숲에 사람의 그림자가 보였다. 그리고 수풀을 헤치고 그곳에 이른 순간 오토베는 숨이 멎는 듯하였다. 그의 딸은 이미 한쪽 팔과 머리가 땅에 묻힌 채 온몸이 땅속으로 빨려 들어가고 있었다.

"얘야!"

급히 딸의 몸을 잡고는 있는 힘을 다해 땅 밖으로 끄집어냈다. 하지만 이미 늦은 뒤였다. 그의 딸은 이미 목이 꺾여 숨을 거둔 뒤였다. 땅에 들어갔던 그녀의 한 손에는 조각난 인형의 손이 꼭 잡혀 있었다.

뱀을
토해 낸 남자

　동아시아에서는 예로부터 '고독'이라는 저주가 전해 내려온다. 이는 고대 중국에서 시작되어 한반도와 일본으로 퍼진 주술로, 일종의 독약을 이용한 살인 행위이었다.

　고독은 만들어지는 방식이 매우 끔찍했는데, 뱀이나 지네 등 독을 가진 곤충이나 동물을 항아리에 가득 모아, 마지막 한 마리가 남을 때까지 서로 잡아먹게 만드는 것이었다.

　그렇게 최후의 한 마리가 남으면 술자는 그 개체의 독을 짜내어 저주의 대상이 먹는 음식에 몰래 섞었다고 한다. 벌레들이 서로 죽고 죽이는 동안 응축된 고통과 원한들이 마지막 개체에 서린다고 믿은 것이다. 이 고독에 노출된 사람은 그 자체의 독성 때문인지, 아니면 진짜 독에 서린 원한 때문인지 대개 수일 안에 모두 죽었다고 한다.

　이 저주는 그 잔인성 때문에 염매와 더불어 용서받지 못할 주술로 여겨졌고, 나라에 큰 사면이 내려질 때도 모반, 살인과 함께 그 대상에서 제외된 몇 안되는 흉악 범죄였다. 조선시대에도 이런 고독을 이용한 저주가 발각되면 참형을 피하기 어려웠음에도 불구하고 음지에서는 계속해서 그 명맥이 이어졌다.

그런데 1400년대 초 조선에서 보통 고독과는 다른 괴이한 저주 사건이 일어났다. 함길도에 사는 한 남자는 어느 날 밥을 먹은 뒤 배가 찢어질 듯한 고통을 느끼게 되었다. 시간이 지나도 그 고통은 사그라지지 않고 점점 심해졌고, 끝내는 몸을 가누지 못할 지경에 이르렀다.

남자는 복통에 좋은 약초를 달여 먹었는데, 약을 먹은 뒤 먹은 것을 미친 듯이 토해 내기 시작했다. 그런데 그때 남자의 입에서 살아 있는 뱀들이 쏟아졌다. 그 뱀들은 세 마리나 되었는데, 이를 기이하게 본 남자와 주변 사람들은 뱀 두 마리는 바로 죽이고 한 마리는 개에게 시험 삼아 먹여 보았다. 개는 뱀을 먹은 뒤 별 탈이 없어 보였지만 사흘 뒤 갑작스럽게 죽어 버렸다. 사람들이 죽은 개의 배를 갈라 보니, 개가 먹었던 뱀이 여전히 살아 꿈틀거리고 있었다.

이 일은 관아에 알려지게 되었고 조사가 시작되었다. 그 결과 누군가 남자를 저주한 것이 밝혀졌는데, 그 방법이 매우 기괴했다.

음식에 독을 넣는 일반적인 고독 저주와는 달리 남자를 저주하고자 한 사람은 음식에 종이를 하나를 넣었는데, 그 종이에는 뱀이 그려져 있었다. 저주가 걸린 뱀 그림이 뱃속에서 살아나 남자를 죽이려 한 것이었다.

하지만 이는 믿을 수 없는 일이었고, 관청은 함길도에서 저주한다는 술자들을 모조리 잡아 와 그들을 심문하며 조사를 진행했다. 그러나 사건은 여전히 알 수 없었고, 끝내 정확한 진상을 밝히지 못한 채 여러 해가 지나게 되었다.

그 사이 대부분의 사람들은 옥중에서 목을 매어 스스로 목숨을 끊었다. 오직 두 명만이 남게 되었는데, 이 둘을 석방하자는 내용이 당시 임금이었던 세종에게 보고되었다. 하지만 그 후 그 두 명이 어떻게 되었는지, 범인을 잡았는지에 대한 기록은 찾아볼 수 없다. 남자를 저주한 사람은 누구였을까? 어떻게 뱃속에서 살아 있는 뱀이 나오게 된 것일까? 여전히 의문으로 남아 있다.

함길도 감사가 아뢰기를,

"도내의 각 고을에 사는 저주(咀呪)하는 사람 중에 한 여인이 뱀의 그림을 음식에 넣고 주문(呪文)을 외어 한 남자에게 먹이니 남자가 복통이 일어났습니다. 이에 곧 웅소근(雄蔬根)을 달여 먹이니 세 마리의 뱀이 배에서 나왔는데, 그중에서 두 마리는 죽이고, 한 마리 뱀을 개에게 주었더니 개가 먹고 사흘 만에 죽어서 개의 배를 갈라 보니, 그 뱀이 살아 있었습니다. 사람들은 여러 해 동안 옥중에 있다가 목을 매어 자살하고, 두 여인만은 정상을 얻지 못하여 오랫동안 옥중에 가두었으니 억울함이 적지 아니합니다. 형벌을 삼가는 뜻에 위배되오니 석방하는 것이 어떠하겠습니까."

하니 임금이 그대로 따랐다. 인하여 말하기를,

"저주하는 일은 옛글에도 실려 있으나, 물건의 그림이 변하여 살아났다는 것은 글에 보지 못하였다. 예전에 평안도의 어느 사람의 저주로 사람을 죽게 한 일이 있으니, 그 옥사(獄辭)를 상고하여 아뢰라."

《세종실록》 52권, 세종 13년 5월 13일 병자 7번째 기사

조선시대의
마녀들

· 머리 없는 귀신, 무두귀 ·

저주란 주술로 다른 이에게 재앙이 일어나길 비는 행위이며, 예로부터 용서받지 못할 죄로 여겨져 왔다. 하지만 그럼에도 끊이질 않았고 점점 더 끔찍한 형태로 발전되곤 했다.

중국에서는 고대부터 짐승이나 벌레 심지어는 사람을 죽여 저주 도구로 만드는 염매가 행해지기도 했다. 일본에서는 저주 대상을 본뜬 인형에 대못을 박는 저주가 성행하기도 했다. 우리나라도 예외는 아니어서 예로부터 상대를 저주할 때 쓰이는 저주 인형이 암암리에 사용되었고, 중국에서 넘어온 염매와 같은 행위도 은밀히 자행되곤 했다.

조선은 이 같은 저주 행위를 가장 무거운 열 가지 죄, 십악 중 하나로 여겨 큰 사면형이 내려질 때도 친족 살해와 더불어 사면에서 제외할 정도로 엄히 다스리곤 했다. 하지만 여전히 암암리에 행해졌고 신분 고하를 가리지 않았다. 심지어는 궁중 안에서도 저주 사건이 끊이질 않았다.

조선 후기 장희빈이 인현왕후를 저주한 것이 발단이 된 '무고의 옥'이 그 대표적인 예일 것이다. 실제로 《조선왕조실록》에는 무려 아홉 차례나 되는 주술 사건이 기록되어 있다. 하지만 이러한 저주는 대부분 효험이 없는 것이었고, 저주 사건들은 대개 별 피해자 없이 저주 당사자가 벌을 받는 것으로 끝이 나곤 했다.

그런데 어떤 사건들은 실제 저주로 사람을 죽였다 의심받기도 했다. 《조선왕조실록》에는 세종 6년 저주 인형으로 사람을 살해했다는 기이한 사건이 기록되어 있다.

어느 날 제주에 살던 고순의란 양반이 멀쩡하던 중 갑자기 병을 얻어 며칠 만에 급사하였다. 갑작스러운 죽음에 의문스러운 데가 많은 가운데 그의 집 주변 풀숲에서 수상한 종이 여러 장이 발견되었는데 그 내용이 가히 충격적인 것이었다.

'고순의는 사흘 안에 급사하라.'

이러한 의심스러운 정황에 관에서 주변 사람들을 조사하니 이 사건의 중심에는 죽은 고순의의 아내, 장이라는 여인이 있었다.

그녀는 고순의와 혼인 생활을 하고 있긴 했지만 몰래 다른 이와 정을 통하고 있었다. 그 상대는 바로 자기 사촌 김진의라는 자였다. 두 사람의 금지된 관계는 날이 갈수록 깊어져만 갔고, 장이는 끝내 사촌과의 사이에 걸림돌인 남편을 없애고자 했다. 그녀는 상간남 김진의와 자기 숙부이자 상간남의 아버지인 김언과 함께 남편 고순의를 죽일 공모를 하게 된다. 그리고 그녀가 선택한 방법이 바로 저주였다.

그녀는 몰래 남편의 머리카락을 잘라 모아 그것으로 남편의 형상을 딴 인형 두 개를 만들었다. 그리고 그곳에 가시를 잔뜩 꽂아놓고 신당에서 그를 저주하는 한편, 그를 저주하는 문구를 적은 종이도 여러 장을 만들었다.

'고순의는 사흘 안에 급사하라.'

장이는 이를 자신의 여종에게 주어 여러 암자와 신당에 묻게 했는데, 여종은 이것이 주인 고순의를 죽이려는 뜻임을 알아채고 지시한 신당에 갖다 놓지 않고서는 집 근처 풀숲에 감추었다. 하지만 저주는 실제로 이뤄졌는지 고순의는 며칠이 되지 않아 숨을 거두었다.

비슷한 시기 이 사건 외에도 여러 저주 사건이 발생했는데, 세종은 주문을 외워 사람을 죽일 수 있단 사실을 믿지 않았다. 다른 저주 사건에서는 범인으로 지목된 자를 끝내 풀어 준 적도 있었다.

하지만 이 사건은 달랐다. 사건의 진상이 밝혀지자 세종은 저주를 꾀했던 장이와 김진의 등의 관련자들에게 극형을 내렸다. 저주의 가담했던 김진의와 김언은 각각 참수와 교수형을 당했고, 주모자였던 장이는 능지처참에 처했다.

실제 저주로 인한 살인으로 고발된 사건은 이뿐만이 아니었다. 《조선왕조실록》과 《승정원일기》 등에는 저주를 이용해서 한 집안을 거의 몰살시켜 고발된 사건도 기록되어 있다.

인조가 다스리던 시대 충청도 관찰사에게서 기이한 보고가 올라온다. 한 권세 있는 양반 집안에서 사람들이 연달아 의문스러운 죽음을 맞았는데, 그 범행 수단이 다름 아닌 누군가의 저주라는 것이었다.

이야기는 이랬다. 청양에 살던 이복원이라는 양반은 어느 날 알 수 없는 괴질에 걸리게 되었다. 얼마 전까지만 하더라도 멀쩡하던 그는 하루아침에 몸져누운 것도 모자라 사경을 헤매며 수시로 기이한 말을 내뱉곤 했다.

이상한 일은 그뿐만이 아니었다. 집안의 다른 사람들 또한 꿈자리가 사나워지더니 이내 같은 집에 살던 이복원의 형과 그 아들까지 그와 같은 괴질에 걸리게 된 것이었다. 그러던 중 집에서 끔찍한 물체가 발견되었는데, 목이 떨어져 나간 어린아이의 시체였다. 집안사람들은 모두 섬뜩해 했다. 그것은 '무두귀'라는 저주 도구로, 목이 잘려 죽은 귀신을 이용해 근처에 있는 사람을 병으로 죽게 만들 때 쓰이던 것이기 때문이었다.

과연 얼마 되지 않아 제일 먼저 병에 걸렸던 이복원은 끝내 숨을 거두었다. 집안사람들은 필시 누군가의 저주로 인한 것으로 생각하였다. 그리고 그들의 머릿속엔 떠오르는 이가 있었다. 바로 얼마 전 집안에서 쫓겨난 며느리 신씨였다.

이복원의 아들 이점에게는 신숙녀라는 아내가 있었다. 그녀는 성품이 악독하고 말이 많다며 시댁 사람들에게 미움을 받곤 했는데, 감정의 골은 깊어져 가다 끝내 시아버지 이복원이 그녀를 집안에서 내쫓아 버렸다. 사람들은 신숙녀가 앙심을 품고 그들을 저주했다 의심하기 시작했다.

그녀의 집에 쳐들어가 단서가 될 만한 것을 샅샅이 뒤졌는데, 땅속에서 기이한 것이 발견되었다. 그것은 사람의 뼛조각들이었다. 동물의 사체나 사람의 뼈를 땅에 묻는 것 또한 저주의 방법으로 흔히 행해지던 것이었기에 이씨 집안사람들의 의심이 확신으로 바뀌는 순간이었다. 게다가 마침 괴질을 앓던 이복원의 형과 아들이 줄줄이 숨을 거두니, 그들은 격분하여 신숙녀를 관에 고발하였다.

조선에서는 시역 즉 부모를 시해하는 것을 가장 무거운 죄로 여겼다. 그리고 그 방식인 저주 또한 용서받지 못할 죄 중 하나였으니 그들의 고발이 사실이라면 이는 중대한 일이 아닐 수 없었다.

하지만 관에서 일을 조사해 보니 실상은 다른 데가 있었다. 그들의 증언은 서로 어지러이 엇갈렸고, 신숙녀를 도와 저주에 쓰인 시체를 구했다는 집안의 종들은 처음엔 범행을 인정하다가 일이 커지자 이를 번복하였다. 게다가 앞선 이야기들은 어디까지나 그들의 증언이어서 신숙녀가 저주했다는 증거를 찾기 어려웠으니 끝내 그녀에게 혐의가 없다는 결론이 나게 되었다.

이대로 간다면 추국의 칼바람은 이복원의 집안으로 향하게 되어 있었다. 조선에서는 무고죄를 엄히 다스렸기 때문이었다. 특히나 이런 막대한 죄악이 무고일 경우 무고한 이는 반드시 그 벌을 되돌려 받아야 했다.

하지만 죽은 시백부의 아들 이해가 이를 크게 문제 삼으면서 사건의 방향은 정반대로 흘러가기 시작했다. 그는 인조반정의 공신으로 군호까지 얻은 그야말로 권세 있는 자였다.

상황이 이렇다 보니 인조는 은근슬쩍 그의 편에서 오히려 신숙녀에게 무죄를 내린 관리들을 옥에 가두고, 이미 내려진 재판을 뒤엎었으며 재수사를 명했다. 대신 대부분은 법에 따라 신숙녀에게 벌을 줄 수 없다고 목소리를 높였으나 인조는 끝내 그 말을 듣지 않았다. 하지만 사건은 결국 허무하게 끝나 버리고 마니, 인조가 그녀를 다시 붙잡아 추국하라 명하자 신숙녀가 목을 매어 스스로 목숨을 끊은 것이었다.

기록에는 사건의 전말이 상세히 밝혀져 있지 않기에 정확한 사건의 결론을 알 수는 없다. 다만 이씨 집안을 향한 저주가 행해졌고, 결국 여러 사람이 죽음에 이른 것은 사실인 듯 보인다.

그들 집안에 무두귀를 가져다 놓은 것은 누구였을까? 그들에게 앙심을 품은 며느리였을까? 아니면 또 다른 누군가였을까?

어쩌면 당신이 원했던
괴담실록 2

펴낸날   초판 1쇄 2023년 7월 7일

지은이   괴담실록

펴낸이   강진수
편 집   김은숙, 최아현
디자인   Stellalala_d

인 쇄   (주)사피엔스컬쳐

펴낸곳   (주)북스고   **출판등록**   제2017-000136호 2017년 11월 23일
주 소   서울시 중구 서소문로 116 유원빌딩 1511호
전 화   (02) 6403-0042   **팩 스**   (02) 6499-1053

© 괴담실록, 2023

ISBN   979-11-6760-050-9   03910

책 출간을 원하시는 분은 이메일 booksgo@naver.com로 간단한 개요와 취지, 연락처 등을 보내주세요.
Booksgo┛는 건강하고 행복한 삶을 위한 가치 있는 콘텐츠를 만듭니다.